LES SPORTS DE NEIGE

sous la direction de
JEAN-PAUL ZUANON

LES SPORTS DE NEIGE

SEUIL

DANS LA MÊME COLLECTION

La météo de montagne

Jean-Jacques Thillet

ISBN 2-02-020577-7

SOMMAIRE

Ont collaboré à cet ouvrage, dont la réalisation a été coordonnée par Jean-Paul Zuanon :

Pierre BARNOLA, médecin, fondateur du CAF de La Mure-Matheysine, qu'il a présidé de 1969 à 1994.

Claude BEAUDEVIN (CAF Isère), spécialiste du raid à skis, auteur de plusieurs textes sur l'orientation.

Giorgio DAIDOLA (CAI), l'un des artisans du renouveau du télémark en Europe, rédacteur à *La Rivista della Montagna* (Turin).

Jean-Baptiste MANG (Dauphiné Ski-Alpinisme), responsable de l'équipe de ski-alpinisme de compétition du CAF.

Serge MOURARET (CAF Île-de-France), spécialiste de la randonnée nordique (nombreux raids originaux, tant en France que dans les pays nordiques). Auteur, avec sa femme Annick, de plusieurs guides ainsi que d'un ouvrage de référence sur les gîtes et les refuges de France.

Anne-Marie NAUD, responsable du groupe raquettes au CAF de La Mure-Matheysine.

Edmond PAHAUT, ingénieur des travaux à Météo-France (Centre d'études de la neige de Saint-Martin-d'Hères).

Laurent REY, météorologue et nivologue, ancien chercheur au Centre d'études de la neige, ancien des Terres australes et antarctiques françaises.

Volodia SHAHSHAHANI, journaliste, skieur-alpiniste, l'un des précurseurs du ski extrême en Dauphiné.

Bernard SCHMITT, chercheur au CNRS (Laboratoire de glaciologie, Grenoble).

Claude SERGENT, ingénieur des travaux à Météo-France (Centre d'études de la neige de Saint-Martin-d'Hères).

Jacques VILLECROSE, ingénieur des travaux à Météo-France, responsable de la prévision du risque d'avalanches pour le département de l'Isère.

Plusieurs personnes ont bien voulu accepter le rôle ingrat de relecteur. Nous tenons à remercier en particulier pour leurs critiques et pour leurs suggestions Christian CHARRAS, Catherine et Georges ELZIÈRE, Marie-Noëlle POURROT, Michel RAJZMANN et Nicolas RAYNAUD.

INTRODUCTION

Parler de neige aujourd'hui, c'est faire naître des images de rêve. Pour des millions de citadins, elle est devenue synonyme d'évasion, de soleil, de poudreuse et de grand air. Pour beaucoup, elle évoque des foules bruyantes et bigarrées de skieurs évoluant en stations. D'autres imaginent plus volontiers la trace d'un randonneur solitaire dans un vallon perdu. C'est à ceux-là que s'adresse ce guide.

Chaque année, en effet, un nombre croissant de sportifs aspire à découvrir une autre façon de pratiquer les sports d'hiver. Loin des pistes tracées, balisées, entretenues, ils partent, skis ou raquettes aux pieds, dans un univers magique. Quoi de plus merveilleux que la montagne enneigée, monde de silence et de poésie ? Pourtant, cet espace de liberté recèle parfois des pièges. Comme d'autres milieux naturels, tout aussi envoûtants (l'eau, les déserts), la montagne enneigée peut devenir un espace de danger. Faut-il pour autant la fuir ? On peut la fréquenter en relative sécurité en apprenant à la connaître et en l'approchant avec raison, sans crainte injustifiée et sans excès de confiance. C'est alors un monde merveilleux qui devient accessible.

Des techniques, une philosophie de la montagne

À la différence de certains sports que l'on peut pratiquer de façon intuitive, les sports de montagne ne supportent pas l'à-peu-près. C'est encore plus vrai pour les sports de neige qui se pratiquent sur (ou dans) un élément naturel parfois trompeur. On doit être particulièrement sérieux et rigoureux, sans tomber dans l'excès de complexité. Ce guide n'est pas un manuel de nivologie d'un haut niveau scientifique. Il propose une autre approche de la neige : en montagne comme ailleurs, une tête bien faite est préférable à une tête bien pleine. Sans viser à l'exhaustivité, il cherche à mettre en évidence ce qui peut être utile pratiquement au montagnard tout en rappelant certaines règles fondamentales de sécurité.

Mais on ne peut se limiter à enseigner certaines techniques ou à décrire certains phénomènes. Cet ouvrage se veut aussi empreint d'une « philosophie CAF », fondée sur une certaine approche de la montagne. Elle se résume en quelques mots simples : autonomie, responsabilité, respect du milieu naturel.

POURQUOI UN GUIDE « CAF » ?

Riche de l'expérience acquise depuis plus d'un siècle dans la pratique des sports de neige (à la promotion desquels il a largement contribué), le Club alpin français reste l'un des principaux acteurs dans le développement de ces différents sports. Attaché par tradition à ce sport roi qu'est le ski de montagne, il a su également développer de nouvelles pratiques. Aujourd'hui, des disciplines comme le raid nordique, les raquettes, le télémark, la compétition de ski-alpinisme sont des activités parfaitement intégrées dans les formations et les programmes. Le CAF est l'une des associations les plus polyvalentes en matière de sports de neige. Aussi était-il naturellement appelé à jouer le rôle de maître d'ouvrage pour ce manuel.

Cette vocation s'inscrit dans une forte tradition. Dès 1906, le CAF publiait un manuel d'alpinisme, initiative reprise et mise à jour en 1932. En 1974, ce furent essentiellement des cafistes qui, rassemblés autour de Philippe Traynard, collaborèrent à un ouvrage sur le ski de montagne qui, deux décennies plus tard, reste une référence. Enfin, on ne saurait oublier le rôle essentiel joué par la revue du Club, *La Montagne.* En publiant des récits de raids et randonnées, ainsi que des articles sur la technique et la sécurité, elle a largement contribué à la promotion du ski de montagne.

Tout savoir (... ou presque) sur les sports de neige de pleine nature

Ce guide comporte d'abord un tronc commun qui rassemble une série de notions de base concernant l'ensemble des sports de neige de pleine nature : comment se forme la neige ? Comment évolue-t-elle ? Qu'est-ce qui détermine le risque d'avalanche ? Comment s'orienter sur la neige ? Où s'abriter ? Comment s'alimenter, lutter contre le froid ? Que faire en cas d'accident ? Comment organiser une recherche en avalanche ? Autant de questions que tout montagnard fréquentant la montagne en hiver se pose parfois, sans pouvoir toujours y apporter de réponse satisfaisante, et auxquelles la première partie de cet ouvrage tente de répondre.

Une seconde partie est consacrée aux différents sports de neige, de la randonnée nordique aux raquettes, en passant par les diverses formes du ski de montagne (loisirs, compétition, pentes raides...).

Du débutant à l'expert

Ce manuel propose plusieurs niveaux de lecture, correspondant à différents niveaux de connaissance et susceptible de répondre à diverses attentes.

Le néophyte s'aventurant pour la première fois dans la neige, raquettes ou skis aux pieds, comme le montagnard confirmé devraient y trouver matière à satisfaire leur curiosité.

Quel que soit le niveau de pratique du lecteur, quelles que soient ses attentes, il ne doit pas oublier cette règle d'or : les sports de neige sont des sports exigeants, mais les satisfactions et les joies qu'ils procurent sont à la mesure des efforts consentis.

PREMIÈRE PARTIE

LES MYSTÈRES DE LA NEIGE

Pour débuter ce guide de la neige, nul texte ne semble mieux adapté que ces pages de Pierre Dalloz. Écrites il y a un demi-siècle, elles n'ont rien perdu de leur force évocatrice ni de leur poésie. Elles restent d'une étonnante actualité. Tout est dit ou presque : la diversité de la neige, l'intimité que certains privilégiés savent entretenir avec elle, la neige pureté, celle qui fait rêver…

Pierre Dalloz (1900-1992) est l'un des grands noms de l'alpinisme et du ski-alpinisme dans la première moitié du XXe siècle. Responsable de la revue La Montagne de 1932 à 1939, il a écrit plusieurs ouvrages. Son texte Zénith est considéré par beaucoup comme les pages les plus expressives et les plus belles consacrées à la haute montagne.

« La première neige que je connus fut une neige d'enfant choyé, d'enfant des villes. Neige idéale et merveilleuse, qui était familière et presque familiale. Noël, chaque année, ramenait les sapins et les cristaux, les gâteaux au marron ornés de crème blanche, les baies rouges du houx, les rouges-gorges. La neige des chaumières, sur les calendriers, faisait goûter les joies du feu et la tiédeur du lit. Je me sentais auprès des miens hors d'atteinte des loups.

« L'écolier de huit ans s'étonne, un matin, d'une nature blanche et feutrée où les voitures roulent sans bruit, d'un soleil vif et froid dans des arbres de verre. La veille, il faisait gris et il pleuvait. L'enfant, les pieds au chaud, s'amuse à imprimer la marque de ses pieds dans l'étendue. Il se retourne et il sourit en voyant une branche secouer son givre. C'est pour sa joie, évidemment, que la nature, pendant la nuit, a préparé pareille fête.

« Mais la cour de l'école retentit de clameurs. On y pétrit à pleines mains des boules blanches, on y connaît l'onglée et la chaleur du sang aux joues dans l'air glacé.

« J'ai dû attendre près de vingt ans avant de découvrir les neiges sauvages. On m'avait avec soin protégé d'elles. L'enfance heureuse ne connaît pas les neiges, ni le froid. »

* *
*

« Je n'ai pas oublié mon émotion d'enfant lorsque je découvris l'étendue de la mer. Ce fut cette émotion qui remonta en moi lorsque je vis briller, un jour, la neige souveraine des sommets. Ce fut en 1918, le 11 novembre. J'avais pris le matin, au bruit du canon, ma première inscription d'étudiant à Grenoble. Il soufflait par les rues un vent de folie qui traînait à sa suite un relent de mort. Ceux qui étaient vivants, insolemment, reniaient la guerre. Je ressentis ma solitude. Je m'éloignai de la foule et du bruit, gagnai l'Isère et ses quais vides.

« Des cimes élevées, précises de dessin et pourtant vaporeuses, flottaient ce jour d'automne dans un azur décoloré. Leur base était voilée par un rideau de brumes qui coupait tous leurs liens avec la terre. Je restai interdit devant ce spectacle. Je sentis aussitôt que se scellait en moi une union très profonde avec la neige. »

* *
*

« J'ai connu en montagne d'innombrables neiges. Il n'y a pas deux neiges qui se ressemblent, de même qu'il n'y a pas deux mers qui soient semblables pour le marin. La neige, cela s'apprend avec patience et soin, par d'humbles expériences parfois dangereuses, comme on apprend à pratiquer l'air ou les flots, ou le sable.

« Souvent j'ai parcouru, courbé sous le sac, des champs de neige immenses dont l'éclat métallique blessait les yeux. Souvent, et pas à pas, je suis monté péniblement vers un éther toujours plus noir, vers un monde de formes aux reflets durs. Souvent, pendant des heures, j'ai percé mon chemin dans des corniches translucides qui semblaient receler l'azur du ciel. Prudemment, j'attaquais la substance perfide, faisant voler dans le soleil une poussière glacée d'impalpables cristaux. Ces neiges-là, peu les connaissent. Ce sont les neiges réservées : elles représentent pour moi l'absolu de la neige.

« J'ai dans les souvenirs des neiges encore plus rares : à près de quatre mille mètres, en hiver et dans la nuit. Je les ai vues luire faiblement sous des ciels pleins d'étoiles qui brillaient dans le froid comme des couteaux. J'ai tenté de saisir leur matière irréelle. Porté par leur écume au cœur même des ténèbres, j'ai reconnu sensiblement la transparence de l'obscur. Ce sont là neiges inexplicables, de qualité presque mystique.

« J'ai traversé parfois des cirques pleins d'ombre au bas desquels de froids ravins semblaient guetter. J'ai remonté parfois d'interminables pentes, l'esprit tendu vers des hauteurs d'où pouvait fondre le danger. J'ai corrigé mon équilibre sur des neiges dont le vent, en soufflant, avait fait du marbre. J'ai mesuré d'un œil inquiet des névés inclinés, figés dans une immobilité pleine de risques. Je connais le bruit sourd que font ces neiges lorsqu'elles se cassent, le bruit de soie qu'elles font lorsqu'elles commencent à glisser, l'écho répercuté qui monte de l'abîme où elles se perdent. J'ai vu tomber des avalanches qui vidaient d'un seul coup des glaciers entiers, qui s'enfonçaient dans l'air comme des coins, qui entraînaient au-dessus d'elles, par brèves pulsations, des nuages de neige épais et lourds. Ce sont là neiges dangereuses, et qu'il vaut mieux ne pas tenter.

« Deux fois, j'ai réussi à me sauver de neiges mortelles. Ce sont des neiges que le vent chasse, par le brouillard ou par la nuit, et qui font de l'espace un enfer blanc. Ces neiges en furie ne se lassent pas de flageller, elles poursuivent leur victime et l'étouffent. Elles l'engourdissent et elles l'aveuglent, elles oblitèrent son sens de l'ouïe, de l'équilibre, elles lui dérobent sa chaleur, elles épuisent lentement ses dernières provisions de vie. Qu'il tombe dans le piège et tente de lutter, l'homme sera voué à la mort blanche. Son salut lui viendra par un instinct de bête, s'il sait creuser à temps un trou pour s'y blottir [...]. »

TEXTE PARU DANS *LA MONTAGNE*, N° 337,
JUILLET-SEPTEMBRE 1947.

P. Dalloz terminait en évoquant deux neiges qui n'ont pas (ou plus) leur place : les neiges de luxe et celles de guerre.

PREMIÈRES APPROCHES

La neige, c'est blanc, c'est froid, ça fond et ça mouille, mais qu'en savons-nous de plus ? Il est nécessaire de connaître mieux les principales propriétés de ce matériau vivant et complexe si l'on veut éviter de mauvaises surprises…

COMMENT SE FORME LA NEIGE

Plus légère que celle qui la précède, ou contrainte de franchir une chaîne de montagnes, une masse d'air va s'élever dans l'atmosphère. Au cours de cette ascension forcée, elle se refroidit. Or plus une masse d'air est froide, moins elle peut contenir de vapeur d'eau [1].

Cette loi physique simple est fondamentale. Quand une masse d'air se refroidit, la vapeur d'eau en excédent se condense sous forme de gouttelettes d'eau, qui forment les nuages et qui peuvent rester à l'état liquide même par des températures inférieures à 0 °C. C'est le phénomène de surfusion. Si le refroidissement se poursuit, vers -12 °C, les gouttelettes vont se congeler spontanément autour de microscopiques noyaux de congélation. Il s'agit de particules solides, poussières en suspension dans l'atmosphère (cendres volcaniques, poussières, résidus de pollution…).

Ainsi naissent les cristaux de neige. Grossissant peu à peu par condensation de vapeur d'eau, captant au passage d'autres gouttelettes d'eau, ils tombent vers le sol, agglomérés en flocons. Si les températures sont négatives jusqu'au sol, il neige. Si elles sont positives, les flocons fondent et deviennent gouttes de pluie. En général, il neige 300 m environ en dessous de la limite de l'isotherme zéro degré [2].

1. 1 m^3 d'air à 20 °C peut contenir 17 g de vapeur d'eau, mais à 0 °C, 5 g seulement.

2. Cette valeur exprime l'altitude où la température de l'air passe par la valeur 0 °C (en atmosphère libre et non à proximité du sol). Elle ne doit pas être confondue avec le niveau de gel, comme on le fait trop souvent.

DEUX « CIELS À NEIGE »

Il existe deux situations météorologiques typiques à l'origine des chutes de neige :
– le passage d'un front chaud, qui entraîne des précipitations sous forme de pluie en plaine, de neige en montagne ;
– le passage d'un front froid, qui entraîne un abaissement sensible des températures sous l'effet d'un afflux d'air polaire, avec chutes de neige jusqu'en plaine. C'est ce qui se passe lors des giboulées de mars.

Différents types de cristaux

Un cristal de neige fraîche n'est pas toujours une belle étoile. En fonction des conditions rencontrées dans les nuages (notamment température et humidité), et lors de sa chute (vent, température au sol…), la neige peut avoir une apparence et des caractéristiques bien différentes. Tous les cristaux ont une structure hexagonale, mais il en existe plusieurs centaines de types, dont les formes varient de l'étoile au bâtonnet, en passant par l'aiguille et la colonne creuse. Les modalités de croissance du cristal dépendent des températures :

– De -6 à -10 °C, la croissance se fait selon un plan perpendiculaire au plan d'origine. Il y a formation de colonnes.

Colonne creuse. ▼

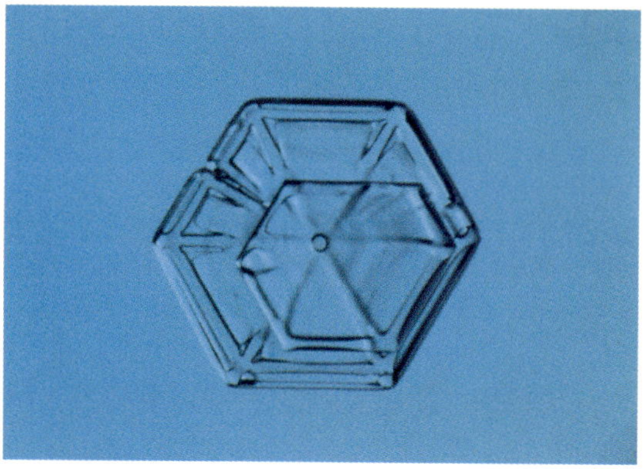

▲ **Plaquettes.**

▲ **Étoile.**

– De -10 à -12 °C, la croissance se fait dans l'axe des faces initiales. On parle de plaquettes.

– Entre -12 et -20 °C, il y a croissance le long des arêtes et apparition de cristaux en forme d'étoile.

– La neige roulée (ou grésil) se forme dans des masses d'air nuageuses fortement saturées. Les cristaux subissent un phénomène de givrage durant leur chute au contact de micro-gouttelettes d'eau en surfusion. Du fait des turbulences dans le nuage, ils forment de petites boules, semblables à de minuscules fleurs de mimosa, qui tombent sur le sol beaucoup plus vite que des cristaux enchevêtrés. Ils cré-

Classification des précipitations solides adoptée par l'Organisation météorologique mondiale. ▼

	Désignation	Symbole	Conditions de formation
Mono-cristaux	Colonnes	▭	-6 à -10 °C
	Plaquettes	⬡	-10 à -12 °C
	Étoiles	✳	-12 à -20 °C
	Aiguilles	⟷	Avec forte humidité
Polycristaux	Dendrites spatiales	⊛	Températures inférieures à -20 °C. Congélation simultanée de plusieurs cristaux
Cristaux composites	Colonnes entre plaquettes (« boutons de manchette »)	⊢⊣	Formation liée à des changements de conditions durant la chute
Cas particuliers	Particules irrégulières	⌒	0 à -5 °C
	Neige roulée ou grésil	△	Le cristal capte des gouttelettes d'eau en surfusion durant sa chute.
	Granules de glace	△	Pluie gelée
	Grêle	▲	Précipitation d'été (formation dans cumulo-nimbus d'orage)

UNE PRÉCIPITATION SOLIDE PARTICULIÈRE, LA GRÊLE

Ce phénomène estival est une formation caractéristique des cumulo-nimbus d'orage. En raison des très forts mouvements ascendants qui agitent ces nuages, les grains de glace commençant à subir une fonte partielle sont repris, remontent dans le nuage au sein duquel ils subissent de nouveaux givrages entraînant des accroissements de volume. Il n'est pas rare de trouver des grêlons de plusieurs centimètres de diamètre.

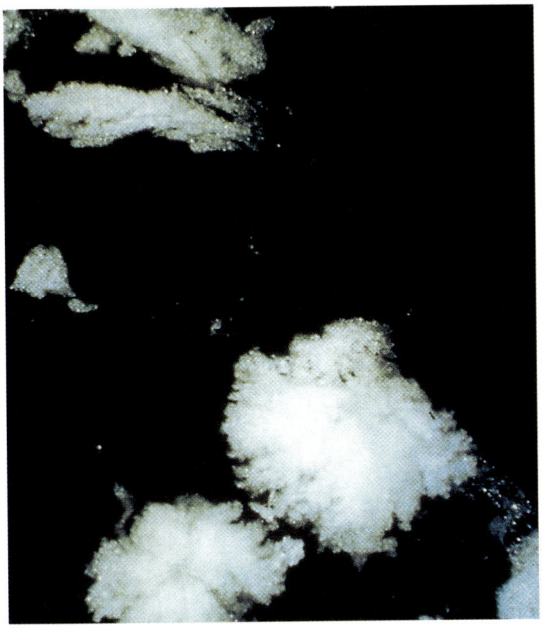

Neige roulée. ▲

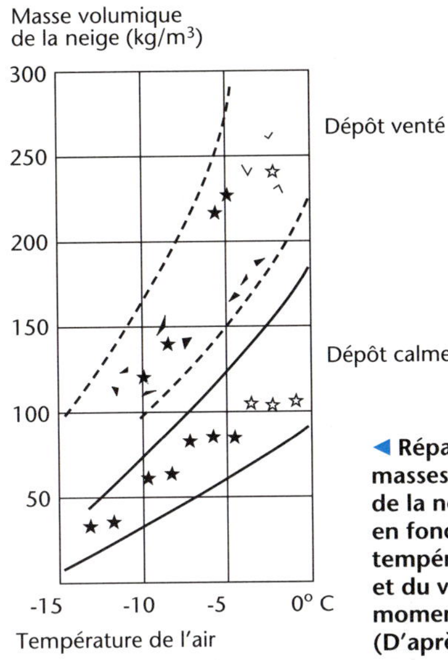

◀ **Répartition des masses volumiques de la neige fraîche en fonction de la température de l'air et du vent, au moment de la chute. (D'après L. Rey.)**

pitent en rebondissant sur les tentes, les sacs ou les anoraks. Il est très agréable de skier dans quelques centimètres de grésil tombés sur une sous-couche dure, mais cette mince strate sans cohésion constituera ultérieurement un facteur d'instabilité si elle est recouverte par une nouvelle couche.

Densité

En fonction du type de cristal, la neige fraîche subit des variations de densité importantes. La masse volumique d'une neige froide tombée sans vent varie entre 40 et 90 kg/m ^{3} (valeurs-records inférieures à 20 kg/m ^{3}). Une neige tombant par une température voisine de 0 °C est sensiblement plus lourde (de l'ordre de 90 à 180 kg/m ^{3}). Ces valeurs peuvent être considérablement accrues sous l'effet du vent.

Les cristaux non précipités

Le givre opaque

Ce phénomène est lié à l'action du vent sur des objets à des températures négatives (entre -2 et -10 °C). En présence de vent et d'une masse d'air humide (brouillard), ces obstacles (arbres, pylônes, rochers) provoquent la congélation des gouttelettes d'eau en surfusion. Il se forme des flammes orientées du côté d'où vient le vent. Ces cristaux ont une masse volumique élevée (entre 250 et 400 kg/m ^{3}), et ils peuvent occasionner des dégâts aux branches ou aux câbles du fait de leur poids. En raison de l'humidité de l'air ambiant, ce phénomène est fréquent sur les montagnes insulaires comme en Corse.

Le givre de surface

C'est le résultat d'une condensation directe, sous forme de cristaux de glace à structure foliacée, de la vapeur d'eau contenue dans une masse d'air en contact avec une surface de neige plus froide. Le

LA NEIGE ARTIFICIELLE

Il vaut mieux parler de neige de culture. Pour sa fabrication, on utilise essentiellement deux éléments naturels : un mélange d'eau et d'air sous pression, qui se détend et se refroidit à la sortie d'un compresseur. Pour qu'il y ait cristallisation, la température de l'air doit être négative (si possible, inférieure à -3 -5 °C) et l'air doit être sec (taux d'hygrométrie inférieur à 70 % à ces températures). Il ne se forme pas de cristaux étoilés agglomérés en flocons mais des granules de glace résultant du gel des gouttelettes d'eau projetées par le canon. C'est une neige dense (au moins 350 kg/m^3), qui ne subit pas le cycle classique d'évolution de la neige « naturelle ». Elle n'a pas besoin d'être damée, résiste mieux à l'abrasion due au passage de skieurs, mais elle n'a évidemment rien d'excitant pour l'amateur de poudreuse.

Aujourd'hui considéré par certains comme la panacée aux problèmes de manque de neige, notamment sur le bas des pistes, l'enneigement artificiel pose cependant de nombreuses questions en termes d'environnement. C'est une production qui demande beaucoup d'eau (à une période où celle-ci est rare en montagne). Par ailleurs, l'impact d'un enneigement prolongé sur la flore reste encore mal connu et sujet à controverses.

▲ **Formation de givre opaque. Les flammes indiquent la direction du vent dominant.**

phénomène se produit par nuit claire, lorsque la neige se refroidit (par rayonnement infrarouge) à une température bien plus basse que celle de l'air ambiant. Il est fréquent aux abords des cours d'eau. Il donne une neige pailletée, scintillant au soleil et fort agréable à skier. C'est une structure fragile. Enfouie sous une nouvelle chute de neige (car, en dépit de cette dénomination, on peut trouver du givre de surface en profondeur), elle crée une zone de discontinuité au sein du manteau neigeux.

DE L'ÉTOILE AU GRAIN DE FONTE

La neige est un matériau vivant. Du moment de sa chute à celui de sa fonte, sa structure et ses propriétés ne cessent d'évoluer. C'est ce qu'on appelle les métamorphoses de la neige.

Pendant leur chute ou aussitôt après, les cristaux perdent certaines de leurs branches (ou dendrites) sous l'effet du vent ou du poids des couches supérieures. Cette métamorphose destructive donne généralement une neige légère et de faible cohésion, souvent poudreuse et très agréable à skier. Les spécialistes parlent de particules reconnaissables (désignées par le symbole ⋌), car il est encore possible d'identifier les squelettes des cristaux.

Ensuite, deux types d'évolution peuvent se produire. Toutes deux ont lieu en l'absence d'eau liquide. Aussi les englobe-t-on sous l'appellation générique de métamorphoses de neige sèche.

La métamorphose de faible gradient

Longtemps appelée métamorphose d'isothermie, elle se produit lorsque la température au sein d'une couche de neige varie peu[1]. Les particules de neige désagrégées par la métamorphose destructive tendent à s'arrondir (les pointes disparaissent, les creux se comblent). La taille des grains devient uniforme et inférieure au millimètre. Ils se rapprochent, se soudent les uns aux autres par frittage. On obtient des grains fins (symbole ••). La couche devient plus solide et plus dense (de l'ordre de 300 à 350 kg/m ^{3}). Les caractéristiques de cette couche se modifieront si la température change (fonte ou métamorphose de moyen ou fort gradient).

Ce phénomène est d'autant plus rapide que la température est proche de 0 °C (tout en restant négative).

La métamorphose de moyen ou fort gradient

Elle se produit lorsqu'il existe une grande différence de température (au moins 0,05 °C par centimètre) entre la base et le sommet d'une strate du manteau neigeux.

Cette différence engendre des phénomènes complexes de diffusion de vapeur d'eau, de transfert de matière et de recristallisation. Les grains changent alors de forme. Ils deviennent d'abord des grains à faces planes, aussi appelés grains anguleux (symbole □), puis ils prennent l'aspect de pyramides creuses, striées et grosses de 5 mm ou plus : gobelets ou givre de profondeur (symbole ∧). Il y a restructuration des cristaux. C'est pourquoi on a longtemps parlé de métamorphose constructive. Compte tenu de la connotation positive de cet adjectif, on a abandonné la formule qui risquait d'engendrer un sentiment trompeur de sécurité. Cette neige sèche est en effet sans cohésion et peu compressible. Enfouie sous de nouvelles couches, une strate de gobelets constitue un édifice instable qui peut s'effondrer en jouant un rôle de roulement à billes facilitant le glissement des couches supérieures.

Les conditions propices à la formation de gobelets sont essentiellement :

– une neige sèche, suffisamment poreuse et perméable à l'air. Le phénomène n'est plus possible avec des densités supérieures à 300 kg/m ^{3} ; il est plus marqué sur les versants à l'ombre (terrain de prédilection des fanatiques de profonde), car les températures y étant plus basses, le tassement de la couche est ralenti et la neige reste poreuse et légère ;

– une strate de faible épaisseur ;

– un fort gradient de température. Ainsi, avec un gradient de 1 °C par centimètre, des gobelets se forment en moins d'une semaine.

Ce phénomène est fréquent en début d'hiver (petite chute de neige suivie d'une longue période de beau temps froid), mais il n'a pas toujours d'effet négatif durable. Une couche fragile devient moins dangereuse si elle est recouverte par un manteau neigeux épais et résistant. Celui-ci joue un rôle de couvercle et ne transmet plus les contraintes à la strate fragile. En revanche, la combinaison d'un froid vif et d'un faible enneigement constitue une situation favorable au déclenchement d'avalanches provoqué par le passage d'un skieur.

Le givre de profondeur ne disparaît qu'à la fonte des neiges ou sous l'effet d'un redoux important. C'est un mécanisme assez lent, car le manteau neigeux réagit à retardement et avec une certaine inertie aux sollicitations extérieures. Il se transforme alors en grains ronds, souvent agglomérés, sur lesquels on retrouve des traces de stries, signe caractéristique pour l'identification des gobelets.

TROIS IDÉES FAUSSES SUR LES GOBELETS

- Après une vague de froid suivie d'un radoucissement, même marqué, il faut se méfier de tout pronostic optimiste : « Il pleut haut, les gobelets vont disparaître. »
- L'instabilité d'une couche de gobelets n'est pas liée au fait que les pyramides creuses dont ils sont généralement constitués ont la tête en bas !
- Les gobelets ne se forment pas exclusivement au niveau du sol : on peut les trouver à n'importe quel niveau dans le manteau neigeux, y compris en surface.

1. Le gradient mesure en degrés Celsius par centimètre ou par mètre la variation de température lorsque l'on s'enfonce dans le manteau neigeux.

Les deux métamorphoses ci-dessus ne sont pas forcément exclusives l'une de l'autre. Il peut y avoir un début de métamorphose de fort gradient, interrompu par un relatif réchauffement. Inversement, des grains fins peu évolués peuvent devenir des grains à faces planes en cas de refroidissement marqué et durable.

La métamorphose de fonte

C'est la phase ultime d'évolution du manteau neigeux avant sa disparition au printemps. Cette transformation est également observable l'hiver, lors d'un redoux sensible ou à basse altitude ou lorsque la neige fraîche est humide.

Lorsque le manteau neigeux contient de l'eau liquide (fonte ou pluie) – ce qui n'était pas le cas dans les deux types précédents de métamorphose –, les grains évoluent à nouveau. Les plus petits fondent. Par capillarité, l'eau de fonte entoure certains cristaux, qui deviennent des grains bien arrondis, de 1 à 2 mm de diamètre (grains ronds, symbole ○○). Quand il fait froid, ils sont parfaitement soudés, mais ils perdent leur cohésion dès que les ponts de glace qui les relient fondent. Ce cycle quotidien est particulièrement visible lors des belles journées de printemps.

▼ **Schéma des métamorphoses de la neige. (Schéma E. Pahaut/CEN/ Météo-France.)**

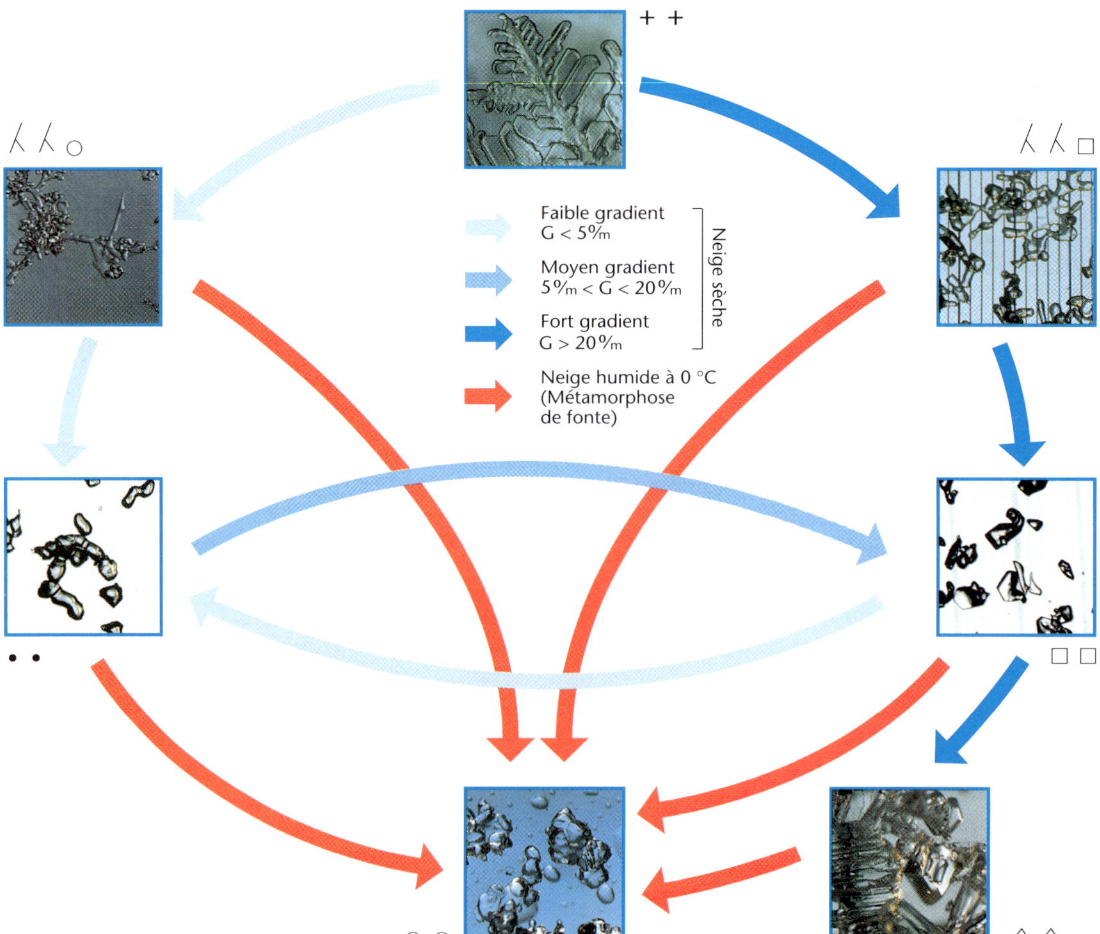

RAPPEL DE QUELQUES ÉVIDENCES

- Le schéma des métamorphoses de la neige est à sens unique !
- Dans le cas d'une neige mouillée qui tombe par température supérieure à 0 °C, le processus est raccourci et il y a aussitôt métamorphose de fonte.
- À un moment donné de l'hiver, on peut rencontrer tous ces types de transformation en fonction des altitudes et des versants, par exemple :
  – métamorphose destructive puis de faible gradient à 1 000 m en versant Nord ;
  – métamorphose de fonte à 1 000 m en versant Sud ;
  – métamorphose de fort gradient à 2 000 m en versant Nord.

Le montagnard dispose d'un vocabulaire assez riche pour décrire l'ensemble de ce phénomène. Très stable le matin, le manteau neigeux dégèle d'abord en surface. C'est alors une neige « transformée » ou tout juste « décaillée », une neige « de cinéma », le rêve de tout skieur. Mais cela ne dure guère, car la neige s'humidifie en profondeur (neige pourrie, « soupe » ou « polenta ») et devient instable (risques de coulées sous l'effet du réchauffement). Si l'on est encore sur ses skis en milieu d'après-midi, le rêve finit par devenir cauchemar.

LE VENT ET SES CAPRICES

Le vent joue un rôle fondamental dans les transformations du manteau neigeux. Ses effets varient en fonction de sa nature (vitesse, humidité, température), de la qualité de la neige et de la topographie :

– modification des échanges thermiques entre l'air et la surface de la neige. Il y a peu de refroidissement nocturne de la neige si le vent souffle car température de la neige et température de l'air ont tendance à s'équilibrer. Un vent chaud et sec comme le fœhn provoque à la fois une fusion rapide du manteau neigeux et une évaporation directe par sublimation ;

– modification de la forme des grains de neige. Les branches des belles étoiles de neige fraîche peuvent être cassées et détruites ;

– transport de la neige. Cette action est particulièrement sensible avec une neige récente, sèche et sans cohésion. Les modalités de transport sont fonction notamment de la vitesse du vent, de l'état de rugosité de la surface, de la nature du cristal, de l'altitude… Les vitesses minimales à partir desquelles un cristal de neige peut être transporté par

Le phénomène d'érosion et de transport de la neige par le vent est particulièrement marqué près des crêtes et notamment des abords des cols. ▼

CARACTÉRISTIQUES DES PRINCIPAUX TYPES DE NEI

Type de cristal	Neige fraîche	Particules reconnaissables	Grains fins	Grains anguleux	Givre de profondeur
Stade de métamorphose	Non métamorphosée	Métamorphose destructive 1er stade	Métamorphose faible gradient stade final	Métamorphose fort gradient 1er stade	Métamorphose fort gradient stade final
Aspect du cristal	Forme originale intacte (étoiles, plaquettes, colonnes, etc.)	Éléments dissociés de taille inégale mais identification possible du cristal d'origine	Grains arrondis de taille de plus en plus homogène (vieille neige)	Grains à facettes brillantes au soleil. Tailles inégales (sel de cuisine)	Grains prismatiques, pyramides, bâtonnets cannelés, crista cassant (aspect fragments de verre Sécuri
Qualité de la neige	Cohésion faible (feutrage) Très tendre. Sèche à humide	Perte de cohésion de feutrage. Tendre (poudre). Sèche à humide	Bonne cohésion de frittage. Mi-dure à dure (solide). Sèche en général	Cohésion faible en diminution. Friable. Sèche	Absence de cohésion sauf fonte + reg Friable. Sèche
Masse volumique moyenne (en (kg/m^3)	20-180	50-200	200-350	180-280	200-350
Diamètre moyen du cristal (mm)	0,5-2	0,3-0,8	0,1-0,8	0,8-1,5	1,5-3 ou +
Symbole graphique	+ +	λ λ	• •	□ □	∧ ∧

le vent (seuil de reprise) varient de 3 m/s pour de la neige récente à 30 m/s pour des grains de fonte soudés.

Lorsque le vent souffle pendant une chute de neige, il donne lieu à des accumulations parfois très locales. La neige se dépose surtout derrière les obstacles, là où la vitesse du vent est plus faible. Elle peut aussi être reprise et transportée plusieurs jours après la chute. Les accumulations ainsi formées peuvent être très denses. Elles peuvent aussi ressembler à une neige non ventée et passer inaperçues.

En cas de transport, il y a érosion, parfois jusqu'au sol. La surface érodée est souvent irrégulière (rides, vagues). Les accumulations peuvent se manifester sous forme de congères, corniches et parfois de plaques (dures ou friables) dangereuses.

LES PROPRIÉTÉS DE LA NEIGE

La neige est un solide complexe particulier, dont les qualités et les propriétés évoluent dans le temps. Elles varient considérablement en fonction de sa composition et des conditions météorologiques.

La neige peut être constituée d'eau sous ses trois états : solide (glace), liquide et gazeux (vapeur d'eau), et d'air. À 0 °C, c'est un mélange de cristaux de glace, de vapeur d'eau et d'eau liquide (sous forme d'une très fine pellicule entourant les cristaux). Si elle se refroidit, l'eau liquide regèle, ce qui entraîne une consolidation du manteau neigeux.

En revanche, une neige tombée par une température nettement inférieure à 0 °C ne contient pas d'eau liquide. Elle est sèche. Un refroidissement n'a

›IVRE		
›s de fonte	Neige roulée ou grésil	Givre de surface
›norphose ›(neige à 0 °C)	N'évolue pratiquement pas	Cristal non précipité
›s ronds ›siers ou ›cristaux. ›ct terne, ›e ›printemps »	Boules de mimosas opaques (* roulée) ou balles tronconiques (grésil). Cristal dur	Feuilles aiguilles à texture fragile. Très brillant (paillettes)
›ésion ›laire très ›e sauf regel. ›e (pâte). ›ide à mouillée	Cohésion assez faible. Dure. Sèche à peu humide	Pas de cohésion. Très friable, sèche
›550	100-250	xx
›2	1-5	2-50 mm ou plus
○	Δ̽ Δ̽	∨ ∨

aucun effet sur le durcissement d'une telle couche qui ne « porte » pas, car la neige reste poudreuse.

Propriétés mécaniques

La neige résiste mieux à la compression qu'à la traction

Damée par les engins mécaniques, serrée en boule dans la main, tassée naturellement, la neige devient plus dure, plus résistante. La compression qui rapproche les cristaux favorise la création de liens solides. Une neige sèche et froide se comprime plus difficilement qu'une neige humide à température voisine de 0 °C.

À l'inverse, toute traction qui provoque l'étirement d'une couche de neige diminue la solidité des liens entre cristaux. La couche peut se casser à certaines ruptures de pente, qui constituent des zones de contrainte accrue.

La neige se tasse

La rapidité de ce phénomène varie en fonction de la température. Une chute de neige se tasse de 30 % en trois jours, avec une température moyenne de l'air à 0 °C. Il faut une semaine pour arriver à ce même résultat avec une température de -10 °C.

Poids des couches successives accumulées au sol, transformation des cristaux étoilés en grains ronds qui occupent moins de place, action du vent, de la pluie, font qu'une chute de 30 cm en décembre ne représente plus qu'une petite strate de 8 à 10 cm en mars. En moyenne, 3 m d'épaisseur de neige au sol au maximum de l'accumulation (mars, avril selon les altitudes) correspondent à une hauteur cumulée de chutes de neige de 10 à 12 m.

La densité de la neige augmente tout au long de l'hiver

Du fait du tassement, la masse volumique de la neige croît progressivement. De 50 à 100 kg/m ^{3}, poids moyen de la neige fraîche, on arrive à 300-350 kg/m ^{3} pour de la neige tassée (grains fins). La neige fondante d'avril-mai pèse de 450 à 550 kg/m ^{3}. Les neiges persistantes (névé) oscillent entre 550 et 700 kg/m ^{3}. Quant à la glace vive, elle pèse 917 kg/m ^{3}.

La neige possède certaines cohésions

Par son propre poids sous l'action de la pesanteur, la neige a tendance à glisser vers le bas de la pente à mesure qu'elle se dépose. Elle oppose cependant une résistance à ce glissement grâce à sa force de frottement et à certaines cohésions inter-cristallines. Celles-ci varient en fonction du type de cristal et de la température :

– la neige fraîche possède une cohésion de feutrage (enchevêtrement des branches des cristaux, ou dendrites) qui lui permet de tenir sur des pentes très raides (jusqu'à 80°). Ce phénomène spectaculaire est souvent de courte durée. Lorsque disparaît cette cohésion, les arbres se déchargent spontanément et les parois rocheuses se purgent ;

COHÉSION ET STABILITÉ

Attention ! la cohésion d'une couche n'est pas toujours synonyme de stabilité. La cohésion de feutrage, tout comme la cohésion capillaire, est relativement instable. La cohésion de frittage rend certaines plaques particulièrement dangereuses. Seule la cohésion de regel peut généralement être considérée comme rassurante.
Cette notion de cohésion n'a guère de sens dans l'absolu, car il faut aussi tenir compte de la liaison avec la couche sous-jacente et de l'état de cette dernière.

– uniformisés par la métamorphose destructive, brisés par le vent, les cristaux de neige réduits en grains très fins acquièrent une forte cohésion de frittage, caractéristique de certaines plaques ;

– lorsque s'amorce la métamorphose de fonte, l'eau liquide présente dans le manteau neigeux regèle la nuit et soude les grains par des ponts de glace. C'est la cohésion de regel ;

– la neige mouillée reste en équilibre sur la pente par sa cohésion capillaire. Cette liaison relativement précaire, assurée entre les cristaux par l'eau liquide présente, disparaît si la teneur en eau liquide devient trop importante.

À cette force s'ajoutent celle du frottement de la neige sur le sol ou entre les grains et les points d'appui, ainsi que les ancrages (arbres, éboulis) qui freinent le mouvement aval.

La neige est un fluide visqueux
La viscosité se définit comme la résistance d'un fluide à l'écoulement. Malgré sa cohésion, la neige s'écoule lentement vers le bas de la pente. Ce mouvement lent et continu de reptation est de l'ordre de quelques millimètres par jour. Il varie avec l'angle de la pente, la rugosité du sol, le type de cristaux et leur humidité (la présence d'eau liquide diminue la viscosité, la reptation s'accélère).

Dans le manteau neigeux, la couche supérieure moins dense a généralement une viscosité inférieure à celle des couches sous-jacentes. Sa vitesse de glissement est relativement plus rapide, c'est le fluage.

La neige possède une certaine plasticité
La neige fraîche épouse les irrégularités du terrain ou la forme des végétaux. Cela est dû à la relative souplesse des branches de cristaux et à la possibilité qu'elles ont de se déformer. Cette plasticité est moins bonne avec une neige très sèche. Elle disparaît presque totalement avec une vieille neige qui devient cassante.

NEIGES DE COULEUR

Si la neige est naturellement blanche, elle prend parfois localement des colorations surprenantes. Il peut y avoir plusieurs explications à ce phénomène.

En hiver, après une période de vent du Sud, on assiste parfois à des chutes de neige jaune ou orangée. De très fines particules de sable du désert emportées par le sirocco servent de noyaux de congélation aux cristaux. Cette neige se transforme et fond plus rapidement qu'une neige blanche, car elle absorbe beaucoup plus d'énergie solaire.

En été, les névés qui subsistent à haute altitude se colorent, eux aussi, mais pour d'autres raisons. Ce sont le plus souvent des algues qui prolifèrent à la surface. Ces êtres infiniment petits dont la taille se mesure en millièmes de millimètre sont parfois rouges *(Chlamydomonas nivalis)*, pourpres *(Ancylonema)*, plus rarement jaunes *(Scotiella)* ou verts *(Chlorella, Pleurococcus* ou *Raphidium)*. Ces algues unicellulaires sont étroitement associées à la neige et au froid, d'où leur nom de cryoplancton. Elles se trouvent en colonies de plusieurs millions d'individus dans les Alpes au-dessus de 2 000 m et également au Groenland.

D'autres agents peuvent colorer la neige localement. Ainsi peut-on voir des traces de rouille. C'est le résultat du travail de bactéries qui, pour vivre, utilisent des oxydes de fer provenant des roches voisines. Elles les brûlent et récupèrent ainsi l'énergie nécessaire pour vivre. Le résidu est un dépôt d'hydroxyde ferrique sur la surface du névé.

Propriétés thermiques

La neige est un isolant

Grâce à l'air qu'elle contient (près de 90 % de son poids dans le cas de la neige fraîche), elle joue un rôle de matelas isolant. Elle protège la végétation des rigueurs du froid. Même par une température extérieure de -15 ou -20 °C, la température près du sol reste voisine de 0 °C si le manteau neigeux est assez épais, quelle que soit la température du sol au moment des premières chutes.

Ces températures très faiblement négatives sont dues à la chaleur provenant du centre de la terre (flux thermique de sol), qui maintient la neige proche du sol à une température voisine du point de fusion. Ainsi, le skieur attardé ou égaré a-t-il intérêt à s'enterrer (s'enneiger ?) en cas de bivouac forcé.

Près de la Bocchetta di Tuckett dans les Dolomites de Brenta. Neige de printemps déjà « transformée » par l'action du rayonnement solaire. ▼

La neige se réchauffe au soleil

Le rayonnement solaire constitue une source de chaleur pour la neige. C'est donc un important facteur de fonte. Toutefois, l'expression « fondre comme neige au soleil » ne se justifie pas toujours. Certes, lorsqu'il brille, le soleil réchauffe la couche de neige superficielle (sur une vingtaine de centimètres de profondeur), mais cette action du rayonnement varie beaucoup avec

– la qualité de la neige : une vieille neige absorbe plus d'énergie que la neige fraîche, qui en réfléchit une grande partie. L'albédo (expression de la quantité d'énergie réfléchie par rapport à la quantité totale reçue) varie ainsi de 0,4 (neige avec impuretés) à 0,97 (neige fraîche d'hiver). Les paysans de montagne connaissaient bien ce phénomène qu'ils accéléraient au début du printemps en répandant sur la neige des débris minéraux ou végétaux (terre, cendres, poussières de foin…) ;

– l'exposition : après une chute de neige, l'amateur de hors piste recherche de préférence les versants à l'ombre qui conservent plus longtemps la neige froide et légère. Au printemps, les versants Sud se déneigent plus vite que les versants Nord ;

– la saison, dont dépendent le rayonnement incident (en février, le soleil, encore bas sur l'horizon, chauffe beaucoup moins une pente qu'en mai où ses rayons parviennent presque à la verticale) et la durée de l'ensoleillement.

La neige se refroidit la nuit

Par nuit claire et sans vent, la neige se refroidit bien au-dessous de la température de l'air. Si le ciel est couvert, s'il pleut ou s'il y a du vent, température de l'air et température superficielle de la neige tendent à s'équilibrer, à concurrence de 0 °C pour la neige. Ce phénomène est en relation directe avec l'altitude de l'isotherme 0 °C.

La neige est sensible à la température de l'air

Mauvais conducteur de la chaleur, la neige reste sensible aux effets de la température extérieure. Elle réagit avec une certaine inertie, d'autant plus importante que la profondeur considérée est grande. Sa porosité lui permet de transmettre un

En Dévoluy (Vallon Pierra), après une période de pluie suivie d'un refroidissement marqué des températures : formation d'une croûte de regel avec rigoles de ruissellement dues à la pluie. ▶

réchauffement en profondeur, à travers les vides entre les cristaux. Cela est surtout valable avec des neiges peu tassées, de masse volumique inférieure ou égale à 250 kg/m ^{3}. Au-dessus de cette valeur, la majeure partie des transferts se fait de grain à grain, avec une plus grande vitesse de pénétration en profondeur.

La neige est réchauffée par la pluie

Une chute de pluie provoque une érosion superficielle du manteau neigeux avec formation de rigoles (terrain en pente) ou phénomène de « matelassage » (terrain plat). Cette érosion favorise l'ancrage de nouvelles couches. S'il y a humidification sans éro-

Principaux échanges thermiques aux interfaces sol-neige et neige-atmosphère. ▼

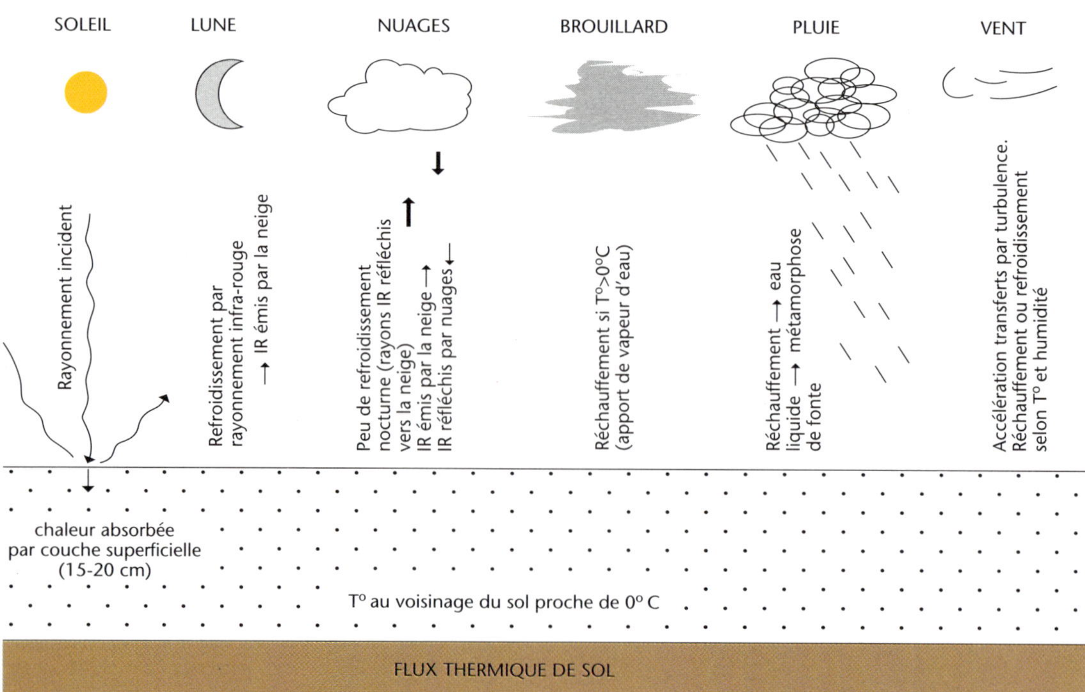

LA PLUIE FAIT-ELLE FONDRE LA NEIGE ?

La pluie est rarement à l'origine directe d'une fonte spectaculaire du manteau neigeux. Il faut en effet 80 calories par gramme pour passer de l'état solide à l'état liquide, alors que 1 gramme d'eau n'apporte que 1 calorie par degré au-dessus de 0 °C. Cependant, la pluie réchauffe superficiellement la neige et, par apport d'eau liquide, elle amorce la métamorphose de fonte. Cet effet est d'abord limité aux couches de surface. Il y a percolation vers les couches profondes une fois que ces couches superficielles sont suffisamment imbibées. Véritable éponge, la neige récente peut absorber jusqu'à 25 % de son propre poids en eau.

sion, suivie d'un refroidissement marqué, il se formera une croûte de regel qui pourra constituer un plan de glissement pour de nouvelles couches.

Si le froid succède à la pluie, l'eau liquide regèle et consolide le manteau neigeux. Si la saturation du manteau neigeux se poursuit, l'ensemble des couches s'humidifie. Il y a perte totale de cohésion avec risque d'avalanches de neige très mouillée, pouvant partir jusqu'au sol.

La neige en forêt

La forêt exerce différentes actions sur la neige :

– Stabilisation du manteau neigeux, « épinglé » au sol par les troncs. Il n'y a pas pour autant absence totale de danger, car une avalanche peut venir de plus haut. Des plaques peuvent se former dans des clairières. Enfin, le danger est accru dans les bois de mélèzes clairsemés car, en cas d'avalanche, on risque d'être projeté contre un tronc.

Les conifères peuvent intercepter une grande part des précipitations neigeuses (effet de houppier). ▼

– Modération des écarts de température. En forêt, il fait moins froid la nuit et moins chaud le jour. C'est une observation facile à faire, surtout au printemps : en dehors de la forêt, la neige porte mais, dès que l'on passe sous les arbres, elle casse ou on s'y enfonce.

– Effet de houppier, surtout pour les conifères qui peuvent retenir jusqu'à 30 % d'une chute. Le rayonnement solaire, l'action du vent, la couleur sombre des rameaux se combinent pour accélérer l'évolution de la neige. Elle est déjà « transformée » au moment où elle tombe des branches sur le sol. Elle tasse ainsi la sous-couche. C'est pourquoi il est rare de trouver des gobelets en forêt dense. Plus tassée et moins exposée au rayonnement solaire direct, la neige fond plus tard en forêt.

– Effet sur la répartition de la neige. La forêt joue un rôle de barrière à vent et la répartition de la neige est très régulière sous le couvert forestier. Par contre, il y a accumulation dans les zones de calme (clairières).

COURS DE NIVOLOGIE EXPRESS POUR MONTAGNARD PARESSEUX

Tout cela est bien compliqué... S'il fallait ne retenir que le strict minimum, voici les quelques notions de base que pourrait comporter un cours express de nivologie :

- la neige est un matériau vivant, complexe et parfois trompeur (= ne jamais croire qu'on la connaît bien) ;
- le vent peut avoir des effets très importants sur sa consistance, sa répartition et son épaisseur ;
- elle est parfois en équilibre instable (= il suffit d'une surcharge minime pour qu'il y ait rupture) ;
- elle peut transmettre des contraintes (= risque de déclenchement à distance) ;
- elle résiste mal à la traction (= attention aux zones convexes, aux ruptures de pente) ;
- plus on s'enfonce dans le manteau neigeux et moins il est sensible à l'action de facteurs extérieurs (soleil, pluie, hausse ou baisse de température).

OBSERVER, TOUCHER, SENTIR LA NEIGE

Si l'on veut pratiquer un sport de neige hors des secteurs sécurisés sans prendre de risques inconsidérés, il faut rester attentif à la qualité du matériau sur lequel on évolue. La neige vierge que l'on trouve en altitude n'a rien à voir avec la neige banalisée que livrent les engins de damage ou les canons. C'est un élément complexe et vivant dont il est important de connaître et de suivre les évolutions.

On ne peut donc en rester à une vision simpliste distinguant deux catégories de neige, la « bonne » (poudreuse, légère ou à peine ramollie en surface) et la « mauvaise » (molle, soupe, tôlée, carton, collante).

Quelques observations simples en surface...

À condition d'avoir les sens en éveil, d'être curieux et de savoir en permanence observer, on peut découvrir beaucoup plus de choses sur l'état de la neige. Certes, elle n'a pas d'odeur et sa saveur est sans importance pour le skieur (sauf en cas de chute avec immersion totale), mais sa consistance et sa couleur en disent long. On peut écouter le bruit qu'elle produit lorsqu'on la tasse avec les pieds ou les skis, lorsqu'on y enfonce le bâton. Faire la trace dans du givre de surface, de la neige croûtée, mouillée, cartonnée ou soufflée ne procure pas les mêmes sensations. Les découvrir permet d'enrichir la connaissance sensible et presque sensuelle que l'on a de la neige. C'est une partie intégrante, mais souvent méconnue, des joies que peut procurer la montagne hivernale.

... et en profondeur

Ces observations superficielles doivent également donner envie d'aller plus au fond des choses et de savoir ce qui se passe à l'intérieur du manteau neigeux. Celui-ci se constitue progressivement, tout au long de l'hiver. Dans les régions alpines et pyrénéennes, c'est un empilement de strates généralement complexe et hétérogène, que ce soit verticalement en un endroit donné, ou horizontalement, entre deux points voisins mais différemment exposés au soleil ou au vent. Chaque couche a son histoire, dépendant de la qualité de la neige et des conditions météorologiques au moment de la chute puis des métamorphoses subies. Le manteau neigeux est un reflet fidèle des événements nivo-météorologiques ayant marqué les semaines et les mois précédents.

Pour évaluer le risque d'avalanche, il faut connaître les caractéristiques de l'ensemble des strates et savoir de quelle façon elles sont liées. Diverses techniques permettent d'analyser la structure du manteau neigeux. Le montagnard dispose d'un auxiliaire précieux, le bâton. Celui-ci permet de sentir ce qui se passe en profondeur. En l'appuyant fortement à la surface du manteau neigeux (perpendiculaire à la pente et non pas vertical), on peut se rendre compte de la consistance des différentes couches. Différentes situations peuvent se présenter :

– Plusieurs sondages effectués à quelques dizaines de mètres les uns des autres mettent en évidence des hauteurs variables de neige fraîche. Sans doute y a-t-il eu du vent avec transport et accumulation.

– On éprouve des difficultés à passer à travers la couche superficielle, puis le bâton s'enfonce sans mal. S'il y a une couche dure reposant sur une neige sans cohésion (gobelets, grains de fonte non regelés ?), il y a présomption de plaque à vent.

– Le bâton s'enfonce facilement avant de s'arrêter sur une sous-couche dure. Dans ce cas, il peut y avoir une croûte de glace ou une plaque dure qui peuvent constituer un plan de glissement, ou une sous-couche très consolidée.

S'il donne une idée de la structure des différentes couches, le bâton ne fournit pas d'information sur leur liaison. En cas de doute, on ne doit pas hésiter à faire un trou à l'aide de la rondelle du bâton ou avec la pelle.

Sondage et profil

Pour en savoir plus sur la structure interne du manteau neigeux, il existe des méthodes plus élaborées, notamment le sondage par battage. C'est principalement sur cette base (et en tenant compte des prévisions météorologiques) qu'est établie la prévision du risque d'avalanche.

Cette technique consiste à enfoncer dans la neige un tube métallique gradué en faisant tomber d'une certaine hauteur une masse de 1 kg coulissant sur une tige. Un calcul simple permet d'obtenir la résistance à l'enfoncement des différentes couches et d'établir un profil du manteau neigeux. Pour donner un ordre de grandeur, un skieur exerce à la surface de la neige une pression de 3 kg/dm ^{2} tandis que celle d'un piéton est 5 ou 6 fois supérieure.

▲ **Sondage par battage.**

L'analyse générale du profil permet de se faire rapidement une idée de la stabilité mécanique du manteau. On peut ainsi distinguer des profils homogènes (avec résistances croissant de la surface vers le sol) et d'autres plus irréguliers (alternance de résistances fortes et faibles, pouvant être l'indice d'une structure de plaque).

DURETÉ ET HUMIDITÉ

Elles s'apprécient à partir de critères simples.

Dureté
1 = on enfonce le poing sans effort dans la couche
2 = quatre doigts
3 = un doigt
4 = un crayon
5 = une lame de couteau

Humidité
1 = neige sèche (boules impossibles)
2 = neige peu humide (boules faciles)
3 = neige humide (laisse la main humide)
4 = neige mouillée (l'eau coule en serrant)
5 = neige très mouillée (mélange neige + eau)

Ces mesures doivent se faire avec la main gantée pour éviter de réchauffer la neige.

L'opération est complétée par une étude stratigraphique. On fait une coupe jusqu'au sol pour identifier les différentes couches de neige et leurs caractéristiques : température, nature et taille des grains, humidité, dureté, densité. Cet examen permet de mettre en évidence couches fragiles (gobelets, grains à faces planes, givre de surface enfoui, neige roulée...), structure de plaque et plans de glissement (croûte de regel...).

La réalisation d'un sondage par battage demande du temps et un matériel relativement coûteux. Ce n'est pas une technique que l'on peut utiliser de façon systématique dans le cadre d'actions de formation. Mais il suffit d'un minimum de matériel (loupe, plaquette d'identification, thermomètre et, éventuellement, dynamomètre) pour jouer à Sherlock Holmes, version nivologue, en faisant une analyse stratigraphique. Cet exercice constitue une excellente introduction à la connaissance de la neige et de ses métamorphoses.

Le coin des « pros »

Les skieurs-alpinistes des pays germanophones ont recours à des méthodes pratiques d'évaluation du risque d'avalanche. Elles permettent de mesurer la résistance au cisaillement des différentes strates du manteau neigeux.

La méthode la plus fiable est celle du coin de glissement suisse. Elle consiste à libérer une petite partie du manteau neigeux des tensions qui le maintiennent sur le versant (compression, traction, résistance au cisaillement) pour étudier la liaison entre les couches et mettre éventuellement en évidence un risque potentiel de rupture.

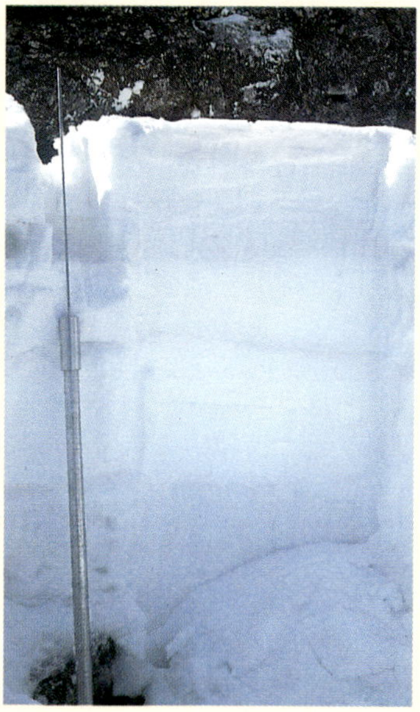

LE COIN DE GLISSEMENT (RUTSCHKEIL)

On dégage une paroi verticale large d'environ 2,50 m dont on fait l'analyse stratigraphique. Cela permettra d'établir ensuite une corrélation entre type de strates et stabilité. On plante une sonde inclinée vers le haut à 2,50 m en amont de cette paroi. À l'aide d'une cordelette, que l'on fait passer derrière la sonde et que l'on utilise comme un fil à couper le beurre, on découpe un coin aussi isocèle que possible. Si la neige est dure et difficile à entailler, on peut faire des nœuds sur la cordelette. On peut se limiter aux 150 premiers centimètres et ne pas aller jusqu'au sol, car 98 % des avalanches ne concernent que ces strates superficielles.
Pour bien effectuer cette opération, il faut que la pente choisie fasse au moins 30°. Elle doit être sans danger, tout en étant représentative du secteur que l'on veut étudier. Enfin, l'emplacement retenu ne doit pas être une zone de compression ni une zone de contrainte accrue (rupture de pente).

◀ Un exemple de stratification du manteau neigeux : on peut repérer cinq ou six couches différentes. Les couches les plus claires correspondent à des grains de fonte ; les couches les plus sombres sont constituées de grains moins évolués (particules reconnaissables ou grains fins).

LA NEIGE... OÙ, QUAND, COMMENT ?

Où ? Altitude et latitude

On associe souvent neige et basses températures. Pourtant, les zones du globe les plus enneigées ne sont pas les plus froides et vice versa. Au centre du continent antarctique, le total des précipitations neigeuses annuelles n'excède pas 10 cm. Il ne tombe que 35 cm de neige par an sur Krasnoiarsk, au cœur de la Sibérie. À Lhassa, capitale du Tibet, à 4 000 m d'altitude, on n'enregistre en moyenne que 7 jours de neige par an. On peut donc dire que, plus il fait froid et moins il neige, les chutes importantes se produisant à des températures faiblement négatives. En effet, pour qu'il neige, il faut qu'il y ait à la fois un froid suffisant (afin que les précipitations se fassent sous forme solide) et assez d'humidité (pour qu'il y ait condensation). L'étude de la répartition des grandes régions enneigées à la surface du globe montre l'importance des hauts massifs montagneux d'Europe, de l'Himalaya et d'Amérique du Nord. La proximité des océans, source d'humidité, joue également un grand rôle et permet d'expliquer le fort enneigement de certains massifs (Japon, cordillère des Andes). Ainsi, de façon schématique, la neige résulte plus de l'altitude et des reliefs que de la latitude. L'altitude augmente l'importance des précipitations (il y a en moyenne un accroissement de 15 cm de la hauteur de neige chaque fois que l'on s'élève de 100 m), elle accroît la part de celles-ci tombant sous forme de neige, si bien que les hauteurs cumulées de chutes de neige s'élèvent beaucoup plus vite que le nombre de jours de neige. Cela est lourd de conséquences, pour la vie animale et végétale comme pour la pratique de certaines activités humaines.

Quand ? La neige, un phénomène saisonnier

Au-dessus d'une certaine altitude (3 500 m environ dans les Alpes), toutes les précipitations tombent sous une forme solide douze mois sur douze. Au-dessous de cette altitude, les chutes de neige restent un phénomène saisonnier qui se produit durant l'hiver et au début du printemps. Il peut débuter plus tôt et se prolonger plus tard en fonction de l'altitude, de l'orientation, de la localisation du site considéré. En outre, des chutes exceptionnelles peuvent se produire en toute saison.

Comment ? La neige, un phénomène irrégulier

Les régimes continentaux (de type Sibérie ou Grand Nord canadien) se caractérisent par un enneigement faible mais régulier, qui se maintient longtemps du fait des basses températures. Sous nos latitudes, on assiste parfois d'une année à l'autre à des variations spectaculaires. Faut-il pour autant parler d'un climat détraqué ? Ces caprices de la nature ne sont pas nouveaux et, sur de longues périodes, ils n'apparaissent guère que comme des accidents de parcours. Les spécialistes restent très prudents sur l'évolution du climat à long terme. Ils sont toutefois d'accord pour dire qu'il devrait y avoir un réchauffement climatique global durant le prochain siècle. Il semble que celui-ci sera en partie explicable par la pollution engendrée par les activités humaines. De nombreuses incertitudes subsistent encore sur les modifications induites sur la nébulosité et le régime des précipitations. Il faudra attendre des résultats plus précis en matière de prévision climatique pour prévoir ce que sera l'enneigement en 2020 ou dans un siècle.

Il existe une variante au coin : le bloc rectangulaire (largeur 2 m, longueur 2,50 m).

Le bloc de neige dégagé est soumis à une série de tests de chargement en grandeur nature. Les différentes situations possibles ont été résumées sous forme d'une échelle d'estimation du risque.

Risque 1 (maximal) : le bloc glisse tout seul pendant qu'on le découpe.

Risque 2 : le bloc glisse si un skieur le traverse en douceur, la surcharge étant appliquée à l'épicentre du triangle (environ 90 cm en amont de la paroi dégagée).

Risque 3 : le bloc glisse si on le charge normalement.

Risque 4 : le bloc glisse lorsqu'un skieur fait des flexions.

Risque 5 : le bloc glisse lorsqu'un skieur saute.

Risque 6 : le bloc glisse à condition qu'un homme saute dessus sans skis.

Risque 7 (minimal) : le bloc ne bouge pas.

Avantages et limites

Cette méthode peut être utilisée sans matériel spécialisé, mais celui qui y recourt doit avoir une bonne connaissance de la neige. Elle fait appel à un processus de mise en charge que tout skieur de montagne expérimenté devrait mettre en pratique lorsqu'il aborde une pente douteuse. Les critères de déclenchement utilisés dans l'échelle apparaissent à la fois pratiques et réalistes.

On ne saurait faire de cette méthode un critère de décision absolu. Mais c'est un bon outil pédagogique, surtout si elle est combinée avec un profil stratigraphique. On dispose ainsi de deux examens complémentaires, l'un statique, l'autre dynamique. Une fois qu'on a vu le manteau neigeux rester sans réaction au passage prudent d'un skieur et se fracturer en cas de saut ou de chute, on comprend mieux à quoi correspond la notion de surcharge, souvent déterminante dans le déclenchement des plaques.

FORCES EXERCÉES SUR LE MANTEAU NEIGEUX EN FONCTION DU COMPORTEMENT

Rappel de quelques ordres de grandeur (d'après Munter in* Le Risque d'avalanche, *Éditions du Club alpin suisse, 1992)

À la montée =	1 à 2 fois le poids
Lors d'une conversion =	2 à 3 fois le poids
Virages enchaînés =	4 à 5 fois le poids
En cas de chute =	6 à 7 fois le poids

(soit plus d'une demi-tonne !)

En moyenne, on exerce deux fois plus de pression à la descente qu'à la montée. Lorsque deux skieurs se suivent de très près, ces valeurs doivent encore être multipliées par deux. Sans commentaire…

Exemples de stratification du manteau neigeux

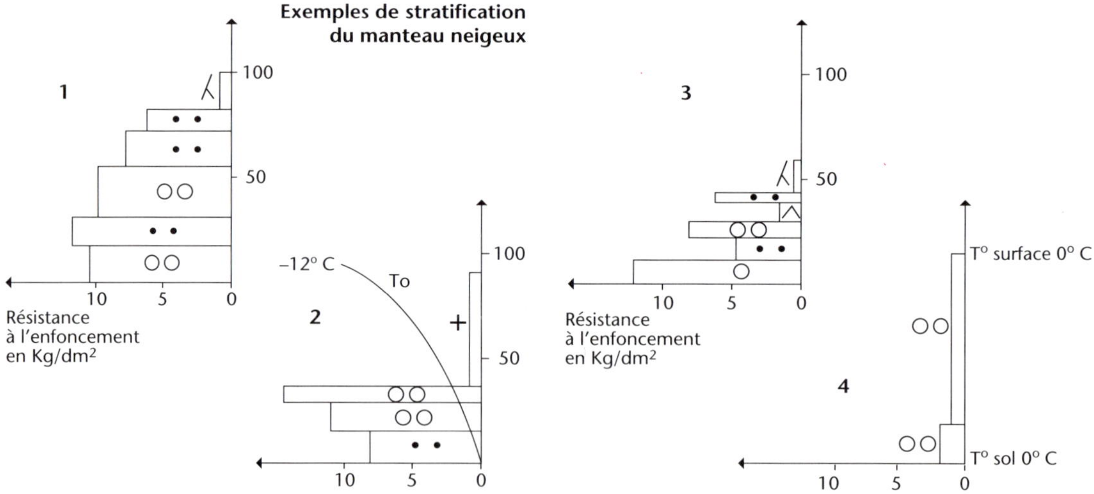

1. Alternance de couches de grains de fonte et de grains fins. Résistances supérieures à 5 kg/dm ^{2} (sauf pour la couche de surface, neige récente non encore consolidée). Elles croissent régulièrement de la surface du manteau vers la base. Profil stable.

2. Importante couche (50 cm) de neige fraîche sans cohésion et froide (température de surface : -12 °C), reposant sur croûte de regel assez dure, pouvant constituer un plan de glissement. Risque d'avalanche de poudreuse.

3. Alternance de couches dures et de strates fragiles. Une plaque (grains fins) masquée par des particules reconnaissables est séparée d'une croûte de regel par une mince couche de gobelets. Un cocktail particulièrement explosif !

4. L'ensemble du manteau neigeux est à une température proche de 0 °C. Très faible résistance de toute la couche, constituée de grains de fonte. Risque d'avalanche de fond. Profil typique de fin de saison.

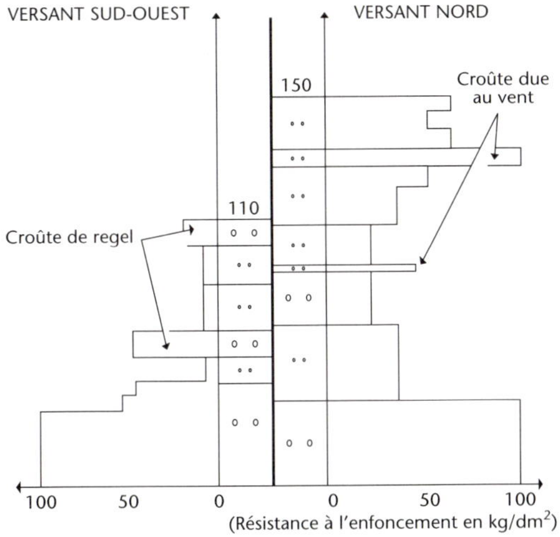

HÉTÉROGÉNÉITÉ DU MANTEAU NEIGEUX DANS L'ESPACE

Ces deux profils ont été réalisés le même jour, en janvier, dans le même secteur (massif du Taillefer, 2 000 m d'altitude), à 200 m de distance l'un de l'autre.

On constate qu'il y a moins de neige en versant SO (tassement plus important sous l'effet du rayonnement solaire) qu'en versant N (qui était en outre assez venté : phénomène de transport et d'accumulation). La métamorphose de fonte s'est déjà manifestée en versant SO, comme témoigne la présence d'une croûte de regel en surface. Par contre, les mécanismes de métamorphose sont moins avancés en versant N (grains fins) et c'est le vent qui est à l'origine de la formation d'une croûte.

Si on remonte plus loin dans le temps, on remarque la présence près du sol de grains de fonte. Les premières chutes de neige ont dû être suivies soit d'une période de beau temps doux, soit de chutes de pluie. Dans le cas contraire, on aurait pu trouver des gobelets (chutes de neige suivies d'une longue période de beau temps froid) ou des grains fins (températures faiblement négatives).

LA NATURE MONTAGNARDE EN HIVER, UN MONDE VIVANT MAIS FRAGILE

Si la neige est pour le sportif prétexte à évasion, elle joue aussi une série de rôles fondamentaux dans la vie de la nature. Par son pouvoir isolant, elle protège plantes et animaux contre le froid. Souvent, elle est aussi pour les oiseaux et les mammifères synonyme de difficultés accrues pour se déplacer et se nourrir. Même si certaines espèces ont développé d'étonnants mécanismes d'adaptation physiologiques, biologiques et comportementaux, l'hiver n'en reste pas moins pour elles une rude saison. N'aggravons pas la situation par des comportements irresponsables.

Le montagnard parcourant sans trop de fatigue la montagne enneigée sur ses skis ou ses raquettes ne doit pas oublier cette évidence : un animal dérangé et contraint à fuir consomme beaucoup plus d'énergie. Les choses ne sont pas trop graves si c'est exceptionnel, mais la situation devient plus sérieuse si cela se reproduit fréquemment. Il n'est pas exclu qu'une pression humaine accrue soit à l'origine de la régression ou de la disparition de certaines espèces. Il faut être particulièrement vigilant dans les zones refuges que constitue la forêt de moyenne montagne, notamment dans les secteurs à tétraonidés. Ces oiseaux ont parfois la malencontreuse idée de bivouaquer sous la neige et sont particulièrement sensibles au passage d'un skieur ou d'un « raquetteur ».

De même, il ne faut jamais poursuivre un animal qui enfonce dans la neige jusqu'au poitrail... Tant pis si l'on manque l'occasion de réaliser un cliché exceptionnel.

L'impact de la présence humaine sur la nature hivernale peut également être limité en respectant deux autres règles simples :

– La neige cache tout. Il est tentant d'y enfouir ses détritus... mais au printemps tout réapparaîtra. Mieux vaut redescendre tous ses déchets non biodégradables dans la vallée, ce n'est pas bien lourd et la montagne ne s'en portera que mieux.

– Il est très agréable de skier en forêt, surtout si la végétation n'est pas trop dense. Mais attention aux secteurs en cours de reboisement : si les carres des skis blessent les jeunes pousses, tous les efforts de régénération seront vains. Lorsque le ski en forêt est interdit de façon explicite par des panneaux, des barrières ou des filets, il faut se conformer strictement à cette règle.

Laissez-nous grandir !

LES AVALANCHES

Pour l'enfant ou pour le profane, une avalanche, c'est une grosse boule qui roule le long d'une pente. Pour les dictionnaires, plus sérieux, c'est « une masse de neige qui se détache et dévale le versant d'une montagne ». On peut aussi la définir comme une rupture d'équilibre dans le manteau neigeux, entraînant le glissement à une certaine vitesse d'une masse de neige plus ou moins importante.

Observées et décrites dès l'Antiquité, frappant toujours les esprits, les avalanches restent un phénomène naturel complexe, mal connu et mal maîtrisé. Elles constituent l'un des principaux pièges pour celui qui fréquente la montagne en hiver. Le rappel de quelques notions simples sur la formation et le déclenchement des avalanches peut permettre de mieux les prévoir et de mieux les éviter.

COMMENT LA NEIGE « CASSE »

De façon schématique, le manteau neigeux est assimilable à un corps en équilibre sur un plan incliné. Il peut se mettre à glisser parce que les forces qui l'entraînent vers le bas (poids de la neige) deviennent trop fortes. Il y a alors augmentation des contraintes. L'équilibre peut aussi être rompu parce que les forces de réaction qui le maintiennent en place (cohésion de la neige, frottement sur la pente) diminuent : il y a alors diminution des résistances.

On distingue également des causes liées à l'évolution interne du manteau neigeux et des causes extérieures, naturelles ou liées à une intervention humaine (volontaire ou non). Pour clarifier les choses, les spécialistes de la nivologie ont proposé de distinguer départ pour les avalanches spontanées et déclenchement pour les avalanches provoquées.

◄ **Avalanche de poudreuse, consécutive à une chute de séracs. La glace pulvérisée se comporte exactement comme de la neige. Cliché pris du camp de base du pic du Communisme (glacier Fortambek, 4 000 m d'alt.). La hauteur de chute est de l'ordre de 2 000 m.**

PRINCIPALES CAUSES DE DÉPART OU DE DÉCLENCHEMENT DES AVALANCHES

Causes liées à l'évolution interne du manteau neigeux (= diminution lente des résistances)

- disparition de la cohésion de feutrage
- humidification par réchauffement, pluie
- fragilisation d'une couche de neige sous-jacente (formation de givre de profondeur).

Causes externes au manteau neigeux (= accroissement lent ou brutal des contraintes)

CAUSES NATURELLES :

- chute de neige
- accumulation due au vent
- chute de corniche, de séracs
- passage d'un animal

CAUSES LIÉES À UNE INTERVENTION HUMAINE

– VOLONTAIRE :

- déclenchement au ski ou à l'explosif

– INVOLONTAIRE :

- passage d'un (ou plusieurs) êtres humains.

SCHÉMA TRÈS SIMPLIFIÉ DES FORCES S'EXERÇANT DANS LE MANTEAU NEIGEUX
(D'après L. Rey)

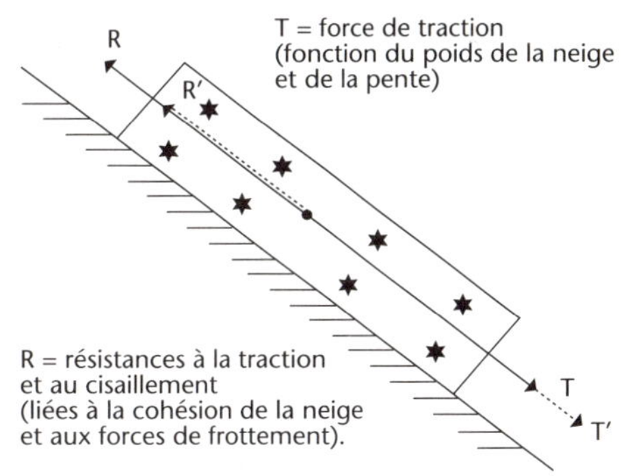

Si T = R, il y a **équilibre**

Si T' > R (accroissement des contraintes) **risque**
Si R'< T (diminution des resistances) **de rupture**

▲ **Plaque de neige friable (déclenchement linéaire) se transformant en avalanche de neige sans cohésion avec amorce d'aérosol.**

QUELQUES TYPES D'AVALANCHES

Il existe de nombreux critères de classification des avalanches. La classification qui est présentée ici n'a pas de prétention scientifique, mais elle a l'intérêt d'être commode et d'être liée au vécu des montagnards et à leurs observations empiriques. En outre, ces trois types d'avalanches correspondent schématiquement à différentes étapes de la vie de la neige.

Les avalanches de neige récente

Ce sont des avalanches de neige sans cohésion. Elles se produisent pendant ou aussitôt après une chute. Les cristaux s'enchevêtrent d'abord par leurs dendrites (cohésion de feutrage), la neige tient sur des pentes très raides, sur des arbres ou sur des murs. Cependant, cet équilibre est instable et généralement de courte durée. La moindre perturbation (nouvelle chute, vent, onde de choc) suffit à ébranler ce fragile édifice et à déclencher le glissement. La rupture se fait ponctuellement avec propagation latérale du mouvement. La forme en poire ou en V renversé est caractéristique.

On considère qu'il y a risque dans des pentes raides à partir d'une chute de 30 cm (seuil à partir duquel on peut faire un déclenchement préventif à l'explosif). Le risque de départ est également fonction de l'intensité de la chute de neige (vitesse avec laquelle elle se dépose) et de la température (dont dépend beaucoup la rapidité de tassement). Si elle est proche de 0 °C, il suffit de quelques jours pour que la neige se tasse. S'il fait froid, le tassement est ralenti et le danger reste latent tant que se maintiennent les basses températures.

Ces avalanches sont particulièrement spectaculaires lorsqu'elles concernent une neige poudreuse, légère (moins de 100 kg/m^3) et froide, sur de grandes pentes d'une inclinaison supérieure à 35°. Une fois le mouvement amorcé, la neige se mélange à l'air et s'écoule comme un aérosol (gaz lourd). Elle peut atteindre des vitesses élevées (supérieures à 100 km/h), acquiert une énergie considérable et repousse l'air devant elle en créant une onde de pression. À la rencontre d'un obstacle, l'air est violemment expulsé et la neige se transforme en véritable béton par compactage brutal.

Normalement, de telles avalanches ne concernent guère le montagnard pratiquant dans les Alpes. Elles sont plus fréquentes dans l'Himalaya ou dans les montagnes d'Amérique du Nord. Elles sont parfois provoquées par une chute de séracs qui, en se pulvérisant, donnent naissance à un aérosol.

Les avalanches de plaque

Il peut y avoir formation de plaque et danger de rupture chaque fois qu'une couche de neige ayant une certaine cohésion et peu plastique est mal solidarisée avec la couche sous-jacente. Celle-ci peut être une strate fragile, même très mince (gobelets ou grains à faces planes, givre de surface enfoui, neige roulée) ou une couche lubrifiante (croûte de regel) qui facilite le glissement. Dans ce cas, il peut y avoir cassure linéaire et propagation du mouvement sur plusieurs dizaines, voire plusieurs centaines de mètres. Les masses de neige mises en mouvement peuvent donc être considérables, même si la couche concernée est de faible épaisseur.

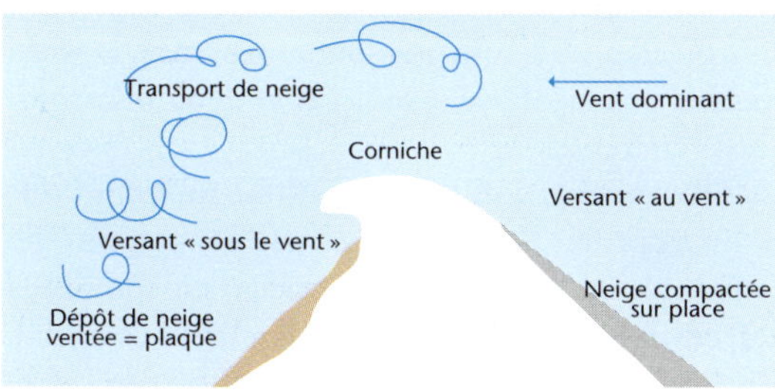

▲ **Schéma classique de formation des plaques à vent.**

Pendant longtemps, on en est resté à une vision simpliste de la plaque, matériau dur résultant de l'action du vent et se formant sur le versant abrité d'une crête, en contrebas d'une corniche.

Depuis quelques années, les théories ont sensiblement évolué. Il est désormais admis que toutes les plaques ne sont pas dures et que le vent n'est pas le seul facteur à l'origine de plaques. D'autres éléments peuvent intervenir :

– nature du cristal (neige roulée, cristaux givrés formant des couches relativement denses mais peu plastiques) ;

– intensité de la chute (c'est la hauteur de neige tombant pendant un temps donné). Une chute de neige de forte intensité, supérieure à 5 cm/h, est plus dangereuse, car le tassement n'a pas le temps de se faire progressivement ;

– état du sol (des plaques se détachent spontanément en début d'hiver parce qu'elles reposent sur des herbes longues et humides jouant un rôle de lubrifiant).

Il faut insister sur l'importance des plaques friables, constituées essentiellement de particules reconnaissables. Elles sont d'autant plus insidieuses que, parfois, rien dans leur apparence ne dit qu'il s'agit d'une plaque : la neige est poudreuse, agréable à skier. On peut y enfoncer le poing ou les quatre doigts. Pourtant, les liaisons inter-cristallines sont suffisantes pour qu'il y ait un minimum de cohésion et risque de rupture linéaire. Plus que les plaques dures, généralement (mais pas toujours !) repérables, ces plaques friables constituent le danger numéro un pour le montagnard qui ne se méfie pas. Il semblerait que ce type de plaque se forme aussi bien dans des zones exposées au vent que dans des secteurs plus abrités. Toutefois, il faut bien admettre que l'on ne sait encore pas tout sur ces avalanches dont les mécanismes de formation semblent complexes.

Le mécanisme de formation des plaques dures est mieux connu. C'est généralement le résultat de l'action du vent. Lorsqu'il transporte la neige sur des pentes abritées, il en brise les cristaux, réduit leur taille et permet à la neige redéposée de prendre rapidement une cohésion de frittage. La strate formée devient compacte et relativement rigide, elle ne suit pas le tassement des couches inférieures, et la liaison inter-strates devient moins bonne.

Bien que les plaques se forment généralement au versant sous le vent, le vent dominant peut changer de direction ou peut être dévié. On peut rencontrer des plaques sur des versants directement exposés au vent. Si elles se forment souvent aux abords des crêtes ventées, ce n'est pas une règle absolue. On peut les trouver plus bas que les crêtes principales. Il suffit qu'une zone soit suffisamment exposée au vent et qu'il y ait une petite rupture de pente. Un vent violent n'est pas nécessaire, car une plaque peut se former en quelques heures par un vent de 25 km/h.

◀ **Corniche au sommet de Chamechaude (Chartreuse). On associe souvent une corniche sommitale à la présence d'une plaque à vent sur le versant abrité mais c'est un schéma simpliste. Il peut y avoir des plaques sans corniches... et des corniches sans plaque !**

Il peut exister des plaques dures non directement liées à l'action du vent. Ainsi, une neige récente tassée (résultat d'une métamorphose de faible gradient sans vent) reposant sur des gobelets peut former une plaque dure.

Qu'elle soit dure ou friable, avec toutes les consistances intermédiaires, une plaque se caractérise par sa cohésion interne. Elle se comporte alors comme un solide, accroché sur une pente par ses ancrages amont, aval, latéraux et inférieur. Il y a risque de rupture lorsque l'ancrage inférieur (ou interne) est déficient. La plaque peut se déclencher lorsqu'un autre ancrage cède, souvent à la suite d'une intervention extérieure (alourdissement dû à une nouvelle chute de neige, passage d'un skieur). La rupture linéaire se propage rapidement et parfois très loin (plusieurs dizaines ou centaines de mètres, voire plus de 1 km). Le mécanisme de déclenchement est lié principalement à des causes mécaniques (surcharge) et non thermiques (réchauffement). Une plaque peut donc se déclencher par temps froid.

Une autre idée fausse concerne la « longévité » des plaques : elles ne disparaissent pas par enchantement au bout de quelques jours. Elles subsistent tant qu'elles ne seront pas solidarisées avec la sous-couche, principalement sous l'effet de la métamorphose de fonte.

La configuration du terrain joue un grand rôle et les ruptures se produisent en général sur les convexités du terrain, là où la neige est soumise à des efforts de traction auxquels elle résiste mal. Toutes les pentes supérieures à 25° sont propices au déclenchement, mais une plaque peut continuer à glisser sur une pente plus faible.

LA PLAQUE, ENNEMI NUMÉRO UN DU SKIEUR DE MONTAGNE

Une enquête a été réalisée en 1993 auprès des pratiquants de la montagne hivernale (ski alpin exclu) en France. Elle a porté sur les incidents d'avalanche n'ayant pas provoqué l'intervention de secours extérieurs et n'étant pas pris en considération par les statistiques officielles. Ses résultats sont significatifs : sur 267 avalanches recensées, 164 (61 %) étaient des plaques déclenchées accidentellement par les skieurs eux-mêmes.

Les avalanches de fonte

Elles se produisent à l'occasion du réchauffement printanier ou en hiver lors d'un redoux. Lorsque la neige commence à contenir de l'eau liquide (réchauffement de la température, fœhn, effet du rayonnement solaire, pluie...), le manteau neigeux s'humidifie. Les spécialistes parlent de teneur en eau liquide (TEL) supérieure à 0 %.

Le phénomène concerne d'abord les couches superficielles. Lorsqu'elles sont saturées, l'excédent en eau liquide s'infiltre par percolation, jusqu'à ce qu'il soit arrêté par une strate imperméable (croûte

TROIS GRANDS TYPES D'AVALANCHE

	AVALANCHE DE NEIGE RÉCENTE	AVALANCHE DE PLAQUE	AVALANCHE DE NEIGE MOUILLÉE
Type de neige	Particules reconnaissables (λ). Neige sèche et légère (100 kg/m³)	Neige compacte à grains fins (…), peu plastique, souvent de densité élevée (200-400 kg/m³)	Neige mouillée, sans cohésion, grains de fonte (oo), à densité généralement élevée
Facteurs favorables	Chute de neige importante (plus de 30 cm)	Mauvaise liaison entre deux couches	Humidification du manteau neigeux (pluie, redoux, réchauffement printanier)
Type de rupture	Départ ponctuel, puis élargissement, forme typique en poire	Fracture linéaire en raison de la cohésion	Souvent ponctuelle
Causes du déclenchement	Spontané (surcharge liée à nouvelle couche) ou accidentel (ébranlement par skieur)	Le plus souvent accidentel (passage d'un ou plusieurs skieurs)	Souvent spontané
Cas particulier	Aérosol : avalanche de poudreuse avec neige très légère, vitesse > 60 km/h et pente > 35°. Grande vitesse, effets destructeurs liés à surpression puis dépression	Avalanche mixte : départ en plaque, puis désagrégation des blocs pouvant conduire à la formation d'un aérosol	Avalanches de fond. Tout le manteau neigeux est entraîné, sol mis à nu
Type de dépôt	Poudreuse skiable	Blocs (sauf si plaque friable)	Boules
Type de dégâts	•Asphyxie, noyade, éclatement des poumons •Dégâts sur habitations, forêts, y compris sur versant opposé	Concernent surtout skieurs montagne et hors piste : asphyxie et polytraumatismes	En général, peu, car parcours bien connu sauf avalanches exceptionnelles (tunnel du Mont-Blanc, mai 1984). Puissant agent d'érosion
% d'observation (montagnes françaises)	80	10	10
*% par rapport au nombre total d'avalanches à l'origine d'accidents**	12,5	73	14,5

* Calculé pour les Alpes et les Pyrénées françaises, période de référence 1971-1994.

de glace, par exemple). Celle-ci peut jouer un rôle de plan de glissement, d'autant plus qu'il y a perte de cohésion et alourdissement du manteau neigeux, et que l'eau est un excellent lubrifiant.

Lorsque le réchauffement n'est que superficiel, on assiste à de petites coulées. Lors de la fonte printanière, ce sont souvent des avalanches de fond qui se déclenchent, rabotant tout sur leur passage.

Les avalanches mixtes

La nature ayant horreur des choses simples, on peut aussi observer des avalanches mixtes. Le phénomène est fréquent lorsqu'il s'agit d'avalanches affectant de grandes pentes avec dénivellation importante. La nature de l'avalanche change alors en fonction de la qualité de la neige aux différentes altitudes. Il peut y avoir au départ une avalanche de poudreuse, déclenchant plus bas une plaque par surcharge, le tout provoquant une avalanche de neige lourde dans les parties basses. En d'autres circonstances, il n'est pas rare de voir une avalanche de plaque friable se transformer en aérosol.

ÉVITER LES AVALANCHES ?

Dès qu'il sort du domaine sécurisé des stations, le montagnard – qu'il pratique le hors-piste ou le ski-alpinisme ou tout autre sport en neige vierge – est confronté à un danger potentiel d'avalanches. Le risque zéro n'existe pas. Il convient donc d'apprécier la nature et l'ampleur de ce risque en se posant trois grandes questions :

– Cette pente est-elle propice aux avalanches ? = Observation du terrain.

– La neige est-elle stable ? = Observation de la neige.

– Le temps (actuel et prévu) peut-il jouer un rôle aggravant ? = Observation du ciel et des conditions météorologiques.

Une quatrième question ne doit pas être négligée :

– L'homme n'est-il pas parfois, lui aussi, un facteur aggravant ? = Connaissance de la psychologie et du comportement des individus concernés.

1. Cette pente est-elle propice aux avalanches ?

Critères	Dangers potentiels	Remarques
Inclinaison	• Dès que la pente dépasse 20°	Angle variable en fonction du type de neige. Il peut y avoir risque même en terrain plat, s'il est dominé par des pentes raides ou, a fortiori, des couloirs d'avalanche
Exposition au vent	• Pentes sous le vent (pas seulement aux abords des crêtes)	Effets d'accumulation, risque de plaque. Attention aux changements de direction du vent, fréquents lors du passage d'une perturbation = risque de plaque sur tous les versants. Tenir compte des micro-reliefs
Orientation	• Pente exposée au soleil et n'ayant pas encore été purgée (belles journées de printemps, températures douces, heure tardive)	Risque d'avalanche de neige humide
	• Pente à l'ombre	Tassement de la neige récente ralenti, risque de formation de gobelets, possibilité de persistance de vieilles plaques
Type de pente	• Grande pente sans ancrages naturels apparents	Risque d'avalanche de grande ampleur
	• Pente convexe • Rupture de pente	Zone de contraintes accrues dans le manteau neigeux = médiocre résistance à une surcharge
	• Pente entrecoupée de barres rocheuses	Faiblesse des ancrages aval. Risque accru en cas d'avalanche

Type de pente	• Nature du sol sous-jacent : éboulis fins, schistes, pré non pâturé	Important pour les premières couches en début de saison
	• Forêt clairsemée	Ancrage faible pour le manteau neigeux. Risque de choc contre les arbres en cas d'avalanche
	• Ravin, goulet, couloir, « entonnoir »	Risque d'ensevelissement sous une couche très importante par accumulation

2. La neige est-elle stable ou peut-elle se mettre en mouvement à mon passage ?

Critères	Dangers potentiels	Remarques
… d'épaisseur de neige	• Épaisseur importante de neige fraîche non tassée (> 30 cm)	Risque de déclenchement naturel par perte de la cohésion de feutrage
	• Épaisseur de neige fraîche irrégulièrement répartie (effet du vent)	Risque de formation de plaque friable (difficilement reconnaissable)
	• Manteau neigeux peu épais, mais avec sous-couches constituées de gobelets	Effondrement par surcharge
… de consistance et de structure du manteau neigeux	• Neige peu homogène dans les couches supérieures (diverses strates de structure et dureté différentes)	
	• Neige compacte dans les couches supérieures, puis s'effondrant brutalement sous le bâton	Présomption de plaque à vent sur sous-couches détrempées (pluie, redoux) ou gobelets
	• Neige très humide, gorgée d'eau sur une épaisseur importante	Coulée de neige lourde
	• Neige fraîche reposant sur une surface glacée	Plan de glissement idéal
… liés à la façon dont la neige récente est tombée et au temps qu'il a fait depuis	• Intensité de la chute (> 3-5 cm/h)	Risque de plaque friable
	• Épaisseur importante de neige fraîche sans tassement significatif	
	• Vent modéré à fort (pendant ou juste après la chute)	Repérage de ses effets : corniches, neige soufflée, accumulation autour des rochers et des arbres, aspect lisse et mat de la surface de la neige, bruits sourds, fissures provoquées par les skis (dans ce dernier cas, le danger est plus qu'imminent !)
… liés à l'observation de l'activité avalancheuse	• Températures très douces pendant la chute	Risque d'avalanche de neige humide
	… ou dans les jours précédents	Manteau neigeux dégelé en profondeur
	• Températures très froides (risque de formation de gobelets)	Le danger n'est pas immédiat. Il apparaîtra lors de nouvelles chutes de neige
	• Présence de cassures sur des pentes similaires à celle que l'on veut emprunter	
	• Pente encore vierge avec présence de coulées importantes sur les pentes voisines de même exposition (temps chaud, heure tardive, printemps)	

En cas de doute, faire une coupe sommaire à la pelle
Ces observations peuvent être faites à l'aide du bâton

La présence de quelques traces dans une pente ne signifie pas que celle-ci est stable. Les conditions peuvent avoir évolué depuis le passage des skieurs précédents. Peut-être se sont-ils espacés pour franchir cette pente ? Peut-être ont-ils eu de la chance ?

3. Le temps (actuel et prévu) peut-il jouer un rôle aggravant ?

Critères	Dangers	Remarques
Précipitations	• Pluie	Humidification et lente déstabilisation du manteau neigeux (effet positif ultérieur, si un refroidissement marqué succède aux précipitations)
	• Neige continuant à tomber avec forte intensité	
Température	• En forte hausse	
Vent	• Vent fort	Une plaque à vent peut se former en moins d'une heure avec un vent de 60 km/h.
	• Vent chaud	Effet analogue à celui de la pluie ou d'un réchauffement (déstabilisation)
Nébulosité	• Brouillard	Difficulté pour trouver un itinéraire sûr, impossibilité d'observer le terrain.

Avant de partir, l'écoute attentive des bulletins météo, « Neige et Avalanches » aidera beaucoup à répondre à ces questions.

Ce « pense-bête » recense de façon exhaustive tous les éléments à prendre en considération pour déterminer s'il existe un risque potentiel d'avalanche. C'est un schéma global d'analyse, qui permet d'établir rapidement un bilan de la situation. Lorsque celle-ci est très typée, il n'y a pas de problèmes de choix de la bonne décision. On évitera évidemment de cumuler plusieurs facteurs négatifs, les plus sérieux étant une importante chute de neige, une hausse marquée de la température, le vent, le brouillard.

Généralement, la décision est plus délicate à prendre dans la mesure où coexistent des indices contradictoires, des éléments positifs et négatifs. Le montagnard se trouve parfois dans une situation comparable à celle d'un automobiliste face à un feu orange. À lui d'apprécier si ce feu annonce le rouge (= arrêt impératif… sauf si l'on est un chauffard) ou s'il est clignotant (= on passe avec précaution). Tout cela pose clairement le problème de la perception du risque, d'autant que, là où certains voient un feu orange, d'autres croient voir un feu vert !

L'homme, le plus grand danger ?

La perception du risque en montagne, particulièrement en hiver, varie beaucoup en fonction des individus, de leur personnalité, de leur façon d'approcher la montagne et de leur niveau de connaissance. L'examen critique des causes d'accidents en hiver montre qu'ils résultent souvent de la combinaison de deux séries de facteurs négatifs :

– une situation objective à risque ;

– une mauvaise estimation de cette situation, débouchant sur le choix d'une stratégie inadaptée (erreur humaine).

L'importance de ce facteur humain est trop souvent négligée. Le respect de quelques règles simples (… sur le papier) devrait aider ceux qui ne veulent pas prendre de risques inconsidérés à décider de façon plus responsable.

Skier avec la tête

Face à une pente de neige vierge, deux attitudes sont possibles. On peut se contenter de « skier avec les jambes ». On fonce sans se poser de questions, en faisant confiance à sa bonne étoile. La solution, radicale et facile, est adoptée, souvent de façon inconsciente, par de nombreux skieurs, surtout en hors-piste. La plupart du temps, « ça passe », jusqu'au jour où « ça casse ».

La stratégie « skier avec la tête » consiste à observer, à se poser des questions, à réfléchir sans se laisser entraîner par d'autres. Cette utilisation intelligente de la tête implique que l'on fasse un bon usage de sa mémoire, que l'on se souvienne de situations délicates passées et que l'on en ait tiré des leçons. On peut ainsi éviter la réédition d'erreurs regrettables.

Rester humble et modeste

Nombre d'accidents surviennent parce que la victime a péché à la fois par méconnaissance de la montagne et par surestimation de ses capacités physiques, techniques ou intellectuelles. La montagne n'est pas un stade de loisirs banalisé, sur lequel on prouve que l'on est plus fort que les autres. Elle n'est pas non plus un ennemi à vaincre. Elle ne s'aborde pas avec arrogance ou suffisance mais avec beaucoup d'humilité. Il est donc important de bien se connaître soi-même, avec ses qualités et aussi ses limites.

Cette règle est essentielle, surtout à partir du moment où l'on commence à avoir un peu d'expérience. Si le manque de connaissances nivologiques est *a priori* un facteur pénalisant, l'inverse peut être vrai. Le fait d'avoir acquis un certain savoir peut donner une excessive confiance en soi. Encore faut-il faire le lien entre la théorie et la pratique. Un spécialiste évolue avec moins de risques d'erreur grossière mais une marge de sécurité plus réduite. Plus on progresse dans la connaissance, plus on se rend compte que l'on sait peu de choses. L'avalanche ne fait pas de distinction entre ceux qui savent et les autres. Les meilleurs s'y sont laissé prendre.

Garder son sens critique et savoir douter

Ce doute, qui ne doit pas être confondu avec de l'indécision, est la marque d'une attitude prudente face à la montagne hivernale. Sur le terrain, la connaissance de la neige fait autant appel à l'intuition et à l'expérience qu'à l'approche scientifique. Il n'est pas rare que l'on soit confronté à des incertitudes dans l'interprétation des phénomènes observés. Il faut éviter de se rassurer par le recours à des affirmations simplistes (voir plus loin les « préjugés tenaces »). On doit également se méfier du risque que constitue la persévérance dans l'erreur : convaincu d'avoir raison, l'esprit se construit alors de fausses preuves pour se rassurer.

Ce sens critique et l'autonomie de pensée qui lui est liée peuvent être altérés en différentes circonstances. En particulier, la fatigue, tout comme l'habitude, émousse fortement la vigilance.

Se méfier de l'effet parfois pervers du groupe

Dans des situations délicates (mauvais temps, brouillard, problème d'itinéraire), le fait de pratiquer la montagne en groupe, généralement considéré comme plutôt rassurant, peut paradoxalement jouer un rôle aggravant :

– en règle générale, on est enclin à prendre plus de risques *(risky shift effect).* Le groupe engendre en effet un sentiment trompeur de sécurité avec anesthésie du sens critique (puisque les autres y vont, on y va aussi, sans se poser de questions). Il faut être particulièrement vigilant lorsqu'une concurrence de fait s'établit avec un autre groupe (rivalité, mauvais exemple), car elle peut être à l'origine d'une décision erronée ;

– la pression exercée par des esprits forts (à qui il n'est jamais rien arrivé, qui en savent toujours plus que les autres) ou des « randonneurs-clients » (qui veulent arriver au sommet à tout prix) peut déstabiliser une équipe si le responsable n'a pas la compétence et la poigne suffisantes ;

– on peut craindre l'influence néfaste d'une personne qui « craque ». Son pouvoir de conviction risque de surprendre, surtout s'il commence à y avoir des failles, encore non perceptibles mais déjà bien réelles, chez les autres participants ;

– lorsque plusieurs montagnards de bon niveau se trouvent rassemblés, chacun fait confiance à l'autre. Cela risque de déboucher sur une dilution des responsabilités à tel point qu'on ne sait plus qui est le leader. La vigilance globale du groupe n'est plus la somme de celle de chacun des membres mais seulement une fraction. Il est important de connaître cet effet pervers de la « sur-expérience ».

Savoir renoncer

Si le doute devient trop fort, il faut parfois renoncer, sans en faire une question d'honneur. La montagne est école de persévérance, non pas d'entêtement aveugle. Cela n'empêche pas que, dans certaines situations, le renoncement soit difficile : des échecs antérieurs répétés peuvent inciter à moins de prudence. De même, il n'est pas toujours évident de faire demi-tour à proximité du sommet ou du col convoité. Enfin, en raid, la volonté d'aller jusqu'au bout peut faire prendre des risques que l'on ne prendrait pas dans le cas d'une course en aller-retour.

Ainsi conçu, le fait de courir la montagne enneigée ne se résume pas à un simple exercice physique et sportif. Il apparaît comme un art qui requiert une série de facultés intellectuelles et de qualités psychologiques, une performance qui associe harmonieusement la tête et les jambes. L'exercice est exigeant, mais il est particulièrement stimulant et gratifiant.

Quelques préjugés tenaces sur les avalanches

Les affirmations qui suivent correspondent à autant d'idées reçues sur la neige et les avalanches. Elles font partie d'un ensemble de croyances – il n'y a pas d'autre terme – largement répandues aujourd'hui encore dans le monde de la montagne et qui sont en totale contradiction avec la nivologie scientifique. Elles prêteraient simplement à sourire si elles n'étaient à l'origine de comportements potentiellement dangereux. Il n'est donc pas inutile d'expliquer brièvement pourquoi ces affirmations sont sans fondement. Cette liste est volontairement sélective : on pourrait écrire un véritable « Traité de nivologie non conformiste » à partir de toutes les bêtises qui ont pu être dites ou écrites, aujourd'hui comme hier, sur la neige et les avalanches. À vous de jouer maintenant : vrai ou faux ?

« Le froid consolide la neige. »
Cette idée encore très répandue est parfois dangereuse. Lorsque le froid succède à une phase de redoux, il contribue à la stabilisation du manteau neigeux, car l'eau liquide regèle. S'il s'installe aussitôt après une chute de neige, il maintient au contraire l'instabilité du manteau en ralentissant le tassement. Un froid persistant peut être à l'origine de formation de gobelets. Enfin, il n'empêche pas la formation ni le déclenchement des plaques à vent, pas plus que les chutes de séracs (liées à la dynamique interne du glacier et non à la température).

« Il y a peu de neige, on ne risque rien. »
Des hivers faiblement enneigés sont souvent plus meurtriers que des hivers à enneigement normal, car ils sont propices à la formation de gobelets, dangereux s'ils sont ensuite recouverts par une plaque. Il faut aussi tenir compte de phénomènes de transport par le vent. Enfin, quand la neige est rare, on va la chercher là où elle se trouve, dans les zones d'accumulation.

« Il n'a pas neigé depuis longtemps, la neige est stabilisée. »
Si le froid s'installe aussitôt après une chute de neige, le manteau neigeux se stabilise lentement et des pentes Nord peuvent rester dangereuses pendant huit jours ou plus. Par ailleurs, des plaques à vent peuvent subsister longtemps après leur formation.

« La neige est dure, il n'y a donc pas de risque d'avalanche. »
… et les plaques dures ?

« C'est une petite pente sans danger. »
Une plaque de 20 cm d'épaisseur se détachant sur 50 m de largeur et 10 m de hauteur représente un volume de 100 m ^{3}, soit un poids de l'ordre de 20 à 30 tonnes.

« Dès que la neige fraîche s'est tassée, on peut y aller. »
Ce qui importe, c'est la liaison entre cette nouvelle couche et la sous-couche. Variante : « Il faut attendre trois jours après une chute de neige pour qu'elle se stabilise. » Longtemps considérée comme parole d'évangile, cette affirmation n'a aucun sens dans l'absolu, car tout dépend des conditions météorologiques (température, vent, précipitations) succédant à cette chute.

« Arbres et arbustes constituent un élément de sécurité. »

Une forêt dense joue un rôle de fixation du manteau neigeux. Mais une avalanche exceptionnelle peut se déclencher au-dessus de la limite forestière et ravager une forêt centenaire. Les mélèzes, qui poussent de façon clairsemée, ne sont pas une garantie de sécurité. Quant aux arbustes (rhododendrons, « arcosses »), s'ils sécurisent lorsque leurs pointes sont bien visibles ou dépassent, ils constituent un terrain privilégié pour la formation de gobelets. Leurs branches ralentissent le tassement des premières neiges hivernales, constituant une strate tendre qui risque d'évoluer en givre de profondeur.

« Les plaques de neige se reconnaissent facilement… »

Certains disent même qu'elles sont d'apparence plus mate et qu'elles sonnent creux. Ce n'est pas aussi simple. Les plaques les plus dangereuses sont friables (donc pas dures). En outre, l'apparence mate n'est pas une condition nécessaire (la plaque peut être recouverte de neige fraîche) ni suffisante (une neige travaillée sur place par le vent peut avoir cet aspect mat sans qu'il y ait plaque).

« Il y a déjà des traces, donc c'est sûr. »

Attention aux avalanches à retardement ! Il se peut que les conditions aient évolué entre le moment où les autres sont passés et votre arrivée. Enfin, l'erreur est humaine et rien ne prouve que ces traces soient sûres. Les premiers ont peut-être eu une chance que vous n'aurez pas.

Variante : « Un chamois est passé par là. » Comparez votre poids avec celui d'un chamois et demandez-vous à quand remonte son passage.

« On est sur une route. »

Une route constitue un replat dans la pente. Elle peut être un facteur de stabilité mais, lorsqu'elle est comblée par des avalanches, elle ne joue plus du tout ce rôle. Il faut tenir compte aussi de la nature du terrain et des pentes qui la dominent (couloirs…).

« Ça a tenu pour les premiers, ça tiendra pour les suivants. »

Peut-être le premier est-il passé en se faisant léger, mais l'avalanche se déclenchera si le deuxième fait un virage sauté, une conversion brutale ou une chute. Les premiers peuvent ébranler la plaque aux dépens de ceux qui suivent. Enfin, une plaque peut résister au passage de deux skieurs suffisamment espacés, mais céder si ceux-ci se suivent de trop près.

Variante : « Ça a tenu à la montée, ça tiendra aussi à la descente », mais le temps a passé, la neige a évolué et les conditions ne sont plus forcément les mêmes. De plus, ne pas oublier que la contrainte exercée sur le manteau neigeux par un skieur peut être trois ou quatre fois plus forte à la descente qu'à la montée, surtout s'il skie brutalement ou s'il tombe.

Autre variante : « On s'expose moins au risque d'avalanche à la montée. » C'est vrai si l'on considère que la contrainte exercée sur le manteau neigeux est moins importante. Pourtant, l'enquête réalisée par le CAF en 1993 a montré que la moitié des incidents d'avalanche relatés s'étaient produits à la montée…

◀ Une plaque de neige friable est partie au milieu d'un bois de conifères clairsemé. Il est difficile après cela d'affirmer qu'en forêt on ne risque pas d'avalanche…

« C'est déjà descendu. »
Mais est-on bien sûr que tout est descendu et qu'il n'en reste pas encore ?

« C'est un massif ou un sommet sans avalanche. »
Par mauvaises conditions, des sommets ou des massifs à la réputation débonnaire (Beaufortain, Dévoluy, Vercors) peuvent devenir dangereux.

« Il n'y a pas d'avalanche en été. »
… pas plus qu'en automne ? Tout dépend des conditions météorologiques. En juillet 1964, une avalanche a provoqué la mort de quatorze alpinistes chevronnés à la sortie du couloir Couturier à l'Aiguille Verte.

En France, sur une période de 23 ans, les victimes d'avalanche survenues avant le 15 décembre ou après le 1er mai constituent environ 20 % du total des décès par avalanche.

« Je suis professionnel (breveté, diplômé) », « Je connais la neige », « J'ai fait des stages », « Je n'ai jamais eu de pépin »…
Sous-entendu… « donc je ne risque rien ». Sans commentaire…

NEIGE ET AVALANCHES SUR LES GLACIERS

Hautes altitude, vastes espaces, températures extrêmes en hiver : le dépôt, la métamorphose et la stabilité du manteau neigeux sont sensiblement modifiés à la surface des glaciers. Comment s'y transforme la neige ? Les risques d'avalanches sont-ils les mêmes qu'ailleurs ?

Rappel de quelques caractéristiques

Trois zones principales
En partant du bas du glacier, on trouve :

– La zone d'ablation. Elle est caractérisée en été par une surface en vieille neige (névé) dans sa partie supérieure et en glace habituellement rugueuse et ravinée appelée « glace de glacier » dans sa partie inférieure. Cette zone est souvent recouverte de cailloux et de roches, dispersés à la surface du glacier (parfois sur plusieurs dizaines de centimètres), ou concentrés sous forme de bandes continues sur ses bords (moraines latérales et frontales) et en son milieu (moraines médianes).

– La zone d'accumulation tempérée ou zone de névé, qui commence à la limite de la persistance en été de la neige accumulée l'hiver précédent (en principe vers 2 600-2 900 m).

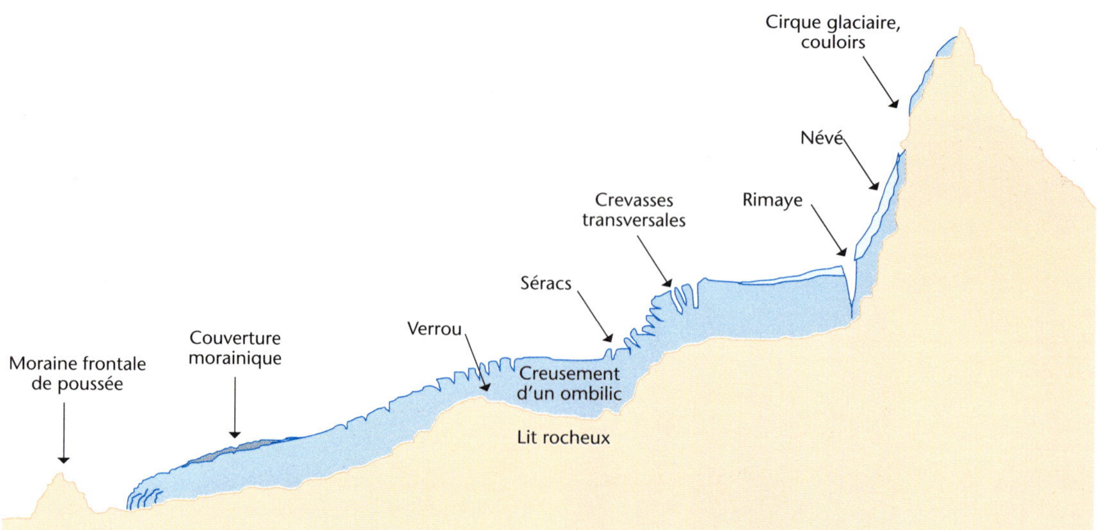

▲ **Un glacier particulièrement tourmenté, celui des Forni (massif de l'Ortles Cevedale).**

Dans ces deux parties du glacier, la température est uniformément de 0 °C en été et la fusion y joue un rôle important.

– Une zone d'accumulation froide au-dessus de 4 000 m (pour nos latitudes), habituellement séparée des névés par des rimayes. La température y est toujours inférieure à 0 °C, hiver comme été. Cette zone est composée de neige froide et sèche n'ayant jamais subi de fonte. La transformation de la neige en glace se fait directement par recristallisation, comme dans les glaciers et calottes polaires.

Les couloirs

Outre ces trois zones d'écoulement du glacier, on trouve de nombreux couloirs et pentes de glace ou de neige, séparés du glacier par une rimaye. Ces pentes, souvent en glace vive en été, se situent la plupart du temps au-dessus de 3 000 m et dans des versants dépassant 30 à 40° d'inclinaison. L'épaisseur de glace peut varier de quelques centimètres à quelques mètres. La température de cette glace atteint 0 °C durant les journées d'été, mais descend en dessous de 0 °C dès que l'hiver approche. Sa formation et sa texture de surface sont très différentes de celles de la glace du glacier. Elle se forme par fusion superficielle, ruissellement et regel nocturne sous la forme d'une pellicule de glace extrêmement lisse. Elle est souvent très dure, parfois feuilletée.

POURQUOI LA GLACE VIVE EST-ELLE NOIRE ?

La couleur sombre, parfois noire, de la glace vive s'explique par sa transparence. Ce paradoxe n'est qu'apparent, car la blancheur de la neige et du névé provient de la diffusion de la lumière par les nombreux cristaux et bulles qui la composent ; dans le cas de la glace vive, la lumière n'est pratiquement pas diffusée et la couleur sombre provient principalement de l'absorption de la lumière par la glace et la roche sous-jacente.

Les crevasses

Des crevasses ou des barres de séracs se forment dans les différentes zones du glacier sous l'effet des tensions extrêmes engendrées par son écoulement. On peut distinguer :

▲ **Réflexion faite, peut-être aurait-il été plus sage de sortir la corde ?**

– Les crevasses formées par traction (rupture de pente, élargissement et courbure du glacier). Elles sont perpendiculaires à l'écoulement de la glace, c'est-à-dire en principe à la pente du glacier.

– Les crevasses formées par cisaillement en bordure du glacier sous l'effet du frottement sur les rives. Elles sont orientées à 45° vers l'amont et le centre du glacier. La plupart du temps, elles n'atteignent pas le centre.

Dans les zones de fort élargissement, des crevasses parallèles à la pente peuvent apparaître ; c'est le cas de certaines langues terminales à proximité du front du glacier. Dans les glaciers tourmentés, des réseaux complexes peuvent se former par superposition des différents types de crevasses.

LA NEIGE SUR LES GLACIERS

Les ponts de neige

Les forts vents et le froid qui sévissent à haute altitude ne sont pas spécifiques aux glaciers, mais leurs effets y sont particulièrement importants du fait des vastes espaces et des températures extrêmes qui y règnent en hiver. Les chutes de neige d'hiver, souvent accompagnées de vents forts, s'accumulent principalement sur les parties peu pentues des glaciers, plus rarement sur les pentes de glace.

Au niveau du glacier, les seuls obstacles rencontrés par le vent sont les crevasses. La neige s'accumule sur leurs bords sous forme de corniches pour former progressivement un pont de neige fragile, point de départ pour l'accumulation de nouvelles couches de neige. La consolidation de ces ponts n'interviendra qu'avec la métamorphose de la neige accumulée. Du fait des descentes d'air froid à l'intérieur des crevasses, cette métamorphose est ralentie par rapport à celle de la neige déposée directement sur le glacier à une température proche de 0 °C.

La détection des ponts après une forte chute ventée est parfois difficile à l'œil, la surface de la neige ayant été travaillée et égalisée. Si le froid persiste et si le vent continue son travail de transport, ces ponts de neige fragile restent voilés au regard du skieur. Si le transport de neige s'arrête, le lent fluage de la couche de neige formant le pont fera progressivement apparaître de légères dépressions. Décelables pour un œil averti, elles s'accentuent lors de l'évolution de la neige et de son tassement. Grâce aux chutes de neige successives, les ponts s'épaississent et se consolident en s'appuyant de plus en plus profondément aux parois des crevasses. Cet ancrage des ponts est un facteur de stabilisation du manteau neigeux.

Mais attention ! les réseaux de crevasses ne sont pas inactifs. Dans les zones de formation des crevasses, leur élargissement tend à fragiliser les ponts et parfois à les rompre, d'autant qu'ils sont en bonne partie formés de neige frittée par le vent. À l'inverse, dans les zones de compression du glacier, la fermeture progressive des crevasses contribue à leur consolidation.

Au printemps et en été, la destruction des ponts est facilitée par la circulation d'air relativement plus chaud à l'intérieur des crevasses. Les ponts sont alors rongés par-dessous par fusion et pratiquement rien en surface n'avertit de cette lente et inéluctable action.

Les métamorphoses de la neige

Les glaciers ont un comportement thermique différent de celui du terrain non glaciaire. La métamorphose de fort gradient y est possible, mais elle est souvent fortement ralentie et même parfois inhibée par les basses températures de la neige et de la glace.

En fait, en dessous de 4 000 m, la température des glaciers est souvent proche de 0 °C au moment des chutes automnales. Les propriétés thermiques de la glace étant similaires à celles de la plupart des sols et roches alpines, la quantité de chaleur stockée dans un glacier, même si elle est plus limitée que celle d'un sol réchauffé en profondeur pendant l'été, est largement suffisante pour maintenir la base du manteau neigeux à une température proche de 0 °C durant toute la saison dès que le manteau neigeux est suffisamment épais.

Si la couche de neige est peu épaisse (quelques dizaines de centimètres) et si une période de froid s'installe, le gradient de température dans le manteau neigeux diminuera progressivement et la métamorphose de fort gradient se ralentira pour s'arrêter éventuellement après quelques jours. Dans la zone d'accumulation, le névé étant plus isolant que la glace, le refroidissement de la base du manteau hivernal et le ralentissement de la métamorphose de gradient seront encore plus marqués.

DE LA NEIGE À LA GLACE

La transformation de la neige en glace passe d'abord par une phase de névéification. Ce phénomène ne peut se produire que dans la zone d'alimentation des glaciers (et non dans leur zone d'ablation), soit au-dessus de 2 800 m environ. Il y a progressif accroissement de densité sous le poids des couches supérieures et perte de porosité (rappelons que l'air circule jusqu'à 600 kg/m^3, l'eau jusqu'à 770).

Le passage de la neige à la glace se fait en un seul été vers -30 m, et au bout de cinq ans de névéification. La glace est imperméable, sa masse volumique est voisine de 900 kg/m^3. Ses cristaux, qui gardent une structure hexagonale, peuvent atteindre 10 cm de longueur. Ils ressemblent le plus souvent à des polyèdres irréguliers.

Dans certaines situations météorologiques caractéristiques de l'automne ou du début de l'hiver, la température extérieure peut se maintenir très nettement en dessous de 0 °C pendant plusieurs semaines. La température de la glace ou du névé à la surface du glacier peut alors atteindre des valeurs fortement négatives sur une épaisseur de plusieurs dizaines de centimètres avant la première chute de neige. La glace froide isolée sous la neige fraîchement déposée pourra mettre plusieurs semaines avant de voir à nouveau sa température s'approcher de 0 °C. La métamorphose de gradient pourra alors être inhibée, à moins qu'une période encore plus froide succède à la chute de neige. Dans ces conditions, la métamorphose de gradient sera fortement ralentie, pour un même gradient de température, car celle-ci est moins efficace à basse température que proche de 0 °C.

À plus haute altitude, où les basses températures règnent toute l'année, la température du névé est très inférieure à 0 °C. La métamorphose de gradient, comme toute autre évolution de la neige, devient très lente ou inexistante.

La métamorphose de faible gradient y est également possible, bien que fortement ralentie. Quant à la métamorphose de fonte, elle ne peut avoir lieu dans ces zones d'accumulation froide du fait des températures constamment négatives.

LE RISQUE D'AVALANCHES EN TERRAIN GLACIAIRE

Pentes et couloirs : « vive » la glace !

L'instabilité d'un manteau neigeux sur une pente de glace semble chose évidente. Cependant, déterminer le risque une fois que cette pente est dissimulée par une couche de neige n'est pas facile. Y avait-il de la glace ? Depuis quand la neige s'y est-elle accrochée ? S'est-elle bien solidarisée avec la glace ?

Les réponses aux deux premières questions sont fonction de la météo des six à dix derniers mois. Mais la qualité de l'ancrage de la neige sur une pente de glace dépend essentiellement de la nature de cette glace (vive ou de glacier) et de la température de la neige et de la glace au moment de la chute. Le phénomène est complexe et on se limitera à rappeler quelques grands principes :

– Plus l'interface est proche de 0 °C, plus la neige fusionne avec la glace et s'y accroche fortement. Dans le cas de la glace de glacier, si l'épaisseur de neige est suffisante, l'inertie thermique du glacier amène assez rapidement l'interface proche de 0 °C quelle que soit la température extérieure, et l'évolution de l'adhérence sera rapide. Par ailleurs, la structure granuleuse de la glace favorise cette accroche. Dans la zone d'ablation, les cailloux et roches incrustés forment autant de points d'ancrage pour le manteau neigeux.

– Dans les pentes raides de glace vive ou à haute altitude, l'ancrage de la neige est plus difficile à cause des fortes pentes, des grandes surfaces lisses et homogènes qu'elles présentent et des températures plus basses de la glace. La couche de neige ayant réussi à s'y accrocher est souvent de faible épaisseur, la température de la neige en contact avec la glace dépend donc très fortement de la température extérieure. Par conséquent, l'évolution de l'adhérence dépendra surtout de la météo des jours ou des mois qui suivront et de l'exposition du versant.

Si la première précipitation neigeuse a lieu par température fortement négative, la neige froide a toutes les chances de ne pas adhérer du tout.

Si la température est proche de 0 °C ou légèrement supérieure, ce qui est parfois le cas lors des chutes d'automne, la liaison glace-neige est meilleure grâce à la fusion en surface de la glace ou des cristaux de neige. Cette cohésion s'améliore rapidement si ces conditions persistent quelques jours. Même en cas de refroidissement juste après la chute, la couche de neige isolant thermiquement la glace « chaude », celles-ci auront encore un peu de temps pour se solidariser plus fortement.

Les plaques à vent déposées directement sur des pentes de glace ne se comportent pas comme celles accumulées sur un manteau neigeux en cours d'évolution car, contrairement à la neige, la glace ne se tasse pas. Les départs naturels liés à ce tassement n'auront donc pas lieu. Ces plaques, bien qu'apparemment plus stables car reposant sur une sous-couche stable, sont plus sournoises, car leur instabilité persiste plus longtemps. En l'absence d'adhérence suffisante avec la glace, elles reposent principalement sur leurs ancrages latéraux ; l'ancrage supérieur est souvent fragile du fait de la forte rupture de pente existant habituellement au sommet de ces pentes ; l'ancrage inférieur est, quant à lui, généralement absent (rimaye).

Les déclenchements de plaques dans ces pentes uniformes sont souvent de grande ampleur. Ils sont principalement dus à des surcharges : nouvelle chute de neige, pentes avoisinantes se purgeant, passage d'un skieur... Le redoux, par la lubrification de l'interface glace-neige et la perte de cohésion interne de la neige qu'il entraîne, est l'une des principales causes naturelles d'avalanche de fond dans les pentes de glace.

L'ancrage des crevasses

Les glaciers sont bien vivants, même en hiver. La glace s'écoule sans cesse à des vitesses comprises entre quelques centimètres et quelques décimètres par jour (sauf dans les zones pentues de séracs où la vitesse peut atteindre quelques mètres). Les crevasses et séracs se forment dans les zones de tension ou de cisaillement du glacier et ont tendance à se refermer dans les zones de compression.

Sur un glacier pentu, l'ouverture de crevasses au niveau d'une rupture de pente crée une amorce de cassure du manteau et le rend instable. Mais les crevasses n'ont pas qu'un effet néfaste :

– quand, en se formant, elles cassent le manteau neigeux, elles purgent naturellement les zones les plus instables, assainissent les pentes surchargées ;

– les ponts de neige ancrent le manteau à la surface du glacier. Le fluage du manteau en de multiples points contribue à sa propre stabilité par un effet d'emboutissage des couches. Les nouvelles chutes de neige viennent se déposer sur ce manteau à la surface irrégulière, favorisant ainsi son accroche ;

– en cas d'avalanche, les crevasses absorbent une partie de la neige en mouvement. À cet égard, et excepté les grosses avalanches de poudreuse, les secteurs très fortement crevassés constituent des zones de relative sécurité. Mais la progression y est plus dangereuse à cause des ponts de neige.

Les chutes de séracs

Lorsque la rupture de pente est trop forte ou lors que le glacier débouche au-dessus d'une barre rocheuse, il se fractionne en séracs qui constituent souvent des édifices instables. Certaines chutes de séracs peuvent se transformer en aérosols similaires aux avalanches de poudreuse, comme en Himalaya. Plus généralement dans les Alpes, des effondrements de séracs peuvent déclencher des avalanches en contrebas en déstabilisant le manteau neigeux.

Dans les zones régulièrement balayées par des chutes de séracs, le manteau neigeux est en principe très stable ! Ces chutes étant imprévisibles, il est plus prudent d'opter pour un itinéraire à l'abri de leur trajectoire.

QUELQUES IDÉES FAUSSES

- C'est plat, il n'y a donc pas de crevasses.
- On reconnaît l'emplacement des crevasses à de légères dépressions dans le manteau neigeux... (sauf lorsque de la neige fraîche accumulée par le vent forme des ponts aussi fragiles qu'indécelables).
- On connaît le terrain comme sa poche et même l'emplacement des crevasses. Il n'y avait pas de pont à cet endroit l'an dernier.
- Manifestement la dernière chute de séracs s'est produite récemment. Il ne devrait donc pas y en avoir de sitôt.
- Il gèle à pierre fendre. Ça consolide la glace.

Roches moutonnées et moraines

Les roches moutonnées laissées apparentes lors du retrait des glaciers forment des parois lisses et parfois très raides sur une hauteur pouvant atteindre la centaine de mètres. Tout skieur ayant escaladé les interminables échelles et câbles menant à certains refuges de l'Oberland, construits au début du siècle en bordure de glacier, a pu apprécier l'ampleur du phénomène. La forte rupture de pente et l'absence d'ancrage inférieur rendent très instables les pentes qui dominent ces dalles lisses et le glacier.

Utiliser la largeur des glaciers pour se protéger des avalanches et des séracs est une bonne solution si la progression n'est pas perturbée par des réseaux complexes de crevasses. C'est possible sur les principaux glaciers larges et plats du Mont-Blanc, de l'Oberland ou du Valais.

Les moraines latérales offrent parfois une protection supplémentaire. Quand l'itinéraire passe sous le glacier, même les moraines frontales peuvent être des protections efficaces pour les avalanches issues du glacier ou provenant des faces le dominant, en servant de rempart ou de « tourne » naturelle.

Pour conclure...

Déjà dangereux en été, les glaciers le sont encore plus en hiver. Les crevasses s'y cachent sous les ponts de neige mal consolidés, des plaques de glace se dissimulent parfois sous une fine couche de neige fraîche, des avalanches ou des chutes de séracs peuvent se produire. Pour déjouer la plupart de ces pièges, le meilleur atout que possède le skieur-alpiniste est l'observation attentive du terrain. La montagne laisse souvent de nombreux indices plus ou moins apparents. Le jeu consiste à les découvrir et à les analyser le plus rationnellement possible. Si un doute apparaît et persiste après analyse, n'hésitez pas, renoncez si le risque est fort, prenez des précautions supplémentaires s'il est faible. Même les meilleurs spécialistes de la neige et des glaciers se sont déjà fait piéger par des avalanches ou des crevasses.

POUR EN SAVOIR PLUS SUR LA NEIGE ET LES AVALANCHES

Sauf exception, ne figurent dans cette bibliographie que les ouvrages récents encore disponibles en librairie ou les livres anciens et épuisés mais pouvant être considérés comme des références indispensables pour qui s'intéresse à la question.

Ouvrages

ANENA, *Tout savoir (ou presque) sur la neige et les avalanches,* Grenoble, 1996, 24 p, 2e éd.
Brochure grand public.

CAF, *Neige et Sécurité,* Grenoble, 1996.
5e édition d'un mémento rédigé par la commission nationale de ski et largement diffusé au sein des associations CAF.

CAILLAT, Pierre et Bruno, *Connaître et prévenir les avalanches,* Paris, Albin Michel, 1982, 168 p.
Le premier manuel sérieux de nivologie essayant de faire le lien entre aspects scientifiques et observations empiriques.

COLÉOU, Cécile, *et al., Éléments de nivologie,* Grenoble, ANENA, 1993, 62 p.
Par des ingénieurs de Météo-France. Ouvrage de référence.

DAFFERN, Tony, *Avalanche Safety for Skiers and Climbers,* Calgary, Rocky Mountains Books, 1983, 172 p.

FRASER, Colin, *The Avalanche Enigma,* Londres, John Murray, 1966. Traduit en italien (*L'Enigma delle valanghe,* Bologne, Zanichelli, 1970, 236 p.) mais malheureusement pas en français.
Bonne synthèse, avec une importante documentation photographique.

LLIBOUTRY, Louis, *Traité de glaciologie.* Tome I : *Glace, Neige, Hydrologie,* Paris, éd. Masson, 1965, 428 p.
Un classique. Voir surtout les chapitres VI à IX.

MACCLUNG et SCHAERER, *The Avalanche Handbook,* Seattle, The Mountaineers, 1993.
Remplace l'ouvrage homonyme de Perla et Martinelli (1975).

MUNTER, Werner, *Le Risque d'avalanche. Nouveau guide pratique. Bern,* Club alpin suisse, 1992, 200 p.
Traité de nivologie pratique avec quelques idées et théories fort intéressantes. L'auteur insiste beaucoup sur les problèmes de perception du risque et de prise de décision.

PAHAUT, Edmond, *Les Cristaux de neige et leurs métamorphoses,* Paris, Météorologie nationale, 1975 (monographie n° 96).
Très nombreuses illustrations.

PÉGUY, Charles-Pierre, *La Neige,* Paris, PUF, coll. « Que sais-je ? », n° 538, 1968, 128 p.
Insiste surtout sur l'aspect climatologie de la neige.

PLACE, Véronique, *La Neige,* Bibliothèque de travail n° 1064, 1994, 48 p.

ROCH, André, *Neve e Valanghe,* Milan, éd. du CAI, 1980, 268 p.
Seules les deux premières parties (« Neige et avalanches » ; « Protection et sauvetage ») concernent les pratiquants de la montagne hivernale. Le reste est souvent très technique.

SALM, Bruno, *Guide pratique sur les avalanches,* Berne, CAS, 1983, 148 p.
Manuel aujourd'hui éclipsé par l'ouvrage de W. Munter.

Articles, parties d'ouvrages, divers

HENRY, P., et RIVOLLIER, J., « Les avalanches de neige », *La Montagne et Alpinisme,* févr. 1966, p. 201-207.

KURZ, M., « La neige et les avalanches », *Alpinisme hivernal,* Paris, Payot, 1928, p. 86-116.

LUFT, R., « Skieurs, connaissez-vous la neige ? » *La Montagne et Alpinisme 1,* 1981, p. 20-27.

LUNN, A., *Les Avalanches. Le ski en hiver, au printemps, sur les glaciers,* Chambéry, Dardel, 1924, p. 59-96.

MARBOUTY, D., « Les avalanches », *La Recherche,* n° 122, mai 1981, p. 546-557.
Fondamental.

Cette bibliographie sélective ne mentionne pas les nombreux articles parus dans « Neige et avalanches », revue de l'ANENA[1], pas plus que ceux, d'un haut niveau scientifique, publiés dans le *Journal of Glaciology.*

L'AINEVA[2] (Association interrégionale italienne pour l'étude de la neige et des avalanches) publie également une revue fort intéressante *Neve e valanghe.*

Signalons enfin les rapports annuels *Schnee und Lawinen in der Schweizer Alpen,* publiés par l'Institut fédéral du Weissfluhjoch à Davos.

1. L'Association nationale pour l'étude de la neige et des avalanches (ANENA) a été fondée à Grenoble en 1971. Elle groupe tous les organismes concernés de près ou de loin par ces problèmes (Météo-France, administrations, professionnels de la neige, représentants des pratiquants...). Elle a quatre missions principales : concertation, recherche, information et formation. Outre sa revue, mentionnée plus haut, elle diffuse un certain nombre de brochures et de documents audiovisuels.
ANENA, 15, rue Ernest-Calvat, 38000 Grenoble.
Tél. : 04 76 51 39 39 ; télécopie : 04 76 42 81 66.

2. À la différence de l'ANENA, l'AINEVA groupe essentiellement les organismes qui, au niveau régional, sont chargés de la prévision du risque d'avalanche en Italie.
AINEVA, Vicolo dell'Adige,18, 38100 Trento.

LES BULLETINS NEIGE-AVALANCHE

Pendant longtemps, l'avalanche a été considérée comme une force de la nature, non maîtrisable et imprévisible. C'était une fatalité frappant surtout les voyageurs, civils ou militaires, qui, contraints et forcés, s'aventuraient en montagne. De temps à autre, des avalanches exceptionnelles ravageaient des villages entiers. L'histoire des rapports entre l'homme et la nature hivernale est jalonnée par la sombre litanie de ces catastrophes naturelles. Avec l'avènement du tourisme hivernal, les perspectives ont changé radicalement. La neige handicap, que l'on fuit, est devenue la neige atout, celle que l'on recherche. Il y a de plus en plus de monde en montagne l'hiver, et cette fréquentation intensive d'un espace à risques pose parfois de sérieux problèmes de sécurité.

UN PEU D'HISTOIRE

La catastrophe de février 1970 (39 victimes dans le centre UCPA de Val-d'Isère) constitue un tournant dans l'histoire de la prévision du risque d'avalanche en France. Les pouvoirs publics prennent conscience du fait qu'il faut développer la prévision, sans oublier la prévention et l'information du public. Depuis cette date, ces différents domaines ont connu des évolutions considérables. En particulier, les bulletins « neige et avalanche » sont devenus un outil d'aide à la décision indispensable pour tous ceux qui fréquentent la montagne hivernale, que ce soit à des fins de loisirs ou à titre professionnel.

1970, premiers bulletins

Un embryon de réseau nivométéorologique voit le jour au début de l'hiver 1970-1971, avec le concours des collectivités locales et des stations de ski. À partir de la dizaine de postes d'observation créés à l'occasion des jeux Olympiques d'hiver de Grenoble (1968), le réseau se met en place avec environ vingt-cinq postes répartis en Haute-Savoie, en Savoie et dans l'Isère. Dès l'hiver suivant, il s'étend aux Alpes du Sud et aux Pyrénées, puis à la Corse et au Cantal à partir de 1976.

Pendant plusieurs années, les bulletins restent confidentiels. Enregistrés une fois par semaine (le vendredi ou le samedi) sur des répondeurs « réservés », ils sont destinés aux services de la Protection civile et à quelques organismes officiels (armée, stations de ski). Il faut attendre l'hiver 1973-1974 pour que l'information devienne publique en Isère. La seule exception à cette règle de confidentialité concerne les avis de fort risque d'avalanche, qui font l'objet de communiqués à la presse.

Entre 1978 et 1993, l'ensemble des répondeurs départementaux diffusent des informations quotidiennes durant toute la période hivernale ; ils sont banalisés et accessibles pour l'ensemble des usagers. Depuis 1993, un seul répondeur interactif, offrant le choix du département, est à la disposition des usagers.

Aujourd'hui : un système bien rodé

Le système mis en place par Météo-France repose sur quatre structures :

– Un réseau nivométéorologique, chargé des observations et des mesures. Il comprend près de cent quarante postes d'observation situés en altitude (entre 1 500 et 2 000 m) et une quinzaine de stations automatiques étagées entre 2 000 et 3 000 m. La grande majorité des observateurs sont des personnels des services des pistes des stations de ski. Agents de l'Équipement, de l'Office national des forêts, CRS et gendarmes de montagne, personnels de l'École militaire de haute montagne participent également à ces mesures.

SAFRAN, CROCUS ET MEPRA

CROCUS est un modèle numérique qui, à partir de données météorologiques (vent, température, quantité et nature des précipitations, nébulosité), peut simuler l'évolution du manteau neigeux en termes d'accroissement, de tassement, de densité, de profil de température, de teneur en eau liquide, de stratigraphie et de métamorphose. C'est un outil qui permet, parallèlement aux mesures qui peuvent être faites, d'avoir une bonne représentation du manteau neigeux en un point.

SAFRAN (Système d'analyse fournissant des renseignements atmosphériques pour la neige) fournit automatiquement les variables météorologiques nécessaires au modèle CROCUS pour simuler l'évolution du manteau neigeux sur des pentes d'altitude et d'exposition différentes. SAFRAN utilise les sorties de modèles du service central de prévision météo, les données du réseau nivométéo, celles provenant des balises automatiques pour calculer des paramètres météorologiques sur des pentes types définies dans un massif donné par une exposition, une pente et une altitude par tranche de 300 m.

MEPRA est un système expert d'aide à la prévision du risque d'avalanche qui combine des connaissances expertes, les résultats d'études statistiques et des données issues des simulations CROCUS. MEPRA est capable d'analyser la stabilité d'un profil, simulé ou observé. Il en déduit la nature du risque (déclenchements provoqués ou spontanés) ainsi que son niveau par rapport à une échelle d'intensité.

L'enchaînement de ces trois modèles permet au prévisionniste d'avoir une vision globale et continue de la très grande variabilité du manteau neigeux en dehors des zones couvertes par l'observation humaine.

– Neuf centres départementaux de Météo-France, spécialisés « montagne » (Chamonix, Bourg-Saint-Maurice, Saint-Martin-d'Hères, Nice, Briançon, Ajaccio, Perpignan, Toulouse et Tarbes). Ils concentrent et analysent les données fournies par le réseau. Ils élaborent et diffusent les bulletins de prévision du risque d'avalanche (PRA) sur les massifs de leur département.

– Deux « points focaux » situés, l'un à Grenoble pour les Alpes et la Corse, l'autre à Tarbes pour les Pyrénées. Ces deux centres « montagne », à compétence régionale, assurent une mission de surveillance et d'alerte régionale lorsque le risque d'avalanche devient préoccupant. Ils offrent également une possibilité d'information pour les médias.

– Le Centre d'études de la neige (CEN), unité spécialisée dépendant du Centre national de recherche météorologique de Météo-France. Implanté à Grenoble depuis trente ans, il est chargé de la coordination nationale de la prévision du risque d'avalanche. Il exerce son activité principale dans le domaine de la recherche : meilleure connaissance du matériau neige et mise au point d'outils d'aide à la prévision du risque d'avalanche performants et adaptés à un contexte opérationnel. Il a notamment conçu et développé des modèles qui permettent de simuler l'évolution du manteau neigeux et d'évaluer le risque d'avalanche.

COMMENT EST FAITE LA PRÉVISION DU RISQUE D'AVALANCHE ?

Le réseau nivométéorologique : observations, mesures et transmission

Les cent quarante postes d'observation réalisent :

– tous les jours, deux séries de mesures de surface à 8 et 13 h. Nébulosité et vent, températures, précipitations, hauteur de la neige au sol, qualité de la neige de surface, neige ventée sur les crêtes et avalanches observées sont notés, codifiés, utilisés localement et transmis au centre météorologique « montagne » départemental ;

– au moins une fois par semaine, une étude en profondeur du manteau neigeux, qui permet de repérer et de caractériser les différentes couches de neige pour en déduire une évaluation de la stabilité.

Un réseau de stations automatiques « Nivose », implantées en altitude en site vierge et fonctionnant toute l'année, apporte un complément d'information sur des paramètres tels que vent, température et hauteur de neige.

Les centres météorologiques « montagne » : traitement, analyse, prévision, diffusion

Les centres spécialisés sont chargés de la synthèse des données provenant du réseau de leur département. Ils décrivent chaque jour l'état du manteau neigeux et, en fonction des prévisions météorologiques, prévoient son évolution et le risque d'avalanche qui en découle.

Chaque hiver, de la mi-décembre à fin avril, un bulletin départemental quotidien « neige et avalanches » (BNA) est établi en fin d'après-midi. Il est disponible sur Minitel et sur répondeur téléphonique. En outre, un bulletin de synthèse hebdomadaire est établi chaque jeudi. Il retrace les faits marquants de la semaine écoulée.

Des bulletins plus succincts sont diffusés du 1er novembre au 15 décembre et du 1er mai au 15 juin. Ils sont remis à jour au moins une fois par semaine.

En cas de situation avalancheuse critique pour la sécurité des habitations et des voies de circulation (risque 5 de l'échelle européenne), un bulletin régional d'alerte météorologique (BRAM avalanche) est diffusé vers les préfectures et les services départementaux de Sécurité). Il s'accompagne généralement de communiqués de presse à l'intention du grand public.

Comment s'informer ?

Par téléphone

– Prévision quotidienne du risque d'avalanche et bulletin de synthèse hebdomadaire : 08 36 68 10 20 (en général du 15 décembre au 30 avril), avec choix du département (Pour Andorre, faire le 99).

– Prévisions météorologiques à cinq jours sur les massifs montagneux : 08 36 68 04 04.

– Prévisions météorologiques départementales : 08 36 68 02 … (suivi du numéro du département).

Par Minitel

– Toutes ces informations sont disponibles sur 36 15 METEO.

– Information « neige » sur 36 15 MFNEIGE.

À l'étranger

La situation est variable d'un pays à l'autre. La France est bien placée, tant par la fréquence des bulletins que par leur finesse (généralement à l'échelle d'un département). Dans certains pays, la prévision du risque d'avalanche et celle du temps ne sont pas prises en charge par les mêmes services. En Suisse, les bulletins nivologiques sont établis par l'Institut fédéral de recherches sur la neige et les avalanches de Davos. En Italie, ils sont établis au niveau régional par des services pouvant relever de diverses administrations.

EN FRANCE, COMME À L'ÉTRANGER, QUELQUES RÈGLES DE BON USAGE DES INFORMATIONS NIVOMÉTÉOROLOGIQUES

- Elles sont valables en dehors des pistes balisées et ouvertes.
- Les bulletins donnent les caractéristiques du manteau neigeux à l'échelle d'un petit massif. Ces informations peuvent parfois nécessiter une adaptation locale en fonction de l'altitude, de l'exposition, de la topographie.
- La consultation doit être systématique, avant chaque départ en course.
- Elle ne doit pas se réduire à une simple formalité. Dans certains cas, elle peut déboucher sur la remise en cause de l'objectif initialement prévu (choix d'un itinéraire de repli, renoncement).
- Il faut écouter attentivement les bulletins en privilégiant quelques notions : altitude et tendance d'évolution de l'isotherme 0 °C, force et direction du vent, niveau de risque.
- Ces informations doivent être utilisées avec un minimum d'esprit critique. S'il y a eu une erreur manifeste de prévision (vitesse de progression ou trajectoire d'une perturbation), il appartient à l'usager de rectifier le tir.
- Le but du BNA n'est ni d'interdire ni d'autoriser. C'est un instrument d'aide à la décision.

POUR BIEN COMPRENDRE L'ISOTHERME ZÉRO

Deux rappels de physique élémentaire

1. La température de l'air décroît progressivement avec l'altitude (en moyenne 0,65° tous les 100 m) pour atteindre environ -60° à la tropopause (limite supérieure de la troposphère, nom donné à la couche inférieure de l'atmosphère). Elle est épaisse d'une dizaine de kilomètres, et même les nuages les plus élevés (cumulo-nimbus d'orage) ne dépassent pas cette limite.
2. Le temps perturbé résulte de l'affrontement de masses d'air chaud et froid. Tantôt l'atmosphère se réchauffe (passage d'un front chaud), tantôt elle se refroidit. Les températures en altitude subissent ainsi des variations qu'il est important de connaître pour prévoir le temps. L'isotherme zéro est pour cela un précieux auxiliaire.

Une définition

Schématiquement, l'isotherme zéro (ou familièrement « iso zéro ») correspond à l'altitude à laquelle la température de l'air passe par la valeur 0 °C, en atmosphère libre, loin de toute influence due à l'état du sol (pente, sol enneigé, boisé, à l'ombre ou au soleil). Cette altitude est déterminée par le lâcher quotidien de ballons-sondes.

L'isotherme zéro donne une indication sur la masse d'air (chaude ou froide) qui recouvre une région et dont la température n'a pas forcément de rapport direct avec les températures au sol. Son altitude varie peu entre le jour et la nuit. Par contre, au passage d'une perturbation, on enregistre des baisses ou des hausses importantes. L'altitude de l'iso zéro permet de savoir si l'air est chaud ou froid en altitude. De ses variations on peut déduire des changements dans la nature des masses d'air.

Mer de nuages sur le Trièves et la vallée de la Roizonne (Dauphiné) avec inversion de température, une situation météorologique fréquente en hiver. ▼

Iso zéro et niveau de gel

L'iso zéro n'exprime pas, comme on le croit souvent, l'altitude à partir de laquelle une neige humidifiée va regeler la nuit. Si ces deux valeurs sont liées, elles ne sont pas toujours identiques. Pourquoi ?

Globalement, la neige se réchauffe le jour et se refroidit la nuit. Cette perte d'énergie est due à l'émission de rayonnement infra-rouge. Le refroidissement nocturne est d'autant plus important que le ciel est clair (= évacuation continue du rayonnement vers l'espace), qu'il n'y a pas de vent (= pas de réchauffement par apport d'air ambiant plus doux), que l'air est sec (= pas de renvoi du rayonnement par la vapeur d'eau contenue dans l'atmosphère). Durant une nuit claire, il n'est pas rare de mesurer une température de la surface de la neige inférieure d'une dizaine de degrés ou plus à celle de l'air. Le niveau de gel se situe alors bien plus bas que l'iso zéro.

À l'inverse, si le ciel nocturne est couvert, il y a à peu près coïncidence entre la température de la neige et celle de l'air. Les nuages émettent eux aussi un rayonnement infra-rouge dont une partie est absorbée par la neige, ce qui diminue considérablement le refroidissement. Le vent ou un air humide ont le même effet.

La topographie et le terrain doivent également être pris en considération : un couloir de neige qui canalise les écoulements d'air froid peut être bien gelé alors que, plus loin, on ne trouvera qu'une croûte de regel peu solide. Il en est de même lorsque l'on passe d'un endroit découvert, où la neige est bien durcie, à un sous-bois : à l'abri des arbres, le refroidissement est moins important et la neige casse parfois sous les skis.

La nuit

Ciel dégagé Pas de vent Air sec	niveau de gel parfois très < altitude de l'iso 0 °C
Ciel couvert Vent Air humide	niveau de gel ≃ altitude de l'iso 0 °C

lée alors qu'en altitude, où le soleil brille, les températures sont souvent largement positives. La situation est parfois plus complexe, car il peut y avoir plusieurs iso zéro (voir schéma).

Iso zéro et nature des précipitations

En règle générale, lorsque la structure verticale de l'atmosphère est normale (décroissance de 0,65° par 100 m, pas d'inversion de température), les précipitations devraient se produire sous forme de neige au-dessus de la limite de l'iso zéro et il devrait pleuvoir en dessous. En fait, les flocons de neige commencent à fondre à partir du moment où ils passent sous l'iso zéro. Il leur faut un certain temps pour se transformer en gouttes

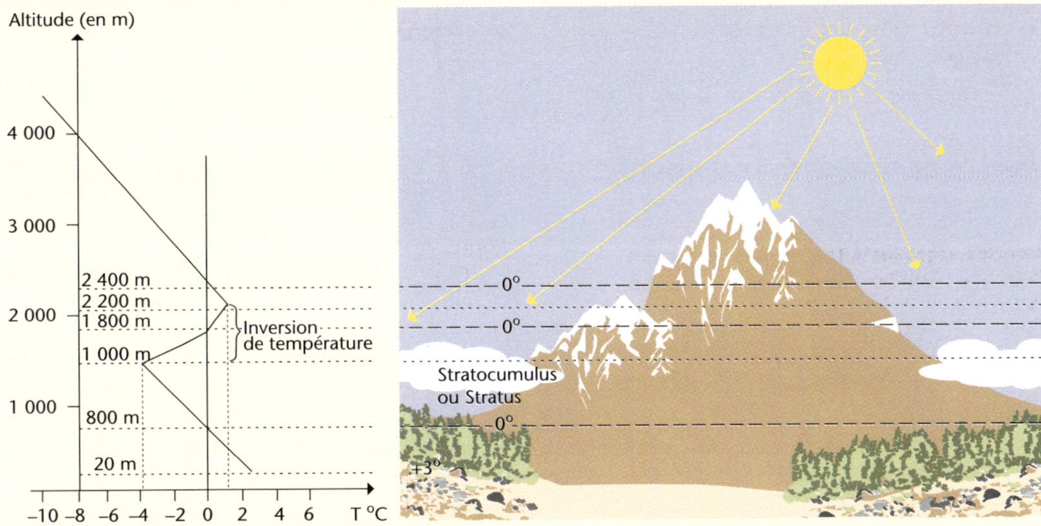

▲ **Inversion de température.**

de pluie. C'est pourquoi on peut observer des chutes de neige à des altitudes inférieures de 200 à 400 m à celle de l'iso zéro. Si l'air sous-jacent reste faiblement positif jusqu'au niveau du sol (+ 1 à + 3 °C), les précipitations peuvent même tomber sous forme de neige à des altitudes nettement inférieures à celles de l'iso zéro (parfois jusqu'à 800 m en dessous). Cette neige humide, collante et lourde, parfois gorgée d'eau, est fort peu agréable à skier.

Les inversions de température

Ce phénomène, souvent durable en hiver, correspond à la présence d'air froid à basse altitude. Il est littéralement emprisonné sous une couche d'air plus chaud. Parfois très humide, il voit son sommet occupé par une couche nuageuse épaisse de quelques centaines de mètres (stratus ou strato-cumulus), quand ce n'est pas la couche entière qui est saturée (brouillard).

Le phénomène peut aussi exister sans matérialisation nuageuse et ne se soupçonne que par la présence d'une barre sombre et bleutée qui s'aperçoit quand on est sur les hauteurs. On mesure alors des températures négatives en val-

Les numéros de téléphone des répondeurs pouvant être modifiés, la liste qui suit est donnée sous toute réserve :

ITALIE : (39) 461 23 00 30 (numéro unique avec possibilité de choix. Des numéros verts – qui ne peuvent être appelés que depuis l'Italie – sont également en place dans certaines régions).

SUISSE : (41) 21 187

AUTRICHE : (43) xx 1588 (xx correspondant à l'indicatif de la région souhaitée, par exemple 512 pour le Tyrol)

ALLEMAGNE (Bavière) : (49) 89 1210 1210

SLOVÉNIE : (386) 61 98 22

ESPAGNE :

– Pyrénées catalanes : (34) 33 25 63 91

– Navarre : (34) 906 365 331*

– Huesca : (34) 906 365 332*

(* numéros ne pouvant être appelés que depuis l'Espagne)

L'ÉCHELLE DE RISQUE D'AVALANCHE

Après dix ans de prévision de risque d'avalanche en France, les spécialistes ont éprouvé le besoin d'affiner la qualité de leur produit. Au début des années 1980, on a commencé à parler d'une échelle chiffrée de risque d'avalanche. L'adoption de cet outil devait permettre de répondre à plusieurs préoccupations :

– remédier à l'imprécision du vocabulaire employé, souvent interprété de façon différente par les rédacteurs et par les utilisateurs des bulletins ;

– enrichir l'information en exprimant une estimation quantitative du risque ;

– permettre un contrôle statistique de la validité des prévisions.

Une échelle de risques a été mise au point par Météo-France et elle est entrée en vigueur en décembre 1981. Elle comportait huit niveaux, distinguant risques naturels et risques accidentels. Ce n'était pas une échelle croissant de façon linéaire.

Certains problèmes d'utilisation et d'interprétation sont apparus. Le plus sérieux était lié au comportement d'usagers se limitant à l'écoute de l'estimation chiffrée et se fixant parfois un seuil arbitraire de décision.

Toutefois, au bout d'une dizaine d'années, on peut considérer que l'échelle était acceptée et comprise par la grande majorité de ses utilisateurs. Elle avait donné des gages de sa fiabilité, car on constatait une bonne corrélation entre prévision et observation de l'activité avalancheuse.

Un problème a commencé à se poser au niveau européen, en raison de l'existence de différentes échelles, reposant sur divers principes d'estimation du risque. Une rationalisation s'imposait en raison du nombre croissant de « skieurs sans frontières » demandeurs d'une information claire, facilement compréhensible quel que soit leur pays d'origine.

Après des négociations serrées, les différents services concernés se sont mis d'accord sur un compromis. Depuis l'hiver 1993-1994, une seule échelle est employée dans tous les pays de l'arc alpin et en Espagne. Comme la précédente, cette échelle est principalement destinée aux pratiquants de la montagne évoluant hors des pistes balisées et ouvertes des stations, tels que les skieurs hors pistes ou de randonnée, surfeurs et amateurs de raquettes. L'échelle intéresse aussi les services publics et les organismes de sécurité.

Les principes de l'échelle européenne

Pour être facilement compréhensible, elle comporte un nombre réduit d'indices dont les définitions limitent toute interprétation erronée. Elle est croissante et les indices sont classés suivant l'importance du danger auquel s'expose le pratiquant.

Elle précise le type de risque, que l'avalanche ait une cause naturelle (départ spontané) ou accidentelle (déclenchement provoqué par le skieur). Il y a cinq niveaux de risque définis par une évaluation de la stabilité et de ses conséquences en termes de probabilité de déclenchement. Chacun d'eux correspond à un niveau de danger. Aucun n'est à négliger : en montagne, le risque zéro n'existe pas. La gradation est fondée sur l'aggravation et l'extension géographique de l'instabilité du manteau neigeux.

La relation entre stabilité et probabilité de déclenchement est établie en tenant compte de la surcharge suffisante pour qu'il y ait avalanche : plus le manteau neigeux est instable, plus la surcharge nécessaire est faible.

Les indices 1, 2, 3 et 4 sont ordonnés suivant la gravité du risque de déclenchement provoqué par les skieurs. Le niveau de risque se traduit par la facilité avec laquelle se produit l'avalanche (quelle surcharge ?) et l'étendue géographique de ce risque (quelles pentes ?).

Les indices de cette échelle ne font référence au risque de départ spontané qu'en termes d'éventualité. L'existence et le niveau de ce type de risque sont précisés dans le bulletin lui-même.

L'indice 5 correspond à des situations de forte instabilité du manteau neigeux. La probabilité de déclenchements d'avalanches, spontanées ou provoquées, devient très forte.

Quelques définitions et précisions

Les coulées

Ce sont des écoulements de neige de faible ampleur, aux conséquences généralement limitées, sauf configuration particulière du terrain.

Le type de déclenchements

Pour éviter toute confusion, le terme « déclenchement » est utilisé dans le cas d'avalanches provoquées par un skieur (ou tout autre pratiquant de la montagne). Le terme « départ » est utilisé pour les avalanches qui se déclenchent spontanément, sans action extérieure (humaine, animale, chute de corniche...). On utilise l'expression « activité avalancheuse » pour rendre compte du nombre et de l'importance des avalanches spontanées.

Les pentes

Les pentes raides mentionnées dans le descriptif de l'indice (1) désignent les pentes particulièrement propices aux avalanches en raison de leur déclivité, de la configuration et de la nature du terrain, de la proximité des crêtes...

Des pentes « suffisamment raides » sont celles sur lesquelles des avalanches peuvent se produire (la majorité des avalanches de plaques se produisent dans des pentes entre 30 et 45°).

Les termes « quelques » pentes (2), « nombreuses » pentes (3), « la plupart des pentes » (4) traduisent l'extension de l'instabilité, d'abord localisée puis s'étendant à la majorité des pentes. Les caractéristiques de ces pentes sont généralement décrites dans le bulletin. Chaque fois que cela est possible, les expositions, les tranches d'altitude, les créneaux horaires sont précisés.

Les surcharges

C'est l'élément qui joue le rôle de détonateur. Une forte surcharge est typiquement celle exercée par des skieurs groupés, une faible surcharge celle exercée par un seul skieur ou une personne se déplaçant à pied. La notion de surcharge doit être considérée comme un indicateur relatif de la stabilité.

La surcharge exercée dépend de la façon de skier : skier en douceur ou en force peut ne pas avoir le même effet. Elle doit être interprétée en termes statistiques : lorsque l'on dit que les déclenchements sont possibles « surtout par forte surcharge » (1 et 2), cela n'exclut pas, dans certains cas isolés, la possibilité de ruptures de plaques par faible surcharge.

Rappelons que certaines causes naturelles (chutes de pierres ou de corniches, passages d'animaux...) peuvent provoquer des surcharges.

Les départs spontanés

L'expression « dans certaines situations » qui apparaît dans la définition des indices 3 et 4 signifie que chacun de ces deux indices décrit des situations nivologiques pouvant (ou non) donner lieu à des départs spontanés d'avalanches. Cette possibilité est indiquée dans le bulletin.

Définition des différents indices

Le risque 1 (faible)

Il exprime une stabilité d'ensemble du manteau neigeux satisfaisante. Seules de rares instabilités localisées peuvent être présentes dans des pentes raides particulièrement propices aux avalanches (pentes au voisinage des crêtes et des cols ; pentes dont le profil est favorable à des ruptures dans le manteau neigeux).

Dans ces secteurs, le risque de déclenchement, peu marqué, n'est envisagé, dans une grande majo-

ÉCHELLE DE RISQUE D'AVALANCHE EUROPÉENNE À L'INTENTION DES PRATIQUANTS DE LA MONTAGNE ÉVOLUANT HORS DES PISTES BALISÉES ET OUVERTES.

INDICE DE RISQUE	STABILITÉ DU MANTEAU NEIGEUX	PROBABILITÉ DE DÉCLENCHEMENT
1. Faible	Le manteau neigeux est bien stabilisé dans la plupart des pentes.	Les déclenchements d'avalanches ne sont en général possibles que par forte surcharge (***) sur de très rares pentes raides (*). Seules des coulées ou de petites avalanches peuvent se produire spontanément.
2. Limité	Dans quelques (**) pentes suffisamment raides, le manteau neigeux n'est que modérément stabilisé. Ailleurs, il est bien stabilisé.	Déclenchement d'avalanches possible surtout par forte surcharge (***) et dans quelques pentes généralement décrites dans le bulletin. Des départs spontanés d'avalanches de grande ampleur ne sont pas à attendre.
3. Marqué	Dans de nombreuses (**) pentes suffisamment raides, le manteau neigeux n'est que modérément à faiblement stabilisé.	Déclenchements d'avalanches possible parfois même par faible surcharge et dans de nombreuses pentes, surtout dans celles généralement décrites dans le bulletin. Dans certaines situations, quelques départs spontanés d'avalanches de taille moyenne, et parfois assez grosse, sont possibles.
4. Fort	Le manteau neigeux est faiblement stabilisé dans la plupart (**) des pentes suffisamment raides.	Déclenchements d'avalanches probables même par faible surcharge (***) dans de nombreuses pentes suffisamment raides. Dans certaines situations, de nombreux départs spontanés d'avalanches de taille moyenne, et parfois grosse, sont à attendre.
5. Très fort	L'instabilité du manteau neigeux est généralisée.	De nombreuses et grosses avalanches se déclenchant spontanément sont à attendre, y compris en terrain peu raide.

* Pentes particulièrement propices aux avalanches, en raison de leur déclivité, de la configuration du terrain, de la proximité de la crête…
** Les caractéristiques de ces pentes sont généralement précisées dans le bulletin : altitude, exposition, topographie…
*** Surcharge indicative forte (skieurs groupés…) ou faible (skieur isolé, piéton…)

QUELLE CORRÉLATION ENTRE INDICE DE RISQUE ET ACCIDENTS ?

Ce n'est pas lorsque les risques sont les plus élevés qu'il y a le plus d'accidents. Lorsque la situation nivo-météorologique est vraiment sérieuse, la fréquentation de la montagne devient faible ou nulle. Les situations intermédiaires sont plus critiques, car il y a plus de monde et l'appréciation du risque sur le terrain est plus délicate.

À titre d'exemple, sur les 85 accidents enregistrés en France de 1993 à 1996 (période de couverture des BNA), 38 (soit 44 %) se sont produits par risque 3, 29 par risque 4, 10 par risque 5 et 8 par risque 2.

rité des cas, que sous l'effet de fortes surcharges. L'activité avalancheuse naturelle ne peut se manifester que sous forme de coulées ou d'avalanches de faible extension.

Même si, dans ces situations nivologiques favorables à la pratique de la montagne, le risque d'avalanche est faible et très localisé, les règles de sécurité ne doivent pas être négligées.

Le risque 2 (limité)

Il recouvre les cas d'instabilité peu marquée et localisée. À l'exception des secteurs dont l'exposition et l'altitude sont généralement précisées dans le bulletin, la stabilité du manteau neigeux est satisfaisante. Le risque de déclenchements ne concerne qu'un nombre réduit de pentes. Il n'est généralement à craindre que sous l'effet d'une forte surcharge, dont l'exemple le plus typique est celle imposée par des skieurs groupés. L'éventuelle activité avalancheuse spontanée reste également très limitée.

Le risque 3 (marqué)

Avec le risque 3, l'instabilité s'aggrave et s'étend à de nombreuses pentes dont les caractéristiques topographiques sont généralement précisées dans le bulletin. Elle est telle que de faibles surcharges (passage d'un seul skieur) peuvent suffire à provoquer un déclenchement. Ce risque devient marqué. Le pratiquant se gardera bien de le négliger. Il ne faut surtout pas l'associer à une prévision « optimiste » ou « rassurante » comme cela a pu être écrit lors de relations d'accidents.

L'indice 3 décrit des situations très différentes en ce qui concerne le risque de départ spontané ; celui-ci peut varier entre les niveaux « faible » et « marqué ». La différenciation apparaît dans le corps du bulletin.

Cet indice peut notamment être employé lorsque les conditions météorologiques, redevenues satisfaisantes, attirent de nombreux pratiquants : l'instabilité du manteau peut persister malgré le retour du beau temps.

Le risque 4 (fort)

Il introduit la notion de généralisation d'une forte instabilité à la plupart des pentes. Dans de nombreux secteurs concernés par cette instabilité, il existe une forte probabilité de déclenchement par faible surcharge (passage d'un seul skieur, par exemple).

Si l'instabilité décrite par l'indice 4 est toujours forte et préoccupante pour les déclenchements provoqués, il n'en est pas de même pour les départs spontanés. En effet, le risque 4 décrit aussi des situations très différentes où ce risque peut varier entre les niveaux faible et fort. Les précisions sont données dans le corps du bulletin.

L'exemple typique de situation où les départs spontanés sont peu probables se rencontre lors d'hivers peu enneigés et froids : la faible épaisseur du

POUR UNE UTILISATION INTELLIGENTE DE L'ÉCHELLE DE RISQUE, NE PAS OUBLIER QUE...

- Elle n'est que le complément du « bulletin neige et avalanche » (BNA).
- La prévision du risque est établie à partir des conditions nivologiques du moment et des prévisions météorologiques. Elle peut être remise en cause si les conditions météorologiques n'évoluent pas comme prévu.

Ce qu'il faut absolument faire

- (Pour ceux qui l'ont connue) oublier les définitions et les valeurs de l'ancienne échelle.
- Bien assimiler les définitions de la nouvelle échelle.
- Prendre connaissance du bulletin dans son intégralité.

Ce qu'il ne faut pas faire

- N'écouter que l'estimation chiffrée du risque.
- Se fixer un chiffre arbitraire de décision (« en risque 2, je vais partout »). Succomber à la facilité d'une position manichéenne consistant à voir, d'un côté, le bon (jusqu'au risque 3 inclus) et, de l'autre (risque 4 ou 5), le danger. Les choses ne sont pas aussi simples. En fonction du choix de la course et de l'itinéraire, on peut parfois s'exposer plus par risque 3 que par risque 4.

manteau neigeux n'est pas favorable à ce type de risque alors que sa structure fragile le rend particulièrement sensible aux surcharges.

Le bulletin peut donc mentionner un faible risque de départs spontanés ou annoncer, au contraire, une forte activité avalancheuses « naturelle ».

Le risque 5 (très fort)

Le risque 5 correspond à une très forte instabilité du manteau neigeux : épisodes neigeux importants, généralement ventés et provoquant un accroissement très rapide du manteau neigeux ou réchauffement brutal accompagné de pluie intéressant un manteau neigeux peu transformé.

De nombreuses et grosses avalanches peuvent se produire, et certaines d'entre elles peuvent affecter des zones à faible pente.

Lorsque le risque 5 est employé, les BNA comportent une bannière d'« avis de très fort risque d'avalanche ». Quelques-unes des situations couvertes par un risque 5 peuvent présenter un caractère de gravité plus affirmé. Dans ces situations, des avalanches de grande ampleur peuvent se déclencher et avoir de très graves conséquences, sur le plan tant humain que matériel. Certaines d'entre elles peuvent suivre des trajets inhabituels.

Le temps exécrable qui accompagne généralement ces situations n'est pas favorable à une forte fréquentation de la montagne en randonnée ou en hors-pistes. En revanche, le risque peut concerner tous les résidents en montagne. Habitations, installations techniques, voies de communication peuvent alors être menacées.

RECHERCHES ET SECOURS EN AVALANCHE

L'avalanche constitue pour le montagnard le danger numéro un en hiver. Le respect de règles de sécurité permet de réduire dans une large mesure les risques encourus. Cependant, en dépit de toutes les précautions prises, nul ne peut se dire à l'abri des avalanches. Il est donc important de savoir comment localiser une personne ensevelie sous une avalanche et comment organiser les secours avec le maximum de rapidité et d'efficacité, car les chances de survie pour une personne ensevelie sous une avalanche décroissent très vite.

QUELLES CHANCES DE SURVIE POUR UNE VICTIME D'AVALANCHE ?

Pendant longtemps, on a établi la courbe d'évolution des chances de survie en avalanche à partir de quelques chiffres-clés : 80 % des victimes encore en vie après l'arrêt de l'avalanche puis, chaque heure, diminution de moitié du nombre de survivants (40 % au bout de 1 h, 20 % après 2 h, etc.). Ces valeurs moyennes devaient évidemment être modulées en fonction de la profondeur d'ensevelissement.

Dès la fin des années 1980, le guide suisse Munter a défendu la thèse selon laquelle tout se jouait dans la première demi-heure. Ce point de vue est (malheureusement) plus réaliste comme l'a montré l'étude réalisée par deux spécialistes, H. Brugger (médecin spécialisé dans le secours en montagne, Club alpin sud-tyrolien) et M. Falk (Institut de biostatistique, université d'Innsbruck).

Ce travail s'est appuyé sur l'analyse des accidents par avalanche survenus en Suisse entre 1981 et 1989 et ayant impliqué des skieurs-alpinistes ou des skieurs hors pistes. Il a porté sur 322 personnes entièrement ensevelies, dont la moitié environ (150) ont pu être sorties vivantes, soit un taux de mortalité en avalanche de 54 % (à rapprocher du chiffre de 56 % pour la France).

Il a confirmé une loi évidente : les chances de survie dépendent étroitement de la durée de dégagement, elle-même directement fonction de la profondeur d'ensevelissement.

Probabilité de survie pour des personnes entièrement ensevelies en fonction de la durée d'ensevelissement.

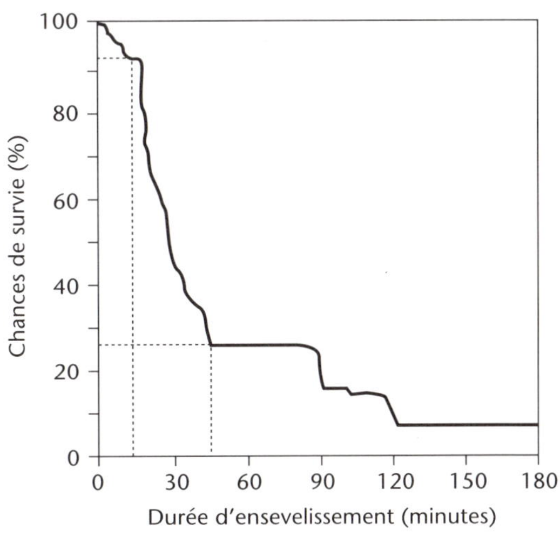

Profondeur d'ensevelissement	moins de 50 cm	50-100 cm	plus de 100 cm
Nombre total de victimes	123 (37 %)	108 (32 %)	101 (31 %)
Temps moyen de dégagement	10 min	55 min	120 min
Victimes vivantes	95 (77 %)	36 (33%)	19 (19 %)
Victimes décédées	28 (23 %)	72 (67 %)	82 (81 %)

Cette recherche a fourni des données nouvelles sur l'évolution des chances de survie en fonction de la durée d'ensevelissement. Elle a mis en évidence quatre phases successives, aux caractéristiques contrastées.

1. Phase de survie jusqu'à 15 min après l'ensevelissement. Les chances de survie s'élèvent à 93 % (valeur nettement supérieure à celle de 65 % qui était admise). Presque toutes les victimes dégagées pendant ce laps de temps survivent, à condition qu'elles n'aient pas été mortellement blessées et qu'elles reçoivent rapidement les premiers soins.

2. Phase d'asphyxie entre 15 et 45 min d'ensevelissement. Le pourcentage de chances de survie tombe brutalement de 93 à 25 %. Toutes les victimes ensevelies ne disposant pas d'une poche d'air meurent par asphyxie. Ce chiffre est largement inférieur au chiffre de 50 % de survivants retenu jusque-là.

3. Phase de latence de 45 min jusqu'au moment du dégagement. Les premiers décès par hypothermie commencent à se produire au bout de 90 min. Il ne peut y avoir survie que si la victime dispose d'une poche d'air. Dans ce cas, il peut y avoir une phase de relative sécurité. Une vingtaine de victimes ont pu être récupérées vivantes.

4. Phase de secours à partir du dégagement et jusqu'à l'arrivée en milieu hospitalier. Il y a de nouveau risque accru d'issue fatale par manque de soins appropriés.

Ces résultats confirment que c'est dans les premières minutes succédant à une avalanche que les victimes ensevelies conservent le maximum de chances de survie. Seuls, des secours immédiatement organisés par les compagnons de la victime garantissent le maximum de succès.

Sur les 158 victimes dégagées par leurs camarades, 112 étaient vivantes (environ 71 %).

Sur les 156 victimes dégagées par une caravane de secours extérieure, il n'y avait plus que 20 survivants, soit 13 %. Dans ce cas, aucune victime n'avait pu être dégagée durant la phase 1 (survie) et 14 % seulement en phase 2 (asphyxie).

L'amélioration de la qualité des secours professionnels et leur médicalisation ne suffiront donc pas à réduire le taux de mortalité en avalanche. Le chiffre de 54 % est d'ailleurs resté stable au cours des huit années étudiées. Seule une meilleure efficacité des secours organisés par les compagnons des victimes permettrait de le faire diminuer de façon sensible en accroissant le nombre de personnes dégagées durant le premier quart d'heure.

Cordelette et Airbag

Pendant longtemps, la seule possibilité d'être retrouvée vivante pour une victime d'avalanche consistait à faire confiance à sa bonne étoile. Dans les années 1960, on a préconisé la cordelette d'avalanche que l'on s'attachait à la taille (ou que l'on gardait dans la poche, en la dévidant au bon moment et sans faire de nœuds). Ce gadget, léger, pas cher et peu encombrant semble avoir eu surtout une efficacité psychologique.

À la fin de la décennie 1970, on a placé beaucoup d'espoirs dans le ballon Holder. Gonflé en cas d'avalanche, il était relié au porteur par un fil et restait toujours à la surface de la neige. L'idée était bonne, mais divers problèmes se posaient (fiabilité du système, difficulté de déclenchement dans certaines situations, nécessité de recharge après chaque utilisation). Aujourd'hui, des variantes du système Airbag utilisé sur les voitures sont proposées, mais elles sont encombrantes et peu adaptées pour des montagnards équipés de sac à dos. De plus, une intervention active reste nécessaire pour gonfler ces appareils.

D'autres systèmes de localisation ont été étudiés. Fondés sur le dégagement de chaleur, d'odeur ou sur la présence probable de corps métalliques sur la victime, ils sont généralement restés à l'état de prototypes.

L'Arva

Les techniques de recherche en avalanche fondées sur l'utilisation d'appareils émetteurs-récepteurs ont connu un développement spectaculaire au cours des vingt dernières années. D'abord baptisés « bip-bip » ou Pieps, du nom du premier fabricant européen, ceux-ci sont aujourd'hui connus sous l'appellation générique d'appareils de recherche de victimes

D'AUTRES CHIFFRES POUR CONVAINCRE LES SCEPTIQUES !

D'après les statistiques officielles d'avalanches tenues à jour par l'ANENA depuis 1971, on a enregistré en France 881 accidents en 23 ans. Ils ont occasionné 668 décès.

Sur 519 personnes totalement ensevelies retirées vivantes, 266 (soit plus de la moitié) ont été sorties dans le premier quart d'heure.

L'efficacité des moyens de localisation varie beaucoup, comme en témoignent ces chiffres (portant sur une période de référence plus courte).

	TOTAL	VIVANTES	DÉCÉDÉES
Victime dégagée par ses propres moyens, par témoins, indices visibles	187	151 (81 %)	36
Sondage	386	134 (35 %)	252
Chien	240	53 (22 %)	187
Arva	134	86 (64 %)	48
Autres	54	17 (31 %)	37
Total	**1 001**	**441 (44 %)**	**560**

Le sondage, comme le chien, utilisé généralement après un certain délai, ne permet le plus souvent de retrouver que des corps sans vie (2 personnes sur 3 pour le sondage, près de 4 sur 5 pour le chien). Quant aux chiffres « personnes sorties vivantes grâce à leur Arva », ils sont vraisemblablement sous-évalués.

d'avalanche (Arva). Les Suisses romands parlent de DVA (détecteur de victimes d'avalanches) et les pays germanophones de LVSG (acronyme de la traduction littérale d'Arva).

Gros comme deux paquets de cigarettes et d'un poids de l'ordre de 200 g, ces appareils permettent une localisation rapide d'une personne ensevelie par ses compagnons de course, à condition que ceux-ci en maîtrisent parfaitement le maniement. L'Arva doit donc être considéré aujourd'hui comme un élément indispensable de l'équipement du montagnard et son utilisation doit être systématique.

BIEN UTILISER L'ARVA

Comment ça marche ?

Un Arva peut se définir très sommairement comme un appareil doté de deux fonctions, émission et réception. En émission, un circuit électronique crée un champ magnétique (les lignes de champ ont un profil ellipsoïdal et non concentrique). Il rayonne vers l'extérieur par l'intermédiaire d'une antenne, avec une intensité qui décroît dès que l'on s'éloigne de l'appareil. En réception, le signal émis est amplifié et converti en ondes sonores. Un potentiomètre permet de moduler l'intensité du signal reçu (par un haut-parleur ou un écouteur).

Quel appareil choisir ?

Pendant des années, deux types d'appareil, fonctionnant sur des fréquences incompatibles, ont cohabité : basse fréquence (2,275 khz, notamment les Pieps 1 et 2) et haute fréquence (457 khz, comme le Barryvox suisse). À partir de 1988, les fabricants se sont attachés à produire des appareils bi-fréquence. Enfin, depuis 1992, il a été décidé au niveau international de ne fabriquer que des appareils mono-fréquence haute.

Aujourd'hui, la situation reste complexe :

– De nombreux montagnards sont encore équipés d'appareils bi-fréquence (Arva 4000, Ortovox F2, Pieps DF).

– Il subsiste même de fervents partisans du Pieps 2. Ce type d'appareil doit être proscrit. Même s'il fonctionne, ce n'est parfois qu'une dangereuse illusion, car il peut subir une forte réduction de sa portée utile. De plus, il est incompatible avec les appareils à haute fréquence.

– Chacun des cinq principaux pays de l'arc alpin produit son propre modèle d'appareil monofréquence : Arva 8000 (France), Ortovox F1 (Allemagne), Barryvox (Suisse), Pieps 457 (Autriche) et Fitre (Italie). Les Slovaques et les Japonais sont également présents sur le marché.

Aucun des appareils actuellement sur le marché n'est parfait (bruits de fond, maniement plus ou moins difficile, fragilité de certaines pièces…). Plus que la portée maximale, les critères de choix déterminants à prendre en considération sont la facilité d'utilisation et la fiabilité.

DEUX TYPES D'APPAREILS À ÉVITER

Attention ! ces deux types d'appareils, séduisants parce que légers et peu coûteux, sont à déconseiller, car leur utilisation est contraire à la notion d'autonomie du groupe.

Les balises ou ceintures émettrices

Les premières (comme le système ELP, aujourd'hui abandonné) ne pouvaient être repérées qu'avec un appareil récepteur encombrant.

Les secondes, de type Snow-Bip, peuvent être localisées avec un Arva classique. L'idée est bonne, mais on peut difficilement admettre que, dans un groupe, certains participants soient « passifs » (émetteurs seulement) tandis que d'autres sont « actifs » (émetteurs-récepteurs). Tout au plus peut-on tolérer ce système pour la pratique du ski hors piste.

Les répondeurs passifs

Le plus connu est le système Recco : une petite plaquette grosse comme un paquet de chewing-gum, placée dans une chaussure ou un vêtement, renvoie le signal produit par un appareil émetteur. Certains fabricants de matériel de sports ont intégré dans leurs produits ce gadget dont l'utilisation risque d'engendrer un sentiment illusoire de sécurité. Sa fiabilité n'est pas garantie à 100 % (pas de renvoi de signal dans certaines positions ou certains types de neige). De plus, seules quelques stations possèdent l'appareil émetteur-récepteur, lourd et onéreux, qui permet la localisation d'un enseveli.

Portée maximale, portée utile

Les portées théoriques annoncées par les constructeurs (parfois supérieures à une centaine de mètres) n'ont guère de signification pratique. Elles correspondent à la position idéale de deux appareils neufs dont les antennes sont parallèles. Établies en laboratoire, elles ne doivent pas être confondues avec la portée réelle ou utile. Celle-ci varie considérablement selon les positions respectives des appareils émetteur et récepteur (la portée étant minimale lorsqu'ils sont perpendiculaires). Elle peut être réduite lorsque les piles sont fatiguées ou lorsque l'on a deux appareils de modèle différent. On considère généralement qu'elle est égale au cinquième de la portée maximale, soit entre 10 et 15 m. C'est cette valeur qu'il faut prendre en considération lorsque l'on organise une recherche.

Le fait qu'un appareil ait une grande portée théorique ne constitue pas toujours un « plus » : on perçoit plus rapidement un premier signal, mais la variation d'intensité n'est pas toujours sensible entre 100 et 50 m. De plus, s'il y a rapidement perception d'un signal, cela signifie que l'on a ensuite une superficie plus importante à balayer.

Haut-parleur ou écouteur ?

L'écouteur est souvent fragile mais, une fois qu'on l'a installé dans l'oreille, on ne s'en soucie plus. On peut utiliser un casque de baladeur (mono), qui permet de travailler avec les deux oreilles. Le haut-parleur est plus solide mais, plus bruyant, il peut perturber d'autres chercheurs proches. Son utilisation devient difficile en cas de fort vent.

Manipulation et entretien

Un Arva est un appareil fragile. Il faut en prendre soin (éviter les chocs, ne pas l'oublier au froid ou au fond d'un sac mouillé). Hors saison, il doit être stocké dans un endroit sec.

Il faut en changer les piles régulièrement, sachant que leur durée moyenne de vie est de l'ordre de 300 h en émission (la consommation est environ dix fois plus forte en réception). On doit les enlever à chaque fin de saison et les remplacer de façon systématique, même si l'appareil n'a pas beaucoup servi. Il faut utiliser exclusivement des piles alcalines de type LR 6 et éviter les modèles rechargeables, tout comme les piles au lithium.

Aujourd'hui, la plupart des appareils sont munis d'un système de contrôle de charge des piles. Encore faut-il connaître la signification des flashes lumineux et savoir distinguer test piles et témoin de fonctionnement.

Un Arva s'use et il faut le remplacer après quelques saisons. Il faut en contrôler régulièrement les différentes fonctions, car un appareil peut émettre correctement et mal recevoir, et vice versa, ainsi que la portée.

Il est indispensable que chacun connaisse parfaitement les caractéristiques et le maniement de son appareil. En groupe, on doit faire le point sur les modèles présents (surtout s'il s'agit d'appareils prêtés ou loués). Les dispositifs de mise en route, de passage émission-réception, le fonctionnement du potentiomètre, l'utilisation de l'écouteur (quand il y en a un), la signification de certaines diodes lumineuses varient d'un modèle à l'autre. Ces détails, anecdotiques en situation normale, peuvent poser de sérieux problèmes en situation de crise.

Utilisation préventive

Le port de l'Arva doit être systématique pour tous ceux qui s'aventurent en montagne enneigée non sécurisée et quel que soit le moyen de locomotion adopté. Cela concerne aussi bien les skieurs de randonnée nordique que les pratiquants de raquettes, les skieurs hors piste (qu'ils soient sur un monoski, sur deux skis ou sur un surf) ou les skieurs de montagne. De gros progrès ont été réalisés ces dernières années et le parc total en France est sans doute supérieur à 10 000 unités. Toutefois, il reste encore beaucoup à faire. Certains usagers ne se sentent pas concernés et certains comportements restent peu responsables.

Le port de l'Arva devrait également être de rigueur en été dès que l'on aborde des courses de neige. Il est, par exemple, curieux de constater que deux publics cohabitent au mois de juin sur la voie normale du Mont-Blanc. Certains montagnards (à skis) portent un Arva ; d'autres (à pied) n'en portent pas. Attention ! un Arva n'est pas un grigri porte-bonheur permettant d'échapper aux avalanches, ce n'est qu'une garantie supplémentaire de survie. Le fait de porter un Arva ne doit donc pas inciter à prendre plus de risques.

Tout le monde doit être équipé. Il serait criminel ou suicidaire de partir avec un groupe dont quelques membres seulement porteraient un appareil.

Quel que soit le modèle utilisé, il n'est pas d'un grand secours si l'on ne possède pas une pelle. Pour que son utilité ne reste pas symbolique, chacun devrait être équipé. On ne doit pas se donner bonne conscience en disant qu'« une pelle pour trois suffit bien ».

Soyez branchés

Les Arva doivent être mis en émission de façon systématique dès le départ de la course. Il faut que l'Arva reste facile d'accès, tout en étant protégé du froid et des chocs. Une excellente solution consiste à le porter près du corps (sur la chemise) et en bandoulière. À la rigueur, on peut le mettre dans une

AVALANCHES HORS SAISON = DANGER !

Il faut le dire et le redire : les avalanches « hors saison », celles qui se produisent avant Noël ou après le 30 avril, constituent un phénomène souvent ignoré et particulièrement dangereux. On peut, en moyenne, leur imputer 20 % des décès par avalanche (statistiques portant sur une vingtaine d'années pour la France et la Suisse), mais parfois beaucoup plus. Sur 16 décès par avalanche comptabilisés en Italie lors de l'année 1993, la moitié était imputable à des accidents survenus entre juin et novembre.

poche kangourou. Le port autour du cou est à proscrire (risque de strangulation). Il est interdit de laisser son Arva dans une poche de veste ou au fond d'un sac à dos.

Contrôle, SVP !

Il est conseillé de procéder lors de chaque départ en course à un contrôle des fonctions de l'ensemble des appareils. Cette formalité permet de faire un minimum de formation, chacun découvrant (ou révisant) le mode de fonctionnement de son appareil. Les quelques minutes « perdues » à cette occasion éviteront tout cafouillage dramatique en cas d'accident.

– On commence par faire mettre tous les appareils en réception au minimum (= comment passer d'émission en réception).

– On fait ensuite pousser les potentiomètres au maximum (= comment se servir du potentiomètre).

– Les appareils restant en réception, le responsable du groupe s'éloigne d'une trentaine de mètres et commute en émission. Il demande à tous ceux qui le reçoivent de lever la main. Si des bras restent baissés… il y a un problème quelque part.

– On procède enfin au contrôle de la fonction émission. Chacun des membres du groupe passe à tour de rôle, son Arva en émission, à côté du responsable, en réception.

Ces précautions sont loin d'être inutiles et les surprises sont fréquentes…

L'Arva doit rester allumé pendant toute la course, y compris pendant les pauses et n'être débranché qu'au retour au point de départ. Cette dernière formalité est parfois oubliée, surtout dans le cas d'appareils prêtés ou loués.

Entraînez-vous

Pour que l'Arva joue pleinement son rôle, il est indispensable de procéder souvent à des exercices. C'est le seul moyen pour acquérir des automatismes qui seront précieux si, un jour, on doit faire une vraie recherche en avalanche. En outre, un chef de groupe part en course l'esprit plus libre s'il sait que tous ses compagnons savent utiliser leur appareil. Pourtant, à en croire une enquête réalisée par le CAF en 1993, 37 % des personnes interrogées – par ailleurs utilisatrices d'Arva – ne faisaient jamais d'exercices.

LES TECHNIQUES DE RECHERCHE

Recherche du premier signal

L'Arva doit être détaché du corps de façon à pouvoir être manipulé plus facilement. On passe en réception, le potentiomètre réglé sur la position maximum (généralement 60 m). Tout en avançant lentement sur la trajectoire présumée de la victime, on oriente l'appareil dans toutes les directions jusqu'à réception d'un premier signal. On ne modifie plus la position de l'appareil, jusqu'à ce que le signal commence à augmenter nettement d'intensité.

Méthodes d'approche

Il existe deux méthodes, l'une classique avec déplacement du chercheur selon des axes perpendiculaires successifs (dite méthode de la croix) et l'autre dite directionnelle, où l'on se dirige sur la victime en décrivant une courbe correspondant aux lignes de champ.

Toutes deux ont leurs supporters et leurs détracteurs. La méthode directionnelle limite les déplacements, mais elle est relativement intuitive. La méthode traditionnelle implique des déplacements relativement longs, souvent pénibles en terrain pentu et difficile, mais elle est plus systématique. Il est hasardeux de se prononcer scientifiquement sur la supériorité de l'une ou l'autre. L'important est de maîtriser parfaitement l'une des deux et de faire totalement confiance à son oreille. De toute façon, la méthode choisie n'a qu'une importance relative. C'est en effet dans la phase finale (et non dans l'approche) que l'on perd le plus de temps.

Ces deux méthodes reposent sur le même principe : plus on se rapproche de l'appareil émetteur et plus le son est fort. Il est donc indispensable d'être très attentif aux variations d'intensité du signal. Pour éviter tout phénomène de saturation, il convient de toujours travailler avec le minimum audible d'intensité. Une bonne technique de recherche suppose que l'on maîtrise parfaitement

À L'OREILLE OU À L'ŒIL ?

Certaines personnes manquant de finesse auditive ne sont guère sensibles à la variation d'intensité du signal. Dans ce cas, elles peuvent avoir recours au système Visovox. Dans ce petit appareil qui se fixe sur l'Ortovox, les signaux sonores sont remplacés par le déplacement d'une aiguille sur un cadran. Il faut chercher à la positionner entre les zones verte et rouge. Il faut d'abord brancher la fiche jack du Visovox dans la prise écouteur de l'Arva et mettre le potentiomètre du Visovox sur la position 1-35 m. On fait ensuite la recherche normalement en jouant sur le potentiomètre de l'Ortovox. Lorsque l'on est dans la phase de recherche finale, positionner le potentiomètre du Visovox sur la plage 0-1 m.

Ne pas oublier de changer la pile du Visovox.

Il existe d'autres systèmes visuels qui facilitent et complètent la recherche à l'oreille. Certains appareils possèdent une diode lumineuse qui clignote avec une fréquence d'autant plus grande que l'on se rapproche de la victime. Il faut cependant être entraîné pour utiliser ce système avec efficacité. Récemment apparu sur le marché, un système fondé sur trois diodes lumineuses de couleur différente apporte un « plus » incontestable.

l'utilisation du potentiomètre. C'est pourquoi une recherche « à l'oreille » efficace doit se faire en silence.

Le fonctionnement des Arva peut être perturbé aux abords de lignes électriques ou par des montres à quartz à aiguilles.

Recherche directionnelle

Elle consiste à remonter les lignes du champ électromagnétique émis par l'appareil enseveli. Lorsque l'Arva récepteur est parallèle à la ligne de champ comme en A, le son est maximal. Cette intensité diminue si l'on tourne l'appareil sur lui-même.

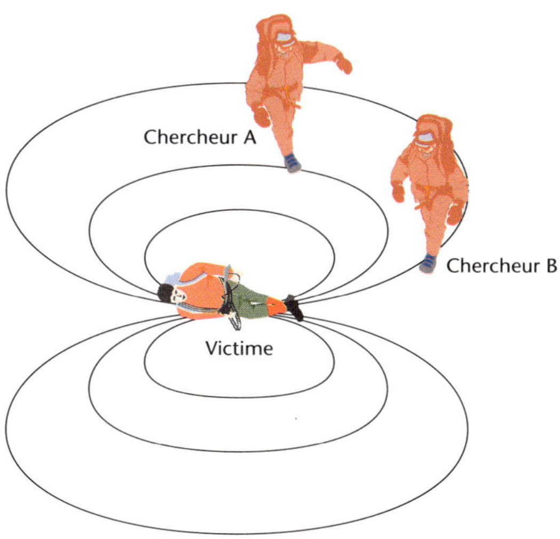

Pour arriver à la victime, il faut suivre la direction donnée par le son maximal.

Dès perception d'un signal, on tourne l'appareil devant soi sur un plan horizontal pour déterminer la direction dans laquelle le son est maximal. On marche environ 3-4 m dans cette direction, sans changer la position de l'appareil. On s'arrête à nouveau, on fait le point, en réduisant l'intensité du son dès que cela est possible. Lorsque, le potentiomètre étant positionné sur 0-2 m, le son commence à décroître alors qu'on avance, cela signifie que l'on est aux environs immédiats de la victime. On passe alors à la phase finale de localisation.

Remarques

– Il faut dissocier les deux phases recherche du son maximal/progression. Cette dernière doit se faire sans arrêt ni hésitation.

– Si l'on a de la difficulté à déterminer la bonne direction, c'est que l'on a oublié de baisser le son jusqu'au minimum audible.

– Le terme de recherche directionnelle est parfois mal compris. Généralement, on ne va pas directement sur la victime. Cela ne se produit que dans le cas idéal où les antennes des appareils émetteur et récepteur sont dans l'axe l'une de l'autre. Le plus souvent, on suit des lignes de champ, qui ne sont pas rectilignes. Cela peut entraîner des trajectoires *a priori* aberrantes. Il faut faire confiance à son oreille et ne pas céder au doute. Il y a des cas où l'on s'éloigne d'abord de l'appareil caché (comme en A), et d'autres où l'on s'en rapproche pratiquement en ligne droite, comme en B. Il est important de connaître ce phénomène pour ne pas être désorienté.

Méthode de la croix

À la réception du premier signal, on continue tout droit. Le signal croît, passe par un maximum, puis commence à décroître. On revient alors en arrière en baissant le potentiomètre jusqu'au minimum audible. On repasse par le point d'intensité maximale (éventuellement défini par un nouveau dépassement). De ce point, partir à angle droit par rapport à la direction de marche précédente. On se rend compte très vite si l'on est parti du bon côté (son croissant) ou du mauvais côté (perte du signal). On applique la même technique, toujours en baissant le volume de réception, jusqu'à un volume minimal, ce qui correspond généralement à une petite zone de recherche de 1 m^2 ou moins.

On conseille parfois de baliser les points d'apparition et de disparition du signal. L'idée est bonne, à condition que cela ne fasse pas perdre de temps et n'embrouille pas les choses lorsqu'il y a cinq ou six points déjà matérialisés.

Recherche finale

Quelle que soit la méthode utilisée précédemment, la recherche finale se fait toujours en croix. Lorsque le potentiomètre est sur la position la plus fine (0-2 m ou 2-8 m en fonction de la profondeur d'ensevelissement et du type d'appareil), cela veut dire que l'on est tout près de la victime. L'Arva doit alors être placé au ras de la neige et déplacé parallèlement à lui-même sur 3 m environ. Le point du son maximal étant déterminé, on recommence à la perpendiculaire à partir de ce point et toujours sans changer l'orientation de l'appareil. Le nouveau point d'intensité maximale est à peu de chose près à l'aplomb de la victime.

Il existe parfois deux points d'intensité maximale. C'est le cas lorsque les appareils émetteur et récepteur sont perpendiculaires l'un à l'autre. La victime se trouve alors à la verticale du point situé au milieu. Si l'on ne décrit pas une croix de 3 m d'amplitude, on risque de manquer le deuxième

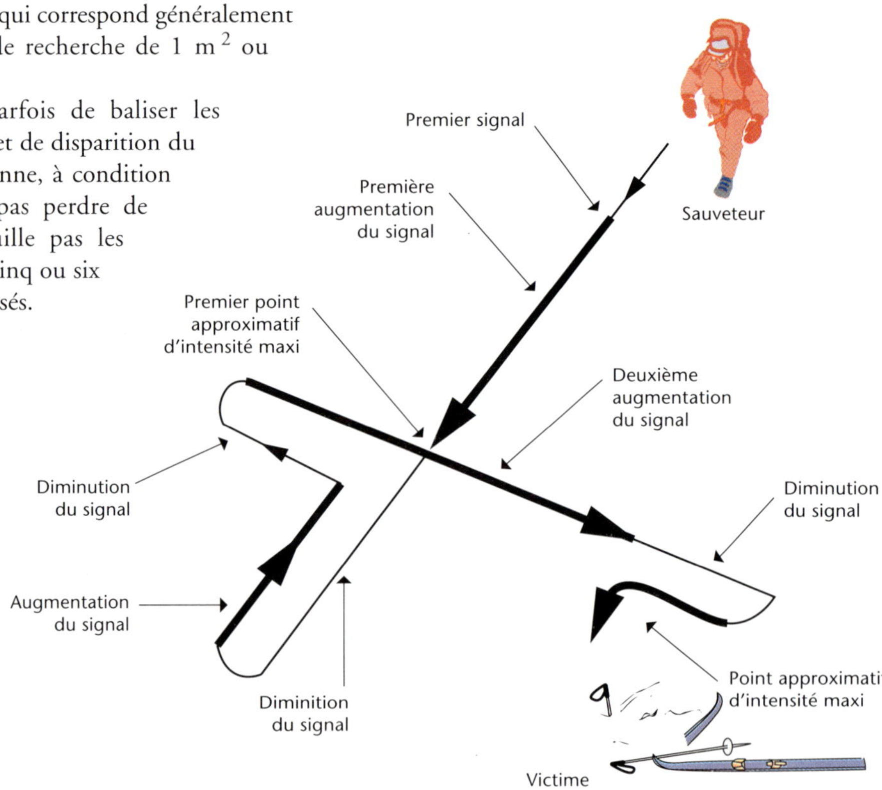

point d'intensité maximale, lorsqu'il existe, et de creuser inutilement là où il ne faut pas. Dans ce cas, une sonde se révèle fort utile pour localiser le disparu avec précision, tout en donnant une indication sur la profondeur d'ensevelissement.

HORIZONTAL OU VERTICAL ?

Ce point ne fait pas l'unanimité. De façon naturelle, on tient l'appareil à plat. C'est indispensable dans le cas d'une recherche directionnelle, car ce n'est que dans cette position qu'un Arva est directionnel. Pour la méthode classique en croix et la phase finale, certains préconisent de tenir l'Arva vertical, mais des recherches avec l'Arva à plat donnent également de bons résultats. L'important est de manipuler l'appareil de façon naturelle. Seuls des exercices répétés permettront de trouver la position dans laquelle on travaille le mieux.

FORMATION ET ENTRAÎNEMENT SUR LE TERRAIN

Une formation complète aux techniques de recherche sur lieu d'avalanche comporte trois phases : familiarisation avec l'appareil (travail à vue), utilisation d'une méthode de recherche (ou des deux), simulation d'organisation de secours.

Travail à vue

– On doit d'abord exposer rapidement le principe des Arva, puis faire le point sur les différents appareils en présence, en expliquant pour chacun les modalités de mise en route et de fonctionnement (notamment passage émission-réception).

– Il faut ensuite faire prendre conscience aux participants des variations de portée en fonction du type d'Arva, de l'état des piles et de la position des appareils. On place successivement sur le sol, bien en vue et dans la même position, tous les types d'appareils dont on dispose en émission. Pour chaque appareil, les élèves se placent sur une ligne située à une soixantaine de mètres et avancent avec leur propre Arva en réception (potentiomètre au maximum). Chacun s'arrête dès la réception du premier signal et l'on compare les positions. On tourne ensuite l'appareil émetteur de 90° et on recommence.

– L'atelier suivant permet de comprendre la notion d'intensité maximale. Un appareil est posé au sol et chacun s'en approche, en partant de divers points et en jouant sur les différentes positions du potentiomètre.

– Chaque élève utilise ensuite les deux techniques de recherche, directionnelle et en croix. Il faut bien insister sur l'importance du jeu sur les variations d'intensité. Quand c'est possible, il est intéressant de faire une démonstration en terrain plat et sur neige vierge, ce qui permet de voir l'itinéraire suivi par le chercheur et ses différents déplacements.

Pour familiariser les élèves avec la recherche directionnelle, on peut également leur suggérer, toujours sur un terrain parfaitement plat et sans obstacle, de faire un essai les yeux fermés.

– Lorsque ces deux techniques sont bien acquises, on passe à la recherche finale avec un Arva en émission posé sur le sol.

Recherche d'appareils cachés

– On commence par cacher un seul Arva (placé dans un sac de plastique ou un sac à dos). Il faut l'enfouir assez profondément (de 30 à 50 cm au moins). Cet exercice est plus profitable en petit groupe (de 4 à 6 personnes). Chacun des participants fait la recherche à son tour et marque l'endroit qu'il a déterminé. En général, toutes ces marques sont concentrées dans un cercle de quelques dizaines de centimètres de diamètre, ce qui contribue à donner plus de confiance à chacun.

On peut éventuellement placer les appareils de façon à obtenir deux maxima. On cache ensuite deux ou plusieurs appareils.

– L'efficacité dépendant beaucoup de la pratique, et la recherche finale étant la phase où l'on perd le plus de temps, on peut aussi grouper les participants deux par deux. Le premier dissimule un appareil à 20 cm de profondeur et à quelques mètres du second ; celui-ci effectue directement la recherche finale. On inverse ensuite les rôles.

Travail sur avalanche

Il peut s'agir d'une avalanche réelle ou artificiellement délimitée dans une pente de neige piétinée, mais il est important que le terrain soit relativement pentu et pose de réels problèmes de déplacement.

Après avoir dissimulé un nombre *x* d'Arva, on désigne un groupe de quatre ou cinq personnes que l'on place arbitrairement en haut, au milieu ou en bas de la coulée. On chronomètre l'opération. L'évaluation du temps de recherche constitue un excellent élément pour juger le niveau d'entraînement de chacun. Tout « chrono » supérieur à 10 min est l'indice de graves lacunes.

Chaque exercice fait ensuite l'objet d'une critique collective : absence de leader désigné, confusion des rôles (le leader surveille, mais ne participe pas aux recherches), manque de méthode claire, hésitations dans l'organisation des recherches, focalisation sur un seul Arva au détriment des autres appareils enfouis sont autant d'erreurs fréquemment commises qu'il est facile de mettre en évidence.

L'ensemble de cet enseignement nécessite une bonne demi-journée, en fonction des conditions et du nombre de participants.

EN CAS D'ACCIDENT

Organisation générale

Un responsable, le plus expérimenté, le moins paniqué, prend les choses en main.

En fonction de la taille de l'avalanche, de sa nature, du nombre de disparus, du nombre de sauveteurs disponibles, il doit établir très rapidement un diagnostic de la situation et définir la technique d'organisation des secours. Il est fondamental de connaître avec précision le nombre de disparus. Surtout dans le cas de groupes importants (ou de deux groupes se suivant fortuitement), on ne connaît pas toujours le nombre exact de participants ni, *a fortiori,* celui des disparus.

S'il y a suffisamment de chercheurs efficaces, le responsable ne participe pas directement aux recherches, mais en supervise le bon déroulement.

Il faut parfois désigner un guetteur au cas où une nouvelle avalanche se déclencherait. Tous les appareils doivent passer en réception. Les personnes inefficaces ou paniquées doivent être mises en lieu sûr avec leur Arva éteint afin de ne pas perturber les recherches.

L'organisation doit être rapide et méthodique, ce qui suppose que l'on ait fait de nombreux exercices de façon à acquérir les automatismes indispensables. Sauf en cas de grosse avalanche, un grand nombre de sauveteurs n'est pas forcément synonyme d'efficacité. Il vaut mieux un ou deux chercheurs performants que cinq ou six personnes désordonnées et paniquées.

Si, dans un délai de cinq minutes, les victimes n'ont pas toutes été localisées, et si cela ne risque pas de désorganiser les recherches, il faut envoyer quelqu'un donner l'alerte (si possible deux personnes, avec leur Arva restant en émission) avec le maximum de précisions sur la localisation de l'accident et les obstacles pouvant gêner l'intervention d'un hélicoptère. Il faut aussi monter un traîneau, soit en vue d'une évacuation terrestre, soit pour isoler le blessé de la neige et du froid en attendant l'arrivée de secours organisés.

QUATRE QUESTIONS ESSENTIELLES À SE POSER AVANT D'ENGAGER LES RECHERCHES

1. Combien y a-t-il de disparus ?
2. Y a-t-il des indices visibles ?
3. Y a-t-il un lieu privilégié de recherche ?
4. Tout le monde est-il bien passé en réception ?

Si l'intervention d'un hélicoptère est envisagée, il faut aménager une DZ d'au moins 4 m sur 4, damée, balisée et loin de tout obstacle naturel ou artificiel (arbres, rochers, ligne électrique…). Avant l'arrivée de l'appareil, il est indispensable d'éloigner tout le groupe des abords de la DZ (attention aux sacs, vêtements et autres objets susceptibles de s'envoler).

Balayage de l'avalanche et recherche du premier signal

La plupart du temps, on doit effectuer une recherche systématique sur toute la surface de l'avalanche et (si possible simultanément) une recherche au lieu d'arrêt probable des victimes (amoncellement final, replats, abords des obstacles). S'il y a suffisamment de sauveteurs, on peut compléter ces recherches par une exploration grossière de l'avalanche (recherche d'indices visibles).

S'il s'agit d'une avalanche d'une certaine ampleur (plus de 20 à 30 m de largeur), il faut la quadriller méthodiquement, en la découpant en bandes longitudinales d'une largeur correspondant au double de la portée minimale supposée des appareils. Si celle-ci n'est pas connue avec précision, on adoptera le principe pessimiste d'une portée de 10 m (soit un espacement de 20 m entre deux chercheurs).

Un élément déterminant pour la rapidité de la recherche est une bonne appréciation du type de terrain à parcourir. Le plus souvent, la progression se fera à pied (avalanche de gros blocs), mais il se peut qu'elle soit plus rapide à skis, avec ou sans peaux (avalanche de neige sans cohésion, sans zone de dépôt dure). Le sens de progression (amont ou aval) dépend du cas de figure auquel on est confronté. À partir de la perception du premier signal, il y a intérêt à faire la recherche à pied, car les déplacements sont relativement plus faciles.

Dans la mesure du possible, il faut garder son sang-froid et son bon sens. Il est inutile de faire des recherches en amont du point de disparition d'une victime. On a même constaté que des rescapés paniqués n'avaient pas songé à faire une investigation sommaire alors que des indices étaient visibles (main, ski...). S'il y a plusieurs ensevelis, éteindre l'Arva dès qu'une personne est dégagée, pour éviter de perturber la recherche des autres disparus.

DES CHIFFRES QUI PARLENT D'EUX-MÊMES

Pour balayer une avalanche d'une superficie de 1 ha, il faut :
- moins de 10 min à un chercheur équipé d'Arva ;
- une vingtaine de minutes à un chien ;
- 4 h à une quinzaine d'hommes pratiquant un sondage sommaire.

Il faut ajouter à ces laps de temps le temps nécessaire à l'alerte et à l'acheminement des secours. Seul un sauveteur avec Arva peut commencer la recherche sans délais.

Trois situations types de recherche en avalanche. ▼

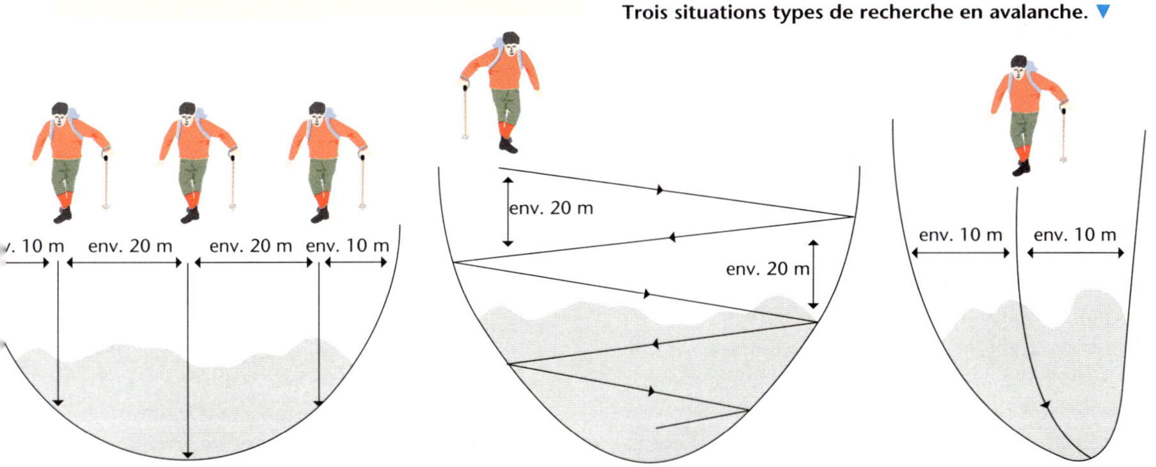

Cas 1. Une grosse avalanche, plusieurs sauveteurs

Cas 2. Une grosse avalanche, un seul sauveteur

Cas 3. Une petite avalanche, un seul sauveteur

▲ **Exercice de sondage. Cette technique de recherche en avalanche est l'une des plus anciennes. Elle demande beaucoup de temps et de personnel. Elle reste cependant la plus utilisée dans le cas de très grosses avalanches ayant touché des personnes non équipées d'ARVA.**

Une recherche en avalanche se fait en silence. Il faut éviter tout commentaire pessimiste sur les chances de survie de l'enseveli. Si ce dernier se trouve à une faible profondeur et s'il est resté conscient, il peut entendre ces propos défaitistes, très mauvais pour son moral.

Dégagement et évacuation

Une fois la victime localisée avec le maximum de précision (Arva et sonde), on commence à creuser.

Pour dégager une victime d'avalanche, on doit opérer avec rapidité mais sans précipitation, car elle est susceptible de souffrir de fractures, y compris à la colonne vertébrale. Il importe de lui libérer au plus vite les voies aériennes supérieures et d'entreprendre aussitôt le bouche-à-bouche si elle ne respire plus.

ET SI ON N'A PAS D'ARVA ?

La question ne devrait jamais se poser. On peut toutefois imaginer des scénarios catastrophe dans lesquels les membres d'un groupe seraient confrontés à ce genre de situation (appareil en panne, oublié ou éteint). Dans ce cas, la seule solution consiste à organiser un quadrillage et un sondage méthodique de l'avalanche avec les moyens du bord (bâtons).

COMMENT FAIRE LORSQU'IL Y A PLUSIEURS APPAREILS ENFOUIS ?

C'est une situation peu confortable, car on entend plusieurs signaux. Toutefois, il est exceptionnel qu'ils aient exactement la même intensité et la même amplitude. Il suffit de se déplacer de quelques pas pour se rendre compte que l'un d'eux augmente d'intensité. Il faut alors privilégier ce signal et ne plus prêter attention aux autres.

CONDUITE À TENIR EN CAS D'AVALANCHE (RECHERCHE AVEC ARVA)

- Faire un bilan très rapide (nombre de disparus, nombre de sauveteurs, nature de l'avalanche).
- Immédiatement mettre en place les recherches. Mettre tous les Arva en réception. Éliminer les sauveteurs paniqués ou inexpérimentés. L'efficacité d'une recherche n'est pas toujours proportionnelle au nombre de sauveteurs (gêne, risque de fausses manœuvres).
- Surveiller l'éventuel déclenchement de nouvelles avalanches (guetteurs).
- Faire donner l'alerte dans la vallée (si possible par deux personnes).
- Rechercher des indices à la surface de l'avalanche.
- Examiner les zones de localisation privilégiées : replats, amont des obstacles, bords du cône d'accumulation.
- Organiser le balayage systématique de l'avalanche.
- Dès perception d'un premier signal, utiliser l'une des deux méthodes de localisation (directionnelle ou en croix).
- Plusieurs disparus = ne pas tous se focaliser sur le premier appareil localisé ; penser à l'éteindre dès dégagement.
- Phase finale toujours en croix (3 m d'amplitude), au sol, avec potentiomètre réglé sur la position la plus fine et sans modifier orientation du récepteur.

La phase de premiers soins qui suit immédiatement le dégagement n'est plus de la compétence des compagnons de la victime, mais elle doit, dans la mesure du possible, être prise en charge par un médecin. Si, pour diverses raisons (éloignement, conditions atmosphériques rendant impossible une intervention aérienne), ce n'est pas envisageable, ne pas oublier qu'une victime d'avalanche peut être simultanément un asphyxié (ou un noyé) et un polytraumatisé en état d'hypothermie. Même dégagée rapidement et sans problèmes apparents, il s'agit au minimum d'une personne en état de choc.

◄ Différents types d'Arva.

POUR EN SAVOIR PLUS

L'ANENA a publié une brochure *Arva, mode d'emploi* (2e édition, 1996).

Le ministère de l'Intérieur (Direction de la sécurité civile) propose une cassette vidéo *SOS Arva*. La firme Ortovox a mis sur le marché un produit analogue.

Distributeurs des principaux appareils présents sur le marché en France

Arva 8000 : société Nic-Impex, BP 63, 74002 Annecy Cedex.

Ortovox : Sports Alpins Distribution, 1094, avenue A.-Lasquin, 74700 Sallanches.

Pieps : Evado, 248 route sous les Bottoliers, 74700 Sallanches.

FISCHER

S'ORIENTER SUR LA NEIGE

INTRODUCTION

On peut donner de nombreuses définitions du terme « orientation ». Pour nous, skieurs de randonnée et de raid, ce sera plus particulièrement *la meilleure manière d'atteindre son but, la plus rapide, mais aussi la plus sûre… et la plus agréable.*

Pour un homme primitif, s'orienter est une action instinctive, à l'efficacité souvent surprenante. Mais les civilisés que nous sommes, de plus en plus éloignés de la nature, ont perdu cette faculté ancestrale.

De plus, le *sens de l'orientation* de l'homme primitif est fondé en grande partie sur l'observation du terrain, d'un *territoire* bien connu. Pour nous, au contraire, c'est à de nouveaux horizons que nous sommes confrontés à chaque sortie ; c'est un renouvellement incessant des paysages parcourus, qui constitue, bien entendu, l'un des attraits de notre sport.

Aussi notre orientation ne peut être que raisonnée. Nous utiliserons des *instruments* et nous appliquerons une *méthode.* Les instruments sont indispensables, certes, mais on n'oubliera pas que le meilleur des instruments ne vaut que par l'utilisation que l'on est capable d'en faire.

Quant à la méthode, elle peut se décomposer en trois opérations successives :

1. Déterminer l'endroit où l'on se trouve, faire le point.
2. Tracer sur la carte le meilleur itinéraire qui, de ce point, mène au but.
3. Reporter cet itinéraire sur le terrain.

■ Ces règles sont les mêmes quelle que soit la saison, mais s'orienter est sans conteste plus délicat en hiver qu'en été : certains repères naturels ont disparu sous la neige et les sentiers ne sont plus visibles.
En outre, brume et brouillard sont plus souvent au rendez-vous à la « mauvaise saison », ralentissant la progression et provoquant souvent des pertes d'équilibre ; la montagne est plus dangereuse et les conséquences d'une erreur de navigation seraient plus graves.
Une bonne pratique est donc nécessaire et, plus qu'en été encore, il convient de préparer randonnées et raids.

◀ **Savoir lire et utiliser une carte reste la condition numéro 1 pour partir en montagne en hiver sans trop de risques de se perdre.**

LES INSTRUMENTS ET LEUR UTILISATION

Les cartes

Les cartes françaises

Nous disposons en France de cartes d'excellente qualité, auxquelles seules les cartes suisses peuvent se comparer. Le skieur de randonnée utilisera les cartes IGN au 1/25 000 (1 mm sur la carte correspond à 25 m sur le terrain), soit dans la « série bleue », soit dans la série « TOP 25 », qui, massif par massif, la remplace progressivement pour une partie des Alpes et des Pyrénées, ainsi que pour la totalité de la Corse.

La qualité de ces deux séries est équivalente, les cartes TOP 25 couvrant une plus grande surface et étant moins coûteuses au kilomètre carré représenté. Les cartes TOP 25 récentes portent en surcharge le tracé des principales randonnées à skis… à utiliser, bien entendu, avec les réserves d'usage, bien indiquées sur les cartes.

La carte au 1/50 000 a disparu des rayonnages des librairies ; quant aux cartes au 1/100 000, « série verte », trop peu détaillées pour être utilisées en randonnée, elles peuvent être intéressantes pour une recherche rapide de course.

Le randonneur dispose également :

– dans les Alpes, des cartes Didier Richard, en général au 1/50 000, plus rarement au 1/25 000, établies sur fond de carte IGN avec, en surcharge, les principaux itinéraires à skis. La précision est évidemment moins bonne que sur les cartes au 1/25 000, tous les détails utiles à l'orientation ne pouvant être représentés ;

– dans les Pyrénées, des cartes de randonnée au 1/50 000 Rando Éditions, sans itinéraires à skis ;

– dans le Jura, de cartes au 1/25 000, avec itinéraires à skis de fond.

En Suisse

Ici également, les cartes sont excellentes. On dispose de cartes :

– au 1/50 000, certaines de ces cartes indiquant les itinéraires skieur ;

– au 1/25 000, sans doute les meilleures cartes du monde.

Contrairement aux cartes françaises, les cartes suisses sont carroyées, ce qui se révèle très utile au randonneur.

En Italie

Il n'en est plus de même en Italie. Le randonneur pourra utiliser les cartes suisses, lorsqu'elles débordent la frontière.

À défaut :

– les cartes au 1/25 000 de l'Istituto centrale à l'équidistance 20 m, recouvrant les frontières française et suisse ; le relief est souligné par un estompage, mais les glaciers sont représentés de manière très approximative et aucun itinéraire à skis n'y figure ;

– les cartes au 1/50 000 de l'Istituto centrale, qui couvrent essentiellement les Alpes, sauf les Dolomites. De qualité très moyenne, surtout en ce qui concerne la représentation des barres de rochers, ces cartes sont établies à l'équidistance 50 m, insuffisante pour assurer un bon rendu du relief malgré l'estompage. Pas d'itinéraires à skis ;

– les cartes au 1/50 000 TABACCO, de qualité comparable, également à l'équidistance 50 m. Elles couvrent les Dolomites. Certaines sont au 1/25 000 ;

– les cartes au 1/50 000 KOMPASS, équivalentes, mais à l'équidistance 100 m, portent en surcharge les principaux itinéraires skieurs. Elles recouvrent les massifs plus à l'Est (Bernina, Dolomites). Paradoxalement, les vieilles cartes (1948) au 1/25 000 et à l'équidistance 50 m, en noir et blanc, qui existaient, par exemple pour le Grand Paradis, étaient beaucoup plus précises, mais il est très difficile de s'en procurer.

Ces cartes permettent de randonner... par beau temps. Mais, par mauvaises conditions, il en va différemment et il vaut mieux souvent savoir renoncer !

En Autriche

Le Club alpin autrichien édite des cartes, en général au 1/25 000, pour la plupart des massifs. Équidistance : 20 m. La qualité est un peu meilleure que celle des cartes italiennes, mais le relief n'est pas souligné par un estompage, ce qui en rend la compréhension difficile. Itinéraires à skis sur les cartes « Ski Routen » seulement. Les nouvelles cartes sont carroyées.

Les cartes Freytag Berndt sont, elles, au 1/100 000, donc insuffisantes pour la randonnée hivernale.

En Espagne

Que dire alors des cartes espagnoles ? Pour elles, point de falaises, pas de barres de rochers ! Les courbes de niveau, pourtant à l'équidistance 20 m, empâtent versants et sommets. C'est l'aventure... par beau temps.

Ces cartes (Editorial Alpina), au 1/25 000 ou au 1/40 000, sont les seules disponibles en France ; elles couvrent les principaux massifs des Pyrénées, ainsi que les Picos de Europa.

En Grèce

Aucune carte détaillée n'est disponible, ni en France, ni sur place.

Comment utiliser une carte ?

Une carte se lit « Nord en haut ». Les écritures ont été tracées à cet effet, et, surtout, une appréciation correcte du relief impose que la carte soit tenue ainsi. Ce sont, en effet, les ombres figurant sur la carte qui permettent de « voir » le relief. Sans elles, une carte est plate et il est très difficile de saisir le modelé du terrain.

Mais le tracé des ombres (ou estompage) n'est pas arbitraire. Il correspond à l'éclairage que donnerait un soleil situé au Nord-Ouest, à 35° environ au-dessus de l'horizon... position fictive que le soleil n'occupe jamais! Cette position est celle qui procure la meilleure impression de relief. Pour le vérifier, placez votre carte le Nord en bas : il vous est maintenant impossible de comprendre le modelé du terrain.

Il faut donc toujours lire la carte Nord en haut. Il en résulte une difficulté certaine lorsque l'on veut se servir d'une carte orientée, c'est-à-dire posée à plat, les lignes de la carte parallèles aux lignes correspondantes du terrain. Si l'on veut, par exemple, faire un tour d'horizon, pour tous les sommets situés au Sud, la carte sera lue à l'envers.

En réalité, pour se diriger en montagne, il n'est pratiquement jamais nécessaire d'orienter une carte, sauf peut-être tout à fait au début d'une initiation à l'orientation ou lorsque l'on veut faire un tour d'horizon depuis un sommet. Après une période de formation, qui sera courte si l'on applique la méthode exposée plus loin, l'identification des formes du terrain ne nécessitera plus d'orienter la carte : l'examen de celle-ci permettra de dégager rapidement les formes du relief environnant, que l'on fera ensuite coïncider mentalement avec le paysage que l'on a sous les yeux.

Cette méthode en deux temps – en premier lieu, compréhension du relief indiqué par la carte, puis identification de ce relief dans le paysage – se révèle beaucoup plus enrichissante que l'utilisation d'une carte orientée ; elle oblige, en effet, à une petite gymnastique intellectuelle qui permet, avec un peu d'entraînement, de mémoriser les formes du terrain que l'on rencontrera au cours de la progression et de les reconnaître au fur et à mesure de celle-ci.

Si l'impression de relief est donnée sur une carte par l'estompage, la pente, facteur qui intéresse au plus haut point le skieur, est suggérée, elle, essentiellement par l'écartement des courbes de niveau. Ainsi, pour une pente de terrain de 15°, deux courbes de niveau distantes de 100 m en altitude seront séparées, sur une carte au 1/25 000, par 15 mm. Cette valeur passera à 7 mm pour une pente de 30°.

L'habitude aidant, l'esprit se révèle rapidement capable d'apprécier la pente d'un terrain par un simple coup d'œil à la carte[1].

Une dernière remarque pratique : mieux vaut, par grand vent, ne pas avoir à déplier une carte TOP 25. Il est préférable de découper en quatre ces cartes trop grandes, de manière à les ramener à un format plus raisonnable. Certes, le tour d'horizon n'en est pas simplifié, mais vous ne risquez pas de voir votre « drap de lit » transformé en charpie un jour de tempête.

1. Et par référence – qui devient un automatisme – à des pentes que l'on connaît.

RAPPEL DE QUELQUES DÉFINITIONS

NORD GÉOGRAPHIQUE : la direction du pôle Nord.

NORD MAGNÉTIQUE : la direction locale du champ magnétique terrestre, indiquée par l'aiguille aimantée de la boussole.

DÉCLINAISON MAGNÉTIQUE : l'angle de ces deux directions (est ou Ouest).

AZIMUT D'UNE DIRECTION : l'angle qu'elle fait avec le Nord géographique, mesuré de 0 à 360° dans le sens des aiguilles d'une montre (cf. fig. ci-dessous).

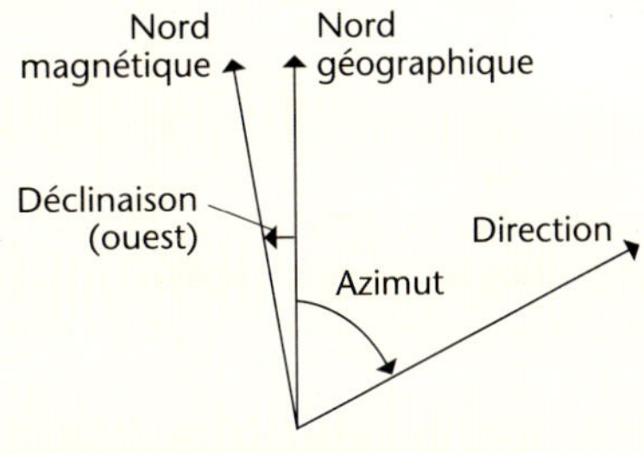

Si la direction est celle d'un point du paysage, un sommet, par exemple, son azimut est aussi appelé relèvement.

Si la direction est celle dans laquelle on désire progresser, il prend le nom d'angle de marche.

En somme, lire une carte, c'est être capable de se représenter mentalement le relief du terrain qui y figure et pouvoir y situer les points, lignes et surfaces caractéristiques (sommets, constructions, thalwegs, forêts, etc.).

L'utilisateur expérimenté, s'il dispose d'une bonne carte, y parviendra sans peine, mais il est déjà possible d'obtenir de bons résultats au prix d'une initiation assez courte, si celle-ci a été effectuée correctement.

Pour cela, on peut utiliser la méthode suivante.

EXERCICES À FAIRE CHEZ SOI

- Apprentissage du relief

– Se familiariser avec la notion de courbe de niveau.

– Apprendre à déterminer l'altitude d'un point de la carte, à partir des courbes de niveau.

– Identifier le sens dans lequel monte une pente (sur les courbes de niveau, les chiffres d'altitude sont orientés vers l'amont).

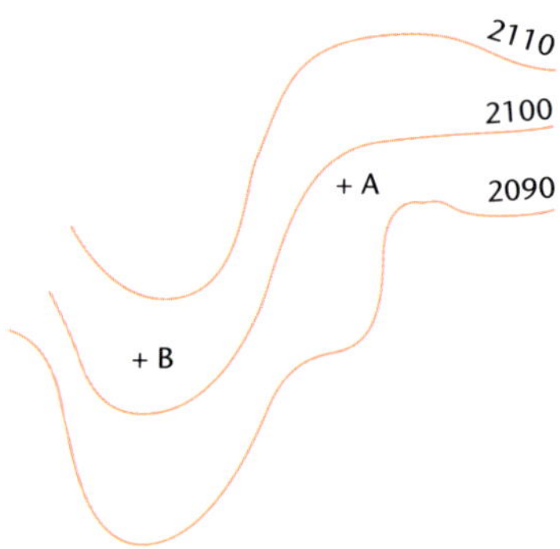

– Apprendre à distinguer les vallons des croupes. Pour cela (voir ci-dessus), on place un point à l'intérieur de la courbure d'une courbe (par exemple, ici, la courbe 2 100) et l'on détermine son altitude. Si celle-ci est inférieure à celle de la courbe (c'est le cas, ici, du point A qui se trouve vers 2 095 m), le point se situe dans une combe.

Dans le cas inverse, on a affaire à une croupe (point B à 2 105 m). On pourra souvent utiliser également le fait que les lignes bleues représentant les ruisseaux sont, bien entendu, tracées au creux des thalwegs.

– Tracer, à titre d'exercice, un certain nombre de thalwegs et de lignes de crête (c'est-à-dire de lignes de partage des eaux entre deux thalwegs voisins) (voir ci-dessous).

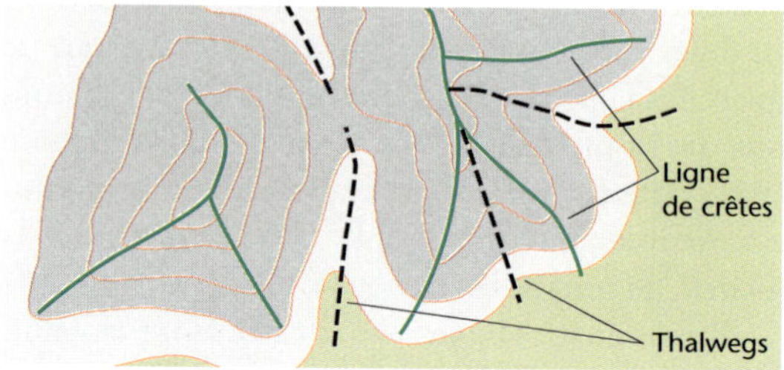

– Recommencer sur une autre carte, jusqu'à ce que, aidé par l'estompage, on soit capable d'appréhender rapidement le relief.

– Estimer la valeur de la pente en quelques points, à partir du tableau ci-dessous. La comparer à celle de quelques pentes que l'on a déjà parcourues, qui serviront de références.

Distance en mm entre 2 courbes maitresses (distantes de 100 m en altitude)							
		22	11	7	5	4	1,7
Pente	en °	10	20	30	40	45	60
	en %	18	36	58	84	100	173

- Identification des repères conventionnels

Les repères conventionnels figurent en légende de la carte. Il est bon de les mémoriser et de s'y référer de temps à autre. On appréciera la richesse de ce « vocabulaire » de la carte IGN au 1/25 000.

On les identifiera ensuite, un par un, sur la carte elle-même et tout particulièrement :

– les points de repère visibles à distance (églises, calvaires, constructions isolées) ; noter que, bien que les constructions ne soient pas représentées à l'échelle sur la carte (elles sont plus grandes), leur forme et leur disposition relatives sont correctement figurées ;

– les limites de forêt et la nature de la végétation (conifères, feuillus, broussailles...) ;

– les lignes à haute tension.

EXERCICES SUR LE TERRAIN

On se placera tout d'abord en un point d'observation facilement identifiable sur la carte (tournant de route, point de vue, sommet, etc.) ; de celui-ci, on effectuera les exercices suivants.

- Lecture du relief

Identifier les formes du terrain environnant avec celles déduites de l'examen de la carte.

- Identification des points et lignes remarquables, que, d'après la carte, on doit apercevoir du point où l'on se trouve.

Puis on suivra un sentier – ou un itinéraire facile à skis – en repérant au passage dans le paysage tous les points et lignes particuliers indiqués sur la carte :

– constructions ;
– autres sentiers, lisières de bois, thalwegs ;
– changements de pente du terrain.

Quelques exercices de ce type vous familiariseront rapidement avec la lecture des cartes.

■ Deux remarques pour terminer :
– il faut opérer par bonne visibilité ;
– ces exercices prennent un certain temps. Il faut donc leur réserver quelques sorties.

Boussoles et compas

Boussoles et compas servent à déterminer la direction du Nord magnétique. Ils sont donc utilisés :

– pour orienter la carte (opération rarement nécessaire) ;

– pour effectuer des relèvements sur le terrain, c'est-à-dire pour déterminer l'*azimut* d'une direction ;

– pour reporter sur le terrain une direction ou un angle de marche (opération inverse de la précédente).

Les différents types de boussoles

– Boussoles à plaquette (Silva, Suunto, Barigo)

La capsule qui renferme l'aiguille aimantée est fixée sur une plaque de plastique transparent. Ces boussoles servent essentiellement à orienter les cartes. Elles peuvent aussi être utilisées comme rapporteurs (mais elles manquent de précision vu leur faible longueur). Il est, en revanche, difficile de s'en servir pour des relèvements sur le terrain.

– Boussoles de relèvement (Silva, Suunto, Barigo).

Leur capsule est contenue dans un boîtier, muni d'une ligne de mire et, en général, d'un miroir escamotable.

Ce modèle est plus particulièrement adapté aux relèvements sur le terrain.

Il est possible, sur certains modèles, d'afficher à l'avance la déclinaison magnétique, ce qui permet de connaître, par simple lecture, l'azimut géographique. Il faut penser à modifier cet affichage lorsque l'on voyage à l'étranger, où la déclinaison peut être différente. Précision : environ 2°.

– Compas de relèvement

Le mot « compas » doit être entendu au sens marin du terme. Ici, c'est l'ensemble de la graduation (la rose) qui est mobile à l'intérieur du boîtier ; sur celui-ci, un repère matérialise la ligne de visée.

Les compas servent essentiellement à relever les directions sur le terrain. Leur précision est d'environ 1° pour les modèles courants (Suunto, Silva).

Plus précis encore, les mini-compas Morin, Plastimo ou Topoplastic, de petites merveilles, dont la grande précision n'est toutefois pas indispensable au montagnard.

Boussole Suunto, modèle KB 20. ▶

Compas Plastimo, Iris 50. ▶

Nous avons vu qu'il n'est pratiquement jamais nécessaire d'orienter une carte, et nous verrons, en revanche, que l'on aura fréquemment à relever des directions sur le terrain. Les boussoles à plaquette, en dépit de leur prix relativement bas, ne sont donc pas à conseiller en montagne.

Comment choisir entre les deux autres types d'instruments ?

Effectuer une visée avec une boussole de relèvement nécessite les opérations suivantes :

– ouvrir le boîtier ;

– dégager le miroir ;

– viser le point choisi ;

– faire tourner la capsule à la main jusqu'à ce que l'aiguille coïncide avec le zéro de la graduation. Le repère du boîtier indique alors l'azimut du point. Ces diverses manœuvres prennent du temps et imposent d'enlever un gant.

Avec un compas, au contraire, la seule manœuvre à effectuer consiste à viser le point et à lire son azimut sur la rose. Aucune manipulation n'est nécessaire et on peut conserver ses gants.

Notre préférence va donc aux compas, qui, de plus, sont plus précis et plus lisibles.

Seuls inconvénients des compas par rapport aux boussoles :

– ils ne peuvent servir à reporter des angles sur la carte. Mais un rapporteur est, de toute manière, nécessaire ;

– on ne peut afficher la déclinaison magnétique, il faut l'ajouter à la valeur indiquée par le compas. On verra toutefois que – tout au moins en Europe occidentale – la déclinaison est actuellement suffisamment faible pour que l'on puisse, en général, la négliger.

Quel que soit le type d'instrument choisi, boussole ou compas, il est indispensable qu'il soit amorti, c'est-à-dire que l'aiguille ou la rose baigne dans un liquide qui en freine la rotation.

Boussoles et compas conduisent, bien entendu, aux mêmes résultats. Pour simplifier, nous n'utiliserons désormais que le terme de boussole, d'emploi plus courant.

Les boussoles peuvent être graduées en degrés, en grades ou en millièmes [1].

Nous conseillons d'utiliser un appareil gradué en degrés, unité internationale, plutôt qu'en grades, produit typiquement français. Quant aux millièmes, ils n'intéressent plus guère que les militaires.

Quelques précautions indispensables :

– s'éloigner des masses métalliques (voitures, montres-bracelets, piolets) ;

– se tenir à l'écart des corps magnétiques, tels que les autres boussoles et les piles électriques (lampes de poche, GPS, altimètres électroniques, etc.).

L'utilisation de la boussole

La boussole indique le Nord magnétique, alors que les cartes sont orientées selon le Nord géographique. La déclinaison magnétique n'est pas constante, mais varie doublement :

– dans l'espace, tout d'abord. Elle peut prendre des valeurs très variées : lors d'un raid en Laponie, la déclinaison sera de 10° est, alors qu'elle est de 35° Ouest au Groenland ;

– dans le temps, ensuite : dans les Alpes du Sud, par exemple, la déclinaison est actuellement de 1° Ouest, contre 3° Ouest dans les années 1970 ; votre père, montant au lac d'Allos en 1938, aurait mesuré 7° Ouest.

Pour passer de la boussole à la carte ou inversement, il faut donc tenir compte de la déclinaison.

Dans le cas d'une déclinaison Ouest (France, Espagne, Italie, Suisse), il faut *ajouter* la valeur de la déclinaison lorsque l'on passe de la carte à la boussole et l'*enlever* lorsque l'on passe de la boussole à la carte (fig. p. 77).

Une astuce pour ne pas se tromper dans le sens de la correction : la carte est tenue *au niveau des mains* et la boussole de relèvement *au niveau des yeux* ; on retiendra donc facilement, dans le cas d'une déclinaison Ouest, qu'il faut *ajouter* la déclinaison lorsque l'on *monte* de la carte à la boussole et la *retrancher* lorsque l'on s'*abaisse* de la boussole à la carte [2].

1. 1 millième = 1/6400 de circonférence.

2. Opérations inverses si la déclinaison est côté Est, ce qui est plus rare.

COMMENT DÉTERMINER LA DIRECTION DU NORD SANS BOUSSOLE

On peut y parvenir approximativement à l'aide d'une montre : le soleil « fait un tour » en 24 h, alors que l'aiguille des heures tourne en 12 h. De plus, le soleil est au Sud à midi.

En tenant la montre à plat, il suffit donc de diriger vers le soleil la bissectrice de l'angle formé par la petite aiguille et midi, pour que le chiffre 6 indique le Nord (voir figure ci-contre).

Bien entendu, votre montre doit indiquer l'heure solaire. Il faut donc en hiver – au moins par la pensée – ajouter une heure à l'heure de la montre.

Et lorsque le soleil n'est pas visible, direz-vous ? On peut alors utiliser un « truc » viking : lorsque la brume n'est pas trop épaisse, il est possible de déterminer la position du soleil à l'aide d'un couteau tenu verticalement, la pointe dans le creux de la main. On fait tourner lentement la lame sur elle-même. Des reflets apparaissent sur la main, qui changent de côté lorsque la lame passe dans la direction du soleil.

Entraînez-vous par soleil voilé, cela marche ! Mais n'attendez quand même pas trop de cette méthode, car les reflets sont inexistants lorsque le soleil disparaît derrière d'épais nuages.

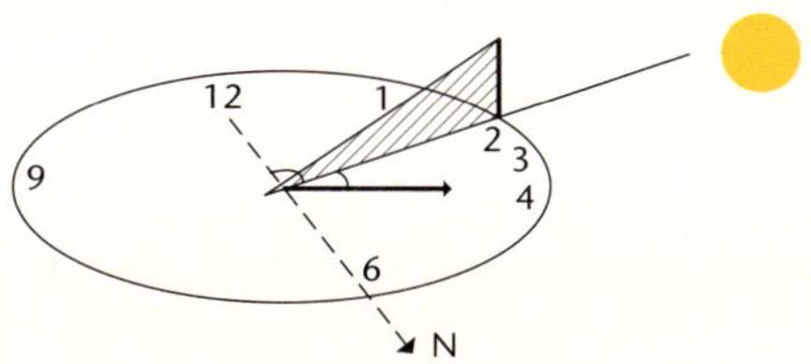

Il est 4 h (heure solaire). Si on dirige vers le soleil la bissectrice de l'angle 12 h-4 h (soit 2 h) – à l'aide de l'ombre portée par une brindille par exemple – le chiffre 6 indiquera le Nord.

■ En pratique, dans les Alpes et les Pyrénées, la déclinaison est inférieure à 1° Ouest jusqu'à la fin de ce siècle, ce qui permet, en général, de la négliger.

Lorsque la ligne de visée est très inclinée sur l'horizontale (visée d'un sommet élevé, par exemple), il n'est pas possible d'utiliser la boussole sans précautions : lorsque le boîtier n'est pas à peu près horizontal, l'aiguille se bloque.

Dans ce cas, il faut « ramener » la ligne de visée sur l'horizontale, en se servant de la boussole, suspendue par son cordon, comme d'un fil à plomb.

Altimètres

La pression atmosphérique varie avec l'altitude. Il est donc possible de graduer un baromètre directement en mètres d'altitude… c'est alors un altimètre. Mais la pression atmosphérique dépend aussi d'autres facteurs. C'est pourquoi un altimètre ne peut prétendre donner toujours une altitude exacte.

Parmi ces autres facteurs :

– la température de l'altimètre lui-même ;

– l'écart de la température ambiante par rapport à sa valeur « normalisée » pour cette altitude. (Voir dans la même collection *La Météo de montagne* aux Éditions du Seuil) ;

– l'évolution du temps (météorologique).

Certains appareils sont « compensés » en température, c'est-à-dire que le fabricant a tenu compte du premier facteur. Mais il n'est pas possible de compenser les deux autres.

En pratique, on se sert donc d'un altimètre comme d'un appareil différentiel, mesurant la différence d'altitude parcourue depuis le dernier point où l'on a pu « caler » l'instrument (c'est-à-dire le régler sur l'altitude de ce point).

Cela revient à admettre que, depuis ce calage, le temps météorologique et la température n'ont pas varié. Il faut donc procéder aussi souvent que possible au calage de l'altimètre.

Pour ce faire, on peut se servir de n'importe quel point dont l'altitude peut être déterminée *sans ambiguïté* à l'aide de la carte :

– départ de la course ;

– points de passage d'altitude connue : cols, chalet…, ainsi qu'au sommet.

La précision dépend :

– de l'appareil lui-même (on peut espérer 10 m pour les meilleurs instruments) ;

– de l'évolution des facteurs météorologiques depuis le dernier calage. Si celui-ci date de moins de 2 h, de moins de 500 m en altitude et de moins de 5 km en distance horizontale, on peut tabler sur une précision de l'ordre de 20 m. Mais nous avons au point fixe – en refuge – constaté des variations aussi rapides que 150 m en 24 h ou 100 m en 1 h, cas cependant très exceptionnels.

Il est recommandé, dans le cas d'un altimètre mécanique, de tapoter le verre lors de la mesure.

Les différents modèles disponibles

– Altimètres mécaniques (Thommen, Barigo, etc.), les plus anciens. Graduation : 10 m. Ils sont très fiables, mais chers.

– Altimètres électroniques de poche. Graduation : 5 m ou 1 m (Pretel, par exemple).

– Montres-altimètres (Casio, par exemple). Graduation : 5 m. Ce sont les moins chers. Le calage est un peu plus compliqué qu'avec un altimètre mécanique. Ces altimètres ne sont pas compensés en température.

Altimètres électroniques et montres-altimètres possèdent en général des fonctions supplémentaires : mémoire d'altitude maximale, vitesse de montée ou de descente, dénivelée, alarme pour une altitude donnée, voire diverses fonctions graphiques, gadgets dont l'utilité n'est pas évidente pour le montagnard.

Les montres-altimètres nous paraissent constituer la meilleure solution, car elles sont pratiques à consulter. Le fait qu'elles ne soient pas compensées en température n'est pas un vice rédhibitoire, à condition qu'elles soient portées sous la manche du vêtement. Si, en effet, elles sont sensibles aux changements rapides de température, elles le sont beaucoup moins aux variations lentes.

Boussole de relèvement Recta DP6. ▶

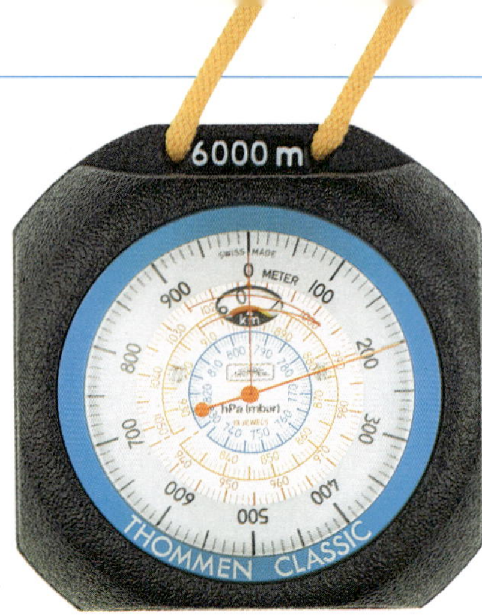

En hiver, il faudra donc éviter, au départ de la course, de caler la montre-altimètre dans l'atmosphère surchauffée d'un refuge ou d'une voiture. Il faut effectuer le calage après quelques minutes d'exposition à la température extérieure.

De toute manière, la légère erreur qui peut résulter d'un calage « à chaud » disparaîtra en grande partie lors du calage suivant.

■ L'utilité d'un altimètre n'est plus à démontrer. Mener, sans altimètre, une course à skis par mauvais temps, ou un raid, ne peut être envisagé. Seule réserve : sur un terrain horizontal ou très peu incliné (Laponie, plateaux du Vercors), l'altimètre sera de peu d'utilité.

L'arme absolue : le GPS ?

Le GPS *(Global Positioning System)* est un instrument qui permet de déterminer sa position en tout point du globe. Il utilise un réseau de vingt-quatre satellites appartenant à l'US Air Force.

Il existe actuellement des récepteurs portables, légers (250 g), dont le prix se situe actuellement sous la barre des 2 000 francs.

La précision du GPS est stupéfiante : il serait possible de connaître sa position à quelques mètres près, où que l'on se trouve… si, par souci de sécurité militaire, l'US Air Force n'en avait décidé autrement : les signaux des satellites sont volontairement légèrement perturbés pour que l'utilisateur moyen ne bénéficie pas de la pleine précision réservée aux militaires américains.

Il s'agit pourtant là d'un élément déterminant pour le randonneur à skis. Compte tenu de l'échelle des cartes marines, un navigateur pourra se satisfaire d'une précision moindre et le GPS sera pour lui un instrument irremplaçable. Il en sera de même pour l'amateur d'expéditions lointaines.

Mais, pour nous, randonneurs à skis, la précision revêt une importance primordiale. Que pouvons-nous donc, à cet égard, espérer du GPS ?

En pratique, en montagne, l'erreur ne dépassera pas 100 m en général. Ce chiffre concerne la position en latitude et en longitude. En altitude, l'erreur peut atteindre et dépasser 100 m. Un simple altimètre est donc plus précis.

Encore faut-il qu'un nombre suffisant de satellites soit visible depuis le récepteur. Il faut donc choisir un site bien dégagé pour faire le point et éviter de s'installer sous une falaise ou dans le fond d'un ravin.

▲ **Le GPS modèle Silva.**

Les GPS actuels fournissent les coordonnées géographiques – longitude et latitude – en degrés, minutes et centièmes de minute, avec Greenwich comme méridien origine. Comment faire pour reporter ces indications sur une carte « terrestre » – IGN 1/25 000, par exemple –, où ne figure qu'un carroyage géographique très lâche et, de surcroît, basé sur le méridien de Paris[1] ? De plus, si la minute de latitude a une longueur constante (1 852 m), il en va différemment de celle de longitude dont la longueur varie de 1 852 m à l'équateur à... zéro au pôle.

Se repérer sur une carte IGN directement à partir des coordonnées géographiques fournies par le GPS nécessite donc de tracer, chez soi, un carroyage de minute en minute, à l'aide des amorces figurant en marge et, sur le terrain, d'utiliser une calculette. Pas facile, dans la tempête, par moins 10 °C !

Par bonheur, les GPS – merveilles de technique – fournissent bien d'autres renseignements que les coordonnées géographiques, en particulier l'azimut et la distance *en mètres* d'un certain nombre de points mis en mémoire par l'utilisateur.

Ces points peuvent être, par exemple, des points de passage selon un plan de marche établi avant la course ou des « points directeurs » de coordonnées bien définies sur la carte (angles de celle-ci, intersection des rares méridiens et parallèles qui y figurent, etc.).

On pourra donc se situer, sans aucun calcul, en demandant au GPS d'indiquer l'azimut et la distance d'un point de passage (ou d'un point directeur) et en reportant ces indications sur la carte à l'aide d'un rapporteur. La précision ne sera pas trop affectée, pourvu que la distance au point de passage ou au point directeur ne soit pas trop grande.

Certains modèles récents fournissent également les coordonnées UTM *(Mercator Transverse Universel),* correspondant à des amorces portées sur les cartes IGN, ce qui, bien entendu, est d'utilisation plus pratique pour le montagnard que les coordonnées géographiques.

Il reste que la position n'est connue qu'à 100 m près en moyenne. On pourra améliorer un peu la précision en utilisant l'altimètre ou une ligne remarquable du terrain (voir ci-contre).

Cercles d'incertitude

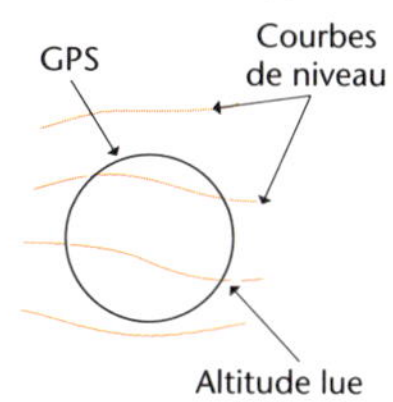

Signalons enfin qu'un système comparable au GPS, le Glonass, devrait prochainement être mis en service par les Russes. Les signaux ne seront pas perturbés, la précision devrait donc être plus grande ; la concurrence devrait jouer en faveur des utilisateurs...

1. ... Sans parler des cartes italiennes, par exemple, qui ignorent superbement toute espèce de repérage géographique.

D'ici quelques années, le GPS, plus précis, plus léger encore, moins cher, sera aussi indispensable au randonneur que l'est actuellement l'altimètre.

Nous n'en sommes pas encore tout à fait là, et il convient sans doute d'attendre un peu avant de s'équiper, si l'on n'est pas par ailleurs navigateur ou amateur d'expéditions lointaines.

Quelle que soit son utilité, le GPS, instrument remarquable mais complexe, ne dispensera jamais de savoir utiliser boussole et altimètre[1].

Les accessoires

Ils ne sont pas accessoires, bien au contraire !

Le rapporteur

Il sert à tracer sur la carte une direction d'azimut donné. On peut, certes, envisager d'utiliser la boussole, mais la faible longueur de cet instrument en limite l'emploi : les cartes françaises actuelles ne sont plus carroyées et, pour éviter d'avoir à effectuer chez soi un carroyage fastidieux, il faut que la longueur du rapporteur soit suffisante (une vingtaine de centimètres), pour que l'on puisse s'en servir en tout point de la carte en utilisant seulement les bords et les plis pour indiquer le Nord.

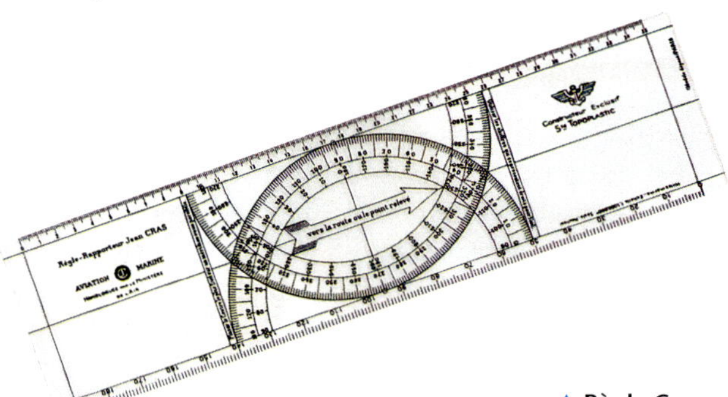

▲ **Règle Cras.**

Mieux qu'un rapporteur, qui n'est gradué que de 0 à 180°, on utilisera une règle Cras qui permet, par simple lecture, de mesurer les angles de 0 à 360°. La règle Cras « Marine » étant trop encombrante, il conviendra de n'en conserver que la partie centrale, ou, mieux, d'utiliser un modèle de poche (longueur : 210 mm).

Il existe d'autres types de règles-rapporteurs 0-360°, et l'on peut, bien entendu, se servir d'un rapporteur simple assez grand. La règle Cras nous paraît cependant le meilleur choix.

Le sac à cartes

Voici un accessoire absolument indispensable. La meilleure carte ne sera d'aucune utilité si elle reste bien rangée au fond du sac à dos et si, pour l'atteindre, il faut faire l'effort de poser et d'ouvrir celui-ci. La paresse est mauvaise conseillère, mais c'est une conseillère si souvent écoutée !

Accrochée à votre cou, la carte pourra être consultée aussi souvent que nécessaire.

Il existe de nombreux modèles de sacs à cartes dans le commerce.

La loupe

Si, comme l'auteur de ces lignes, vous devez porter des lunettes de vision rapprochée, vous aurez constaté qu'elles sont d'utilisation peu pratique dans le mauvais temps : buée, gouttes d'eau…

Une loupe est donc très utile, une simple loupe en plastique, facile à essuyer sur la manche.

Le podomètre

Voici un accessoire bien inutile en randonnée : la longueur des pas est trop variable pour qu'il soit utile de les compter.

Il arrive cependant parfois qu'il soit nécessaire de déterminer une longueur parcourue. Nous en donnerons plus loin un exemple vécu.

Il faut donc alors compter les pas mais aussi connaître approximativement leur longueur, qui dépend, pour une personne donnée, de la qualité de la neige, de la pente… et de la fatigue ; il faut donc pouvoir mesurer la longueur moyenne des pas. Il est possible, pour cela, de graduer ses skis, l'un par rapport à l'autre, à l'aide d'un feutre indélébile ; on peut aussi – mais c'est moins précis – déterminer soi-même la longueur approximative de son pas pour diverses pentes.

1. Dernier progrès en ce domaine en constante évolution : un récepteur GPS d'origine anglaise, au format carte de crédit !

FAIRE LE POINT

Voici le premier problème auquel on se trouve confronté.

Faire le point, c'est se situer sur une carte par l'observation du terrain environnant. Plusieurs méthodes peuvent être utilisées, selon la visibilité.

Par beau temps

– La méthode classique par visée sur deux repères (deux *amers,* dirait un navigateur), bien définis sur la carte et repérables sans ambiguïté dans le paysage : sommets, constructions isolées, clochers, etc. (ci-dessous).

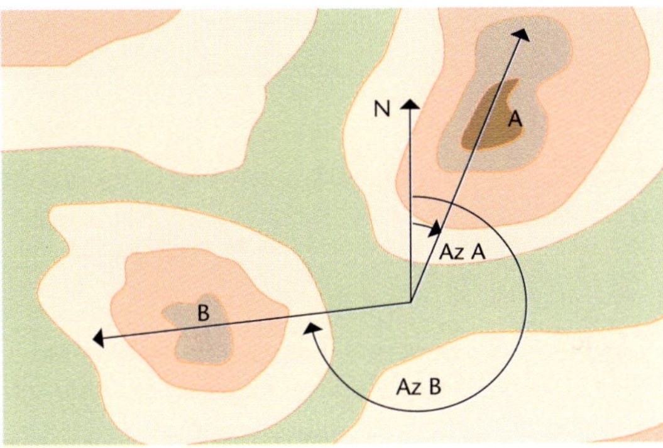

Attention aux confusions possibles entre deux sommets voisins ou entre un sommet et son avant-sommet ; l'utilisation d'un troisième sommet constitue un contrôle très intéressant, en même temps qu'elle améliore la précision. Il est indiqué – c'est facile – de tenir compte de la déclinaison magnétique.

– On peut, bien entendu, employer également toutes les méthodes utilisables par mauvaise visibilité.

Par visibilité réduite ou nulle

On ne peut plus viser de repères. D'autres méthodes peuvent heureusement être employées :

Identification directe

Il suffit d'identifier un repère tout proche et bien reconnaissable du paysage. C'est une méthode évidente, certes, mais à laquelle il faut recourir aussi souvent que possible afin de recaler l'altimètre, en particulier au départ du refuge.

Intersection de lignes

Un point peut être défini comme l'intersection de deux lignes, figurant sur la carte et observables sans ambiguïté sur le terrain. Si l'on se situe sur chacune de ces deux lignes, on se trouve à leur intersection.

De telles lignes caractéristiques ne manquent pas en montagne : thalwegs, orées de forêt, crêtes bien marquées, bases de falaise, rivages de lac, accidents divers de terrain suffisamment caractéristiques, routes, chemins, sentiers, lignes à haute tension, etc.

On utilisera aussi très souvent les courbes de niveau, certes non visibles sur le terrain, mais que l'on peut déterminer grâce à l'altimètre.

Voici quelques exemples de points effectués par intersection de lignes :

– L'intersection d'un thalweg et d'une courbe de niveau est un exemple fréquemment utilisable : « Je suis au bord du ruisseau et mon altimètre indique 2 050 m, je suis donc en A. »

– L'intersection de l'orée d'un bois et d'une courbe de niveau est un cas fréquent. Encore faut-il que la lisière du bois soit bien nette (dans ce cas, sur les cartes récentes au 1/25 000, elle est soulignée par un fin trait noir). On se méfiera des orées de bois peu nettes sur la carte et l'on n'aura pas recours à cette méthode dans les massifs où des arbres isolés prolongent les forêts dans les prairies avoisinantes (hauts plateaux du Vercors, par exemple). Attention également aux cartes trop anciennes : la forêt repousse !

– Les routes sont des lignes facilement exploitables lorsqu'elles traversent des forêts. Elles le sont

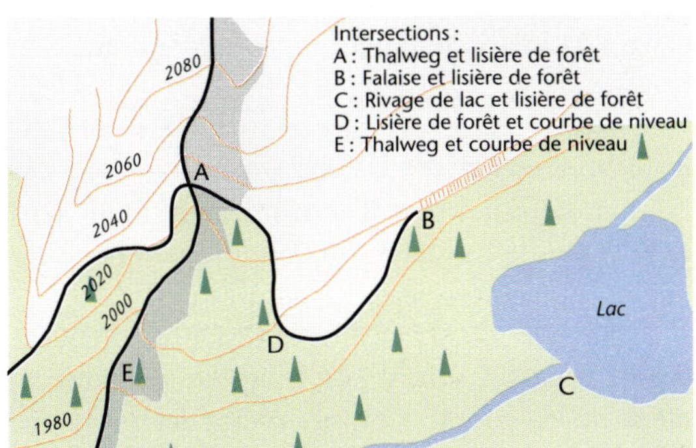

beaucoup moins en terrain nu, car l'on n'est jamais sûr qu'elles seront visibles sous la neige. La carte peut aussi ne pas mentionner les routes les plus récentes.

– Les sentiers sont rarement utilisables en hiver, pour la même raison, sauf en forêt, à condition que leur balisage soit visible.

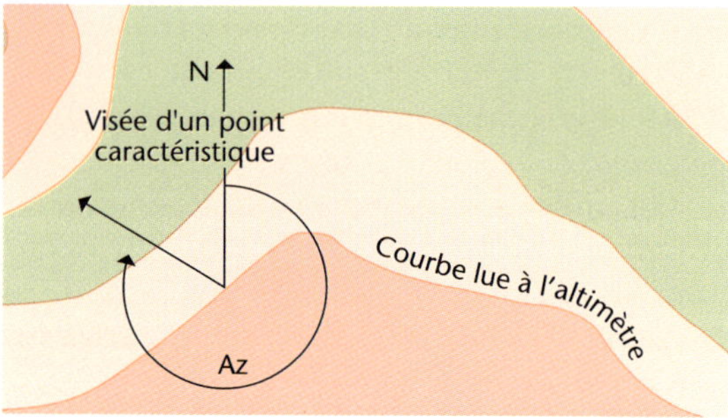

S'il est rare, par mauvaise visibilité, de pouvoir viser deux ou trois repères, il est cependant assez fréquent de pouvoir relever la direction d'*un* point caractéristique aperçu dans une trouée du brouillard. L'intersection de cette direction avec la courbe de niveau, lue à l'altimètre, permet alors de faire un point précis (voir aussi application 1). Ces applications 1 à 6 résultent d'expériences réellement vécues sur le terrain.

À l'estime

Le point se fait par estimation du trajet parcouru depuis le dernier point connu.

Sans précautions particulières, cette méthode est peu précise, mais elle peut fournir une estimation grossière du point, qui sera affinée par la suite grâce à la méthode de la tangente à la courbe de niveau.

Dans certains cas, toutefois, il est possible d'améliorer nettement la précision :

– on définira, tout d'abord, l'angle de marche suivi depuis le dernier point connu (selon l'une des méthodes exposées pages 91 et suivantes) ;

– on déterminera ensuite la distance parcourue depuis ce point, soit, si l'on progresse horizontalement ou en montée, en comptant les pas et en déterminant approximativement leur longueur moyenne, soit, en descente, en utilisant le seul étalon de longueur que l'on possède couramment : une corde d'assurance (ou une cordelette de même longueur, 30 m par exemple).

Ce procédé est lent mais peut se révéler indispensable. On en trouvera un exemple dans l'application 6.

Attention ! il faut garder en mémoire le fait que la carte modifie les distances réelles, sauf celles mesurées horizontalement. Toutes les distances mesurées selon la pente sont inférieures, sur la carte, à ce qu'elles sont sur le terrain (compte tenu de l'échelle, bien entendu). Ce tableau de correspondance montre que, pour les pentes couramment parcourues à skis, la distance sur le terrain peut, sans grande erreur, être assimilée à celle mesurée sur la carte.

Pour une longueur de 4 mm mesurée sur un carte au 1/25 000, la distance réelle sur le terrain est fonction de la pente.

Pente	%	Horizontale	5	10	15	20	30	40
Longueur	m	100	100,1	100,5	101,1	101,9	104,4	107,7

Méthode de la tangente à la courbe de niveau

Voici la méthode la plus intéressante, la seule qui permette de se situer sans aucune visibilité.

On détermine tout d'abord, grâce à l'altimètre, sur quelle courbe de niveau l'on se trouve, puis on mesure sur le terrain l'orientation de cette courbe, son azimut. On se reporte alors à la carte et l'on cherche en quel point de la courbe de niveau il est possible de tracer une tangente orientée selon cet azimut. On se trouve donc en ce point de tangence (voir ci-contre).

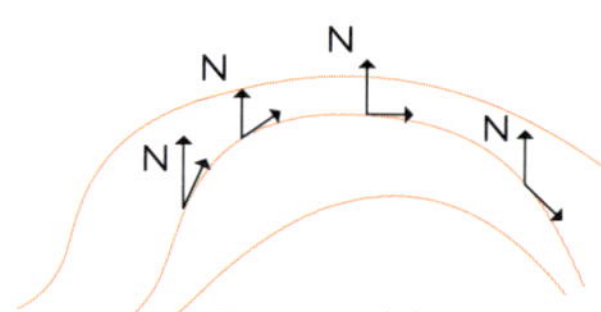

Tangente à la courbe de niveau

Cette méthode, plus ou moins précise selon le rayon de courbure des courbes de niveau, est la seule que l'on puisse appliquer dans *tous les cas,* pour peu que l'on ait déjà une idée approximative de la zone dans laquelle on se trouve, d'où l'intérêt de conserver, autant que possible, le point à l'estime.

Comment, dans la pratique, peut-on déterminer sur le terrain la direction de la courbe de niveau, c'est-à-dire l'orientation de l'horizontale au point où l'on se trouve ?

On peut, tout d'abord, mettre ses skis horizontaux et mesurer leur direction à l'aide de la boussole. Solution rapide, certes, mais peu précise, car l'horizontalité d'un ski n'est pas facile à apprécier ; de plus, on risque de se laisser abuser par le micro-relief, petites ondulations du terrain non discernables dans le brouillard. C'est cependant la seule solution si l'on est seul.

Une autre solution consiste à envoyer un camarade au même niveau que soi – à une dizaine de mètres, par exemple –, puis à relever son azimut. L'horizontalité est alors plus facile à observer et l'on est moins tributaire du micro-relief, mais l'opération est plus longue. Le choix entre ces deux solutions dépend surtout de l'importance du micro-relief.

Pour tracer la tangente – au moins par la pensée, car il est en général inutile d'utiliser un crayon –, on déplacera la règle CRAS (ou, à défaut, le rapporteur ou la boussole utilisée comme rapporteur) sur la carte, en conservant l'azimut mesuré, jusqu'à trouver en quel point de la courbe de niveau la règle tangente celle-ci. C'est en ce point que l'on se trouve.

Pour pouvoir reporter l'azimut sur la carte, il faut disposer d'un méridien, d'un parallèle, ou d'un pli de la carte suffisamment proche ; l'expérience montre la facilité qu'apporte la longueur de la règle CRAS.

Un mathématicien objecterait que le contact d'une courbe avec sa tangente est mal défini. Certes, surtout si le rayon de courbure est grand. Cette méthode ne permet pas, bien évidemment, de se situer sur une courbe de niveau rectiligne. À cela, deux remèdes :

– choisir son itinéraire pour éviter les zones où les courbes de niveau ont un trop grand rayon de courbure ;

– se déplacer pour rechercher un terrain plus favorable à l'emploi de la méthode.

Chacun des points réalisés par la méthode de la tangente n'est pas très précis, mais on peut, au cours de la progression, en faire plusieurs d'affilée, ce qui compense ce défaut. En quelque sorte, il s'agit d'une méthode *dynamique*.

Sur un terrain très peu incliné, c'est la détermination de la courbe de niveau qui pose un problème : une petite variation dans les indications de l'altimètre entraîne une grosse erreur de distance. Remède : éviter ces zones peu pentues ou, si c'est impossible, les traverser en conservant un angle de marche constant avant de retrouver un terrain plus propice.

La méthode de la tangente est donc peu adaptée à la traversée des hauts plateaux du Vercors ou à un raid en Laponie, par exemple. Mais on rencontre rarement de tels terrains sur une grande surface.

L'influence du micro-relief reste faible si l'on effectue des points assez rapprochés lors de la progression ; un point peut être entaché d'une erreur, mais il n'y a aucune raison – bien au contraire – pour que le point suivant présente une erreur dans le même sens.

L'altimètre joue ici un rôle essentiel ; il est donc primordial de le caler aussi souvent que possible, avant l'arrivée du brouillard.

La méthode de la tangente ne requiert d'ailleurs pas une très grande précision dans la mesure de l'azimut : une erreur de 10° est parfaitement admissible.

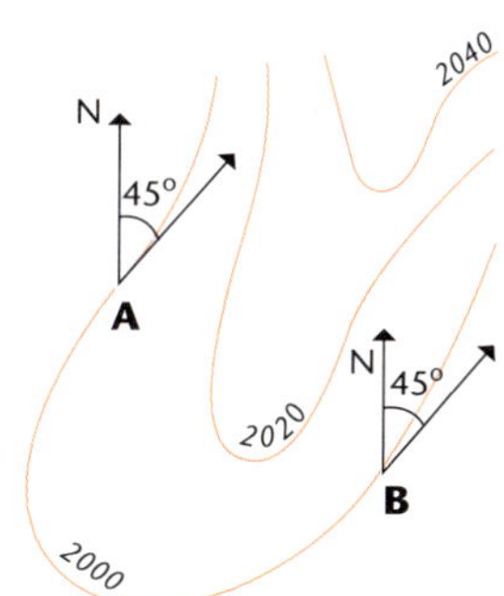

La figure ci-contre présente un cas où, à première vue, subsiste une indétermination : l'azimut de la courbe de niveau 2 000 m est 45°. On voit que deux points de la courbe répondent à ce critère : sommes-nous en A ou en B ? La réponse est évidente : en A, le ski droit est plus haut que le gauche, alors que c'est l'inverse en B. Le choix entre A et B est donc immédiat.

Il arrive cependant parfois que deux points de la carte répondent aux conditions posées, altitude et direction. Ce cas se présente surtout si l'on a progressé un certain temps sans faire le point. Dans ce cas, il faut lever l'indétermination en recherchant dans les environs immédiats un détail du terrain, une forme de relief, par exemple, qui soit différent pour chacun des deux points. On ira le contrôler et le doute sera levé.

L'application 2 en fournit un exemple. Elle constitue une utilisation pratique du « doute méthodique » dont il sera question page 100. En général, d'ailleurs, l'ambiguïté sur la position disparaît d'elle-même dans la suite de la progression.

APPLICATION 1 : LA GORGE D'ABLON

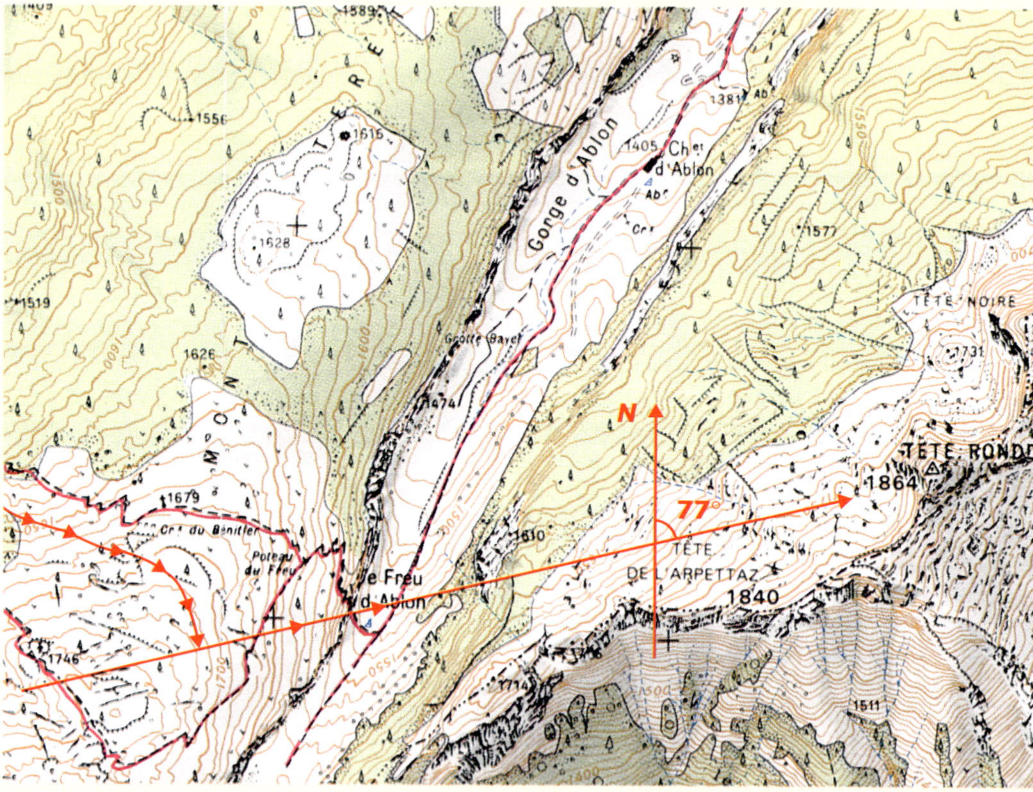

Nous traversons à skis le massif des Bornes, en Haute-Savoie, et l'étape du jour doit nous mener du Parmelan au col des Glières. Nous devons franchir la gorge d'Ablon, véritable tranchée rectiligne longue de 5 km entre deux falaises hautes de 50 à 100 m.

Pour gagner la gorge à partir de la vallée du Pertuis, un seul passage, le Freu d'Ablon, large de quelques mètres seulement, s'ouvre dans les 5 km de falaise ; de plus, le terrain plonge progressivement vers la gorge, et le Freu n'est pas visible d'en haut. Enfin, il serait trop risqué de suivre le bord de l'à-pic. Les seuls repères visibles en été, la Croix du Bénitier et le poteau du Freu, sont masqués par la neige, mais, par bonheur, il fait beau.

Un sommet caractéristique, la Tête Ronde, permet de prendre un alignement : du Freu, la Tête ronde est visible à 77° (azimut géographique). On se positionne donc de manière à voir la Tête ronde dans cet azimut et l'on suit un angle de marche de 77° jusqu'à parvenir au Freu.

APPLICATION 2 : PRA-PLAN

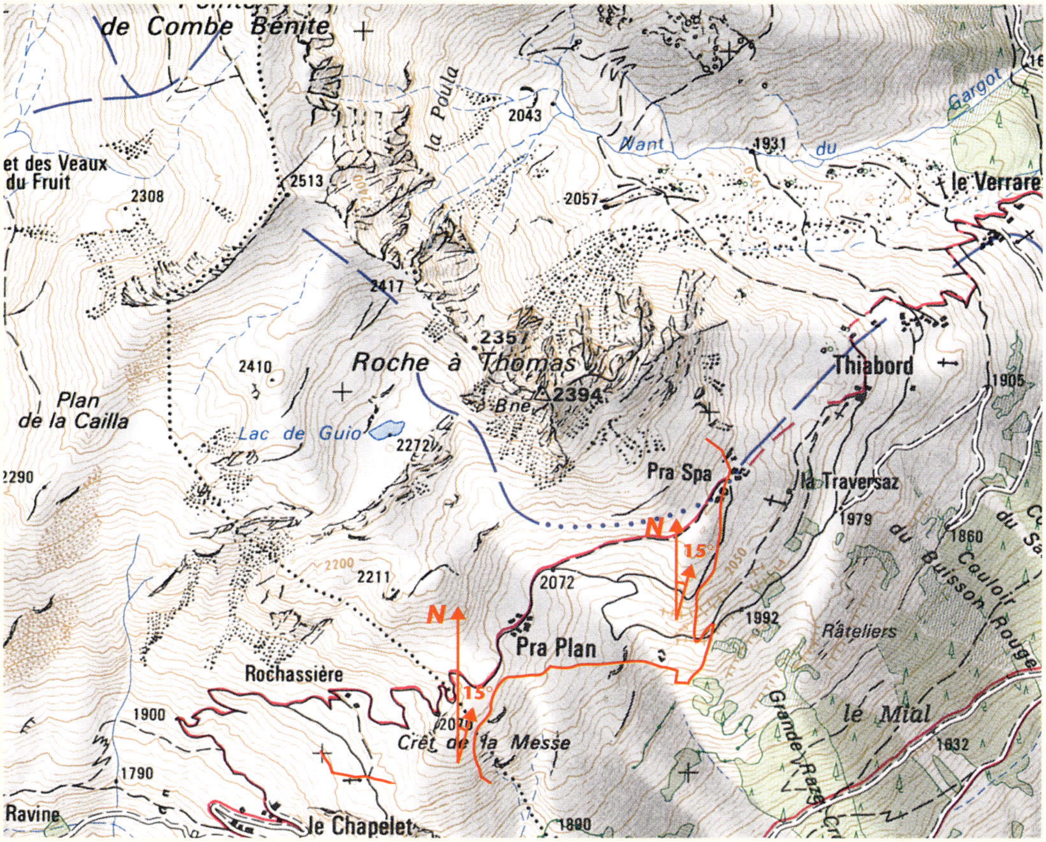

Dans le massif du Beaufortain, nous descendons de la pointe de Combe Bénite sur Granier par Pra-Plan, Thiabord et La Chavonne. Brouillard, duquel émerge soudain un groupe de chalets. L'altimètre indique 2 100 m et la courbe de niveau est orientée à 15° environ.

L'examen de la carte montre qu'il peut s'agir aussi bien des chalets de Pra-Plan que de ceux de Pra-Spa. Où sommes-nous en réalité ? Question importante qui nécessite une réponse, car la suite de la descente en dépend.

Nous décidons de marcher horizontalement, dans le secteur Nord, en surveillant de près l'orientation de la courbe de niveau sur laquelle nous nous trouvons. En effet :

– si nous sommes à Pra-Plan, cette courbe restera orientée à 15° pendant une centaine de mètres, puis tournera à 90° (est) puis à 180° (Sud), avant de revenir à 45° (Nord-Est) ;

– si nous nous trouvons à Pra-Spa, la courbe, d'abord orientée à 15° pendant une centaine de mètres, tournera ensuite au Nord (0°), puis au Nord-Ouest (315°), en même temps que la pente s'accentuera.

Les variations d'orientation de la courbe de niveau sont nettement différentes dans les deux cas : aucun doute ne subsiste.

APPLICATION 3 : PAS DU MONT COLOMB

Années 1970. Première idée de la méthode de la tangente à la courbe de niveau.

Au cours d'un raid à skis col de Tende-col de Larche, une étape doit nous mener du refuge de Nice à la Madone de Fenestre. Le brouillard s'est installé dans la nuit – eh oui, même dans les Alpes-Maritimes, cela peut arriver ! Sous le lac de la Fous, nous cherchons la voie de montée au pas du mont Colomb.

Nous marchons boussole en main, sans plan bien défini. Sous le barrage, nous longeons le bas de la pente, sensiblement vers le Sud. Sans aucun point de repère dans le brouillard, nous avons l'impression de progresser en ligne droite, et, pourtant, nous constatons que la boussole indique que notre itinéraire tourne successivement au Sud-Ouest, puis à l'Ouest, avant de revenir au Sud.

Impression bizarre… jusqu'à ce que la vérité apparaisse : nous venons de franchir sans le voir le bas du vallon qui donne accès au col (par le GR 52, invisible sous la neige). Demi-tour, donc, au Nord, jusqu'à ce que la boussole indique que nous tournons à l'Est. À partir de là (point A), il ne nous restait plus qu'à monter à l'azimut 295° pour atteindre le pas, raide et étroit à la fin… mais cela est une autre histoire.

Pour conclure, « marcher à la tangente », c'est progresser boussole en main, ne faire qu'un avec le terrain, ressentir, tout au long de la progression, chaque inflexion de son modelé. Avec un peu de pratique, on n'aura pas à appliquer le B. A.-BA décrit ci-dessus : il suffira le plus souvent de marcher en second, à 10 ou 20 m du premier et en relevant très fréquemment son azimut. Celui des courbes de niveau s'en déduira très facilement et il sera facile de suivre sa progression sur la carte.

CHOISIR SON ITINÉRAIRE

Nous savons maintenant faire le point, nous situer sur la carte. Pour atteindre notre but, nous avons généralement le choix entre plusieurs itinéraires. Lequel choisir dans le cas le plus complexe, celui d'une progression sans visibilité ?

D'un point à un autre, on pourra être amené à suivre, selon le cas, différentes directions de marche :

– une *ligne* bien repérable sur le terrain : thalweg, lisière de forêt, base de falaise, par exemple ; dans ce cas, le cheminement sera précis, mais on sera prisonnier de la ligne choisie, qui ne mène pas nécessairement au but ;

– une *courbe de niveau,* suivie grâce à l'altimètre ; la précision est encore bonne, mais le choix est restreint (par un point donné ne passe qu'une seule courbe de niveau) ;

– une *ligne droite ;* on progresse alors à *angle de marche constant ;* la précision est encore moins bonne, mais on peut choisir son angle de marche (dans les limites imposées par la pente, bien entendu) ;

– un *trajet suivant une pente normale de montée à skis,* le plus facile à parcourir, mais aussi le moins précis.

En pratique, c'est en combinant ces différents modes de progression que l'on pourra définir le meilleur itinéraire, en respectant les *quatre règles de l'orientation,* dont voici les trois premières.

En premier lieu, ne jamais se diriger sur un *point,* mais sur une *ligne.* Nous retrouvons ici les lignes caractéristiques énumérées plus haut : thalweg, orée de bois, base de falaise, mais surtout courbe de niveau. On ne peut manquer une ligne, alors qu'on peut, dans le brouillard, passer, sans le voir, à quelques dizaines de mètres d'un refuge. Il faut donc toujours *positionner sur une ligne* le but à atteindre, rejoindre cette ligne, puis y rechercher l'objectif.

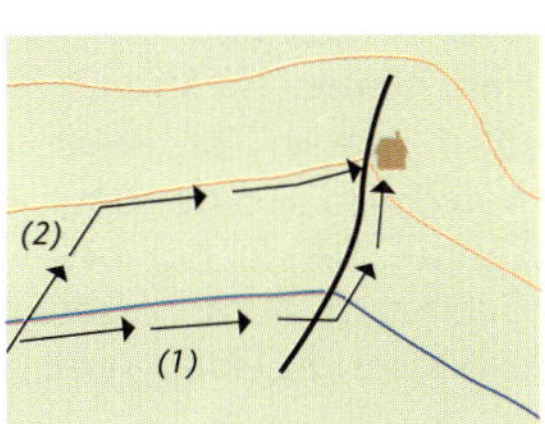

◄ Il est plus aisé de parvenir au chalet si l'on peut situer celui-ci sur une ligne, par exemple :
– ruisseau (itinéraire 1) ;
– courbe de niveau (itinéraire 2).

Deuxième règle : il faut fractionner l'itinéraire, le décomposer en une série de parcours élémentaires aboutissant chacun à une ligne. On suit alors cette ligne jusqu'à pouvoir se resituer, puis on reprend un nouveau parcours jusqu'à une nouvelle ligne, et ainsi de suite, la dernière ligne aboutissant au but (voir ci-dessous).

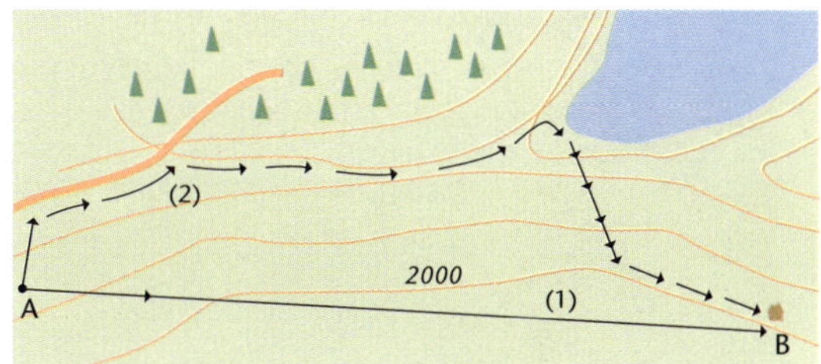

▲ **L'itinéraire direct 1 est peu précis, car sa portée est trop longue, sans possibilité de repérage en cours de route. L'itinéraire fractionné 2 est plus sûr. Partant de A, il se dirige successivement sur les lignes constituées par un chemin, une lisière de forêt, un rivage de lac (penser à caler l'altimètre) et la courbe de niveau 2 000 ; puis on suit cette courbe de niveau jusqu'en B.**

Troisième règle : il faut se situer en permanence sur le terrain en utilisant la méthode de la tangente, et pour cela, choisir un itinéraire approprié (application 4).

Nous verrons plus loin la quatrième règle.

Plus rarement, il pourra être nécessaire de mesurer des longueurs sur le terrain ; les applications 5 et 6 montrent des exemples vécus de telles progressions.

Il est intéressant de préparer à l'avance un plan de marche, ou, tout au moins, de prévoir quels pourraient être les éléments successifs de parcours en cas de mauvais temps. Noter que l'itinéraire le meilleur en l'absence de visibilité est en général différent de celui que l'on suivrait par beau temps… et qu'il est toujours plus long.

Le respect des trois règles énoncées ci-dessus permet, dans la quasi-totalité des cas, de trouver un cheminement sûr.

APPLICATION 4 : DANS LE VALLON DE LA JASSE

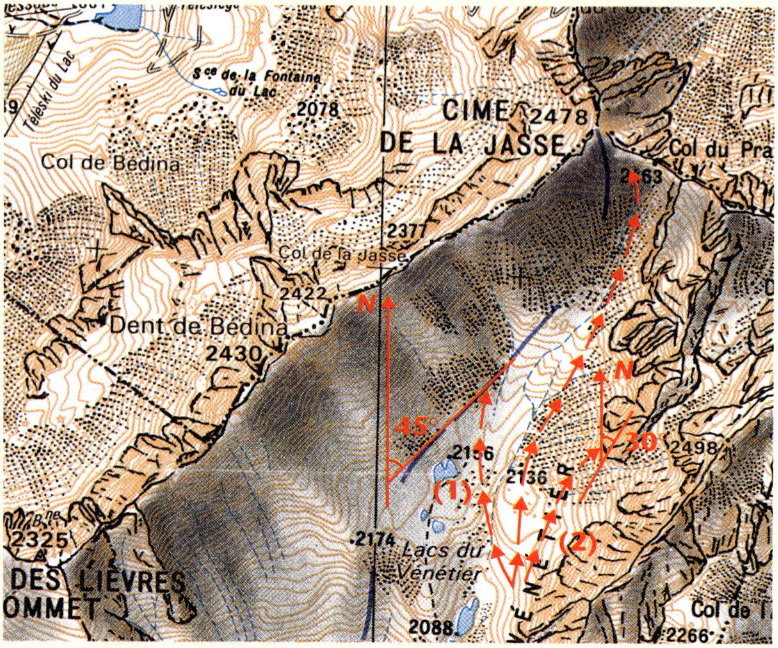

Entre les lacs du Vénétier et le col du Pra (massif des Sept-Laux), l'itinéraire le plus facile à suivre dans le brouillard est le fond du vallon, le thalweg, de direction générale 30°.

Si l'on s'écarte de l'axe de ce thalweg à gauche en montant (cheminement 1), on rencontre rapidement des courbes de niveau orientées sensiblement à 45°, avec le ski gauche amont.

Si l'on s'écarte à droite (cheminement 2), on trouve des courbes de niveau orientées à 30° environ, mais cette fois avec le ski droit amont.

Ces différences très accusées permettent de rester à peu près dans l'axe du thalweg, même en l'absence de toute visibilité.

APPLICATION 5 : CHAMP LAITIER, EXEMPLE DE MARCHE À L'ESTIME

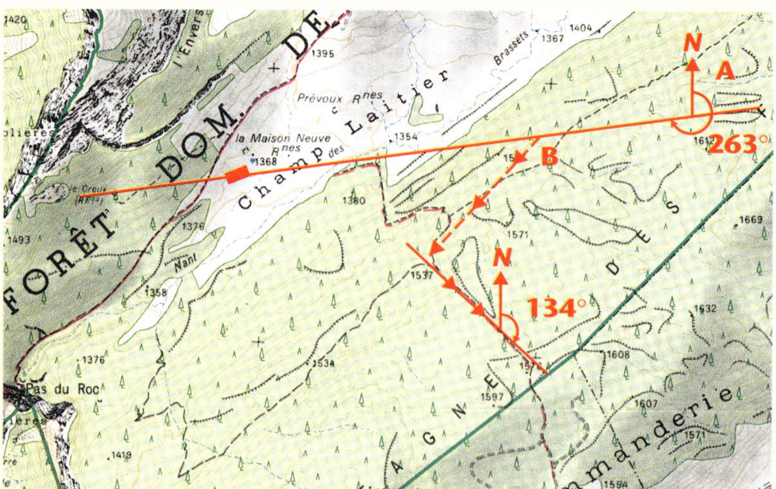

Au cours d'une traversée du massif des Bornes, nous suivons vers le Sud-Ouest le tracé du sentier dominant la combe de Champ Laitier. L'altimètre indique 1 520 m. Vers le point A, le sentier, recouvert de neige, devient invisible. Notre intention est de tourner franchement au Sud-Est pour passer le seuil 1 578 m et de descendre sur le col des Glières, de nombreuses crevasses de lapiaz rendant impraticable tout autre itinéraire. Comment déterminer à quel moment il convient d'obliquer vers le Sud-Est ?

Une éclaircie providentielle nous permet de relever le chalet de Maison Neuve, à 263°. L'intersection de cet azimut avec la courbe de niveau 1520 nous situe en B. Puis l'écran de brouillard se reforme.

Il suffit alors de marcher horizontalement pendant 750 m, en comptant les pas (utilité d'avoir gradué ses skis), ce qui nous amène en C, puis de tourner à 134° pour franchir le seuil 1 578. C'est un exemple de marche à l'estime.

Dans ce cas, la méthode de la tangente n'aurait pas été efficace, la courbe de niveau 1 520 m (comme d'ailleurs les courbes de niveau inférieures) étant pratiquement rectiligne, tout en présentant un micro-relief important.

APPLICATION 6 : L'ENTONNOIR DE L'ESTROP

Voici un autre exemple de marche à l'estime. Nous venons de franchir le col de Gialorgues et nous descendons sur Estenc (haute vallée du Var). Parvenus à la cabane de l'Estrop, nous devons emprunter l'Entonnoir, le passage le moins raide de tout le fond de vallée entre 2 400 et 2 200 m. Dans le brouillard qui nous environne, il nous faut trouver ce passage, seule échappée possible dans la barre de 1 km de long qui supporte la cabane.

La méthode de la tangente n'est pas utilisable (courbes presque rectilignes, terrain peu incliné sous la cabane).

Pour ne pas risquer de sauter une barre, il faut s'engager dans l'Entonnoir bien perpendiculairement aux courbes de niveau et non en oblique. À partir de la cabane, nous avons donc suivi la direction 290° pendant 450 m, puis tourné à 200° jusqu'à atteindre la rupture de pente.

Seul problème dans la mesure de la distance : le terrain descend, nous glissons sur nos skis et il n'est pas possible de compter les pas. Nous avons donc sorti la corde de 30 m et compté quinze longueurs. Un peu fastidieux, certes, mais la sécurité était à ce prix...

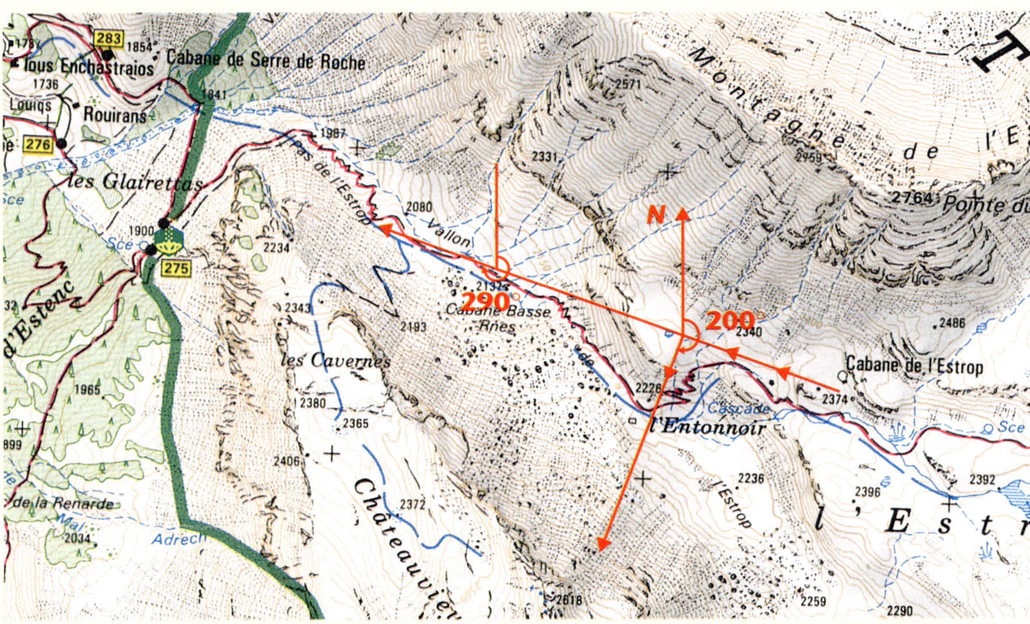

COMMENT SE DIRIGER SUR LE TERRAIN

L'itinéraire une fois défini sur la carte, il reste à le matérialiser sur le terrain. Peu ardu par bonne visibilité, le problème se corse si le brouillard se met de la partie.

Il est facile de suivre une *ligne repérable du terrain* (orée de forêt, par exemple) ou, grâce à l'altimètre, une courbe de niveau.

Dans le cas d'une *marche à azimut constant,* on peut :

– se diriger sur un point de repère (arbre, rocher) situé dans la bonne direction, si la visibilité le permet ;

– envoyer un camarade devant soi, à la limite de visibilité, et le guider à la voix, en le maintenant dans la bonne direction grâce à la boussole. Cela impose toutefois des visées très fréquentes, facilitées par l'utilisation d'un compas. Il est plus simple de faire marcher en tête *deux* camarades et de diriger le premier à la voix, en restant soi-même dans leur trace, de manière à « ne voir qu'une seule tête » (voir ci-dessous). Cette méthode du trio aligné permet de ne sortir la boussole que de temps à autre, pour vérification.

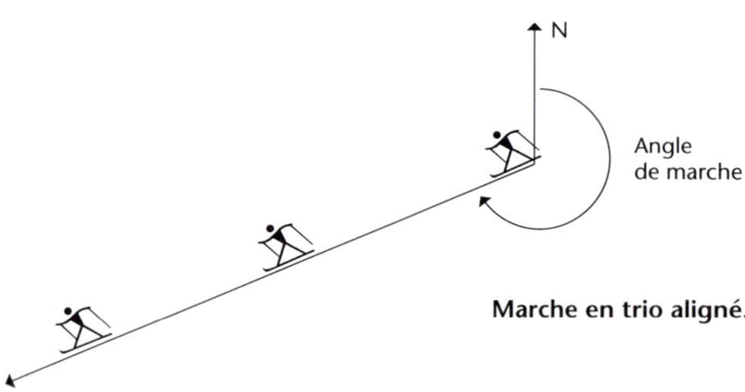

Marche en trio aligné.

Après une inévitable période d'apprentissage, il est relativement facile de marcher ainsi à azimut constant, à plat ou à la montée. L'affaire se complique à la descente : on en est parfois réduit à envoyer un camarade en premier, dans la bonne direction, en limite de vision, puis à le rejoindre pour recommencer un nouvel alignement, et ainsi de suite. Inutile de souligner la lenteur d'une telle progression !

Notons qu'il est illusoire de prétendre conserver un cap en marchant soi-même en tête, boussole en main : des erreurs de plusieurs dizaines de degrés sont inévitables.

Enfin, la *marche selon une pente normale de montée à skis,* si elle est la plus aisée, ne se prête pas à une matérialisation sur le terrain et ne peut être utilisée qu'associée à la méthode de la tangente.

L'IMPORTANCE DE LA PRÉCISION

Précision dans la détermination du point

La méthode classique, par visée de deux ou trois repères, peut paraître la plus précise. Mais les boussoles courantes ne fournissent les relèvements qu'à 2° près, soit 35 m à 1 km, ou 70 m à 2 km. Le point n'est donc connu qu'avec une certaine imprécision, fonction de la distance des repères. Mais, surtout, il est fréquent qu'aucun repère ne soit visible dans le brouillard.

Dans la méthode de la tangente, il n'est pas possible, non plus, de fixer une valeur, même approchée, à l'erreur : tout dépend, non seulement de la détermination correcte de l'horizontale, mais surtout du terrain lui-même. Dans le fond d'un vallon étroit, assez raide, on pourra se situer à quelques dizaines de mètres près, alors que, sur un terrain peu incliné, où les courbes de niveau présentent de grands rayons de courbure, on s'estimera heureux de pouvoir faire le point à 100 ou 200 m près. Le remède, dans ce cas, consiste, dans la mesure du possible, à éviter ce genre de relief et à gagner des pentes plus favorables à l'application de la méthode.

Précision dans un parcours selon un angle de marche donné

Lors d'un relèvement effectué à la boussole, la précision est, au mieux, de 2° (1° avec un compas) ; elle est encore moins bonne lorsqu'il s'agit de matérialiser un angle de marche sur le terrain : le savoir-faire, l'entraînement du randonneur jouent alors beaucoup, mais aussi le terrain lui-même, plus ou moins difficile.

La valeur, assez pessimiste, semble-t-il, de 5°, correspond à une déviation de la route théorique de 44 m après 500 m, ou de 88 m après 1 km. On voit qu'il est illusoire, dans ces conditions, d'espérer atteindre avec certitude un but ponctuel, d'où l'intérêt que présentent les deux règles énoncées plus haut :

– fractionner le parcours pour pouvoir se resituer ;

– viser des lignes et non des points.

La précision est alors fonction du choix de ces lignes : parfaite si c'est une orée de forêt bien franche que l'on vise, moins bonne si c'est une courbe de niveau ; dans ce dernier cas, l'erreur est égale – en vertical – à l'imprécision de l'altimètre ; 20 m est une valeur courante, qui correspond, par exemple, à 75 m en distance horizontale sur une pente de 15°.

Est-il nécessaire de tenir compte de la déclinaison magnétique ?

Oui, bien entendu, si sa valeur est importante. Mais ne peut-on la négliger en Europe occidentale, où, actuellement, sa valeur est très faible ? « À quoi bon ajouter ou soustraire 1° si je ne peux mesurer un azimut qu'à 2° près ! »

Raisonnement inexact : négliger la déclinaison revient à faire une erreur *systématique*, toujours dans le même sens, alors que les mesures d'azimut sont entachées d'erreurs *fluctuantes*, tantôt en plus, tantôt en moins, qui, statistiquement, peuvent parfois se compenser.

Dans le cas d'un point fait par relèvements, ou dans celui d'une progression selon un angle de marche donné, il faut donc tenir compte de la déclinaison magnétique. En revanche, il est inutile de la prendre en considération dans le cas d'une marche à la tangente, vu la faible précision des mesures (de l'ordre de 10°).

QUELQUES ASTUCES UTILES

Certaines de ces astuces relèvent du simple bon sens, d'autres d'un savoir-faire plus élaboré. Mais qui peut dire où passe la frontière entre les deux ? Un peu pêle-mêle, en voici quelques-unes.

Éviter une zone de crevasses, un bois

En temps voulu, on déviera sa route d'un angle arbitraire (60°, par exemple). Compter les pas de A à B. Reprendre la direction primitive, de B à C, sur une longueur suffisante pour dépasser largement l'obstacle, puis obliquer du même angle, mais dans l'autre sens. Après avoir, de C à D, parcouru le même nombre de pas que de A à B, on reprendra finalement en D la direction d'origine.

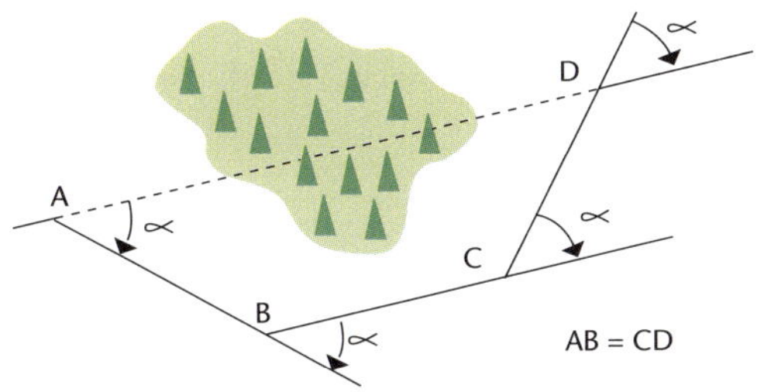

En toute rigueur, il faudrait tenir compte de la longueur du pas, qui peut varier sur AB et CD en fonction de la pente du terrain.

Franchissement d'une crevasse (marche en trio aligné)

Le skieur A signale la crevasse. Le skieur C, porteur de la boussole, s'arrête. Il envoie A et B contourner la crevasse et les place, à la voix, dans le bon angle de marche. Il contourne à son tour la crevasse, se place dans l'alignement AB et la progression reprend.

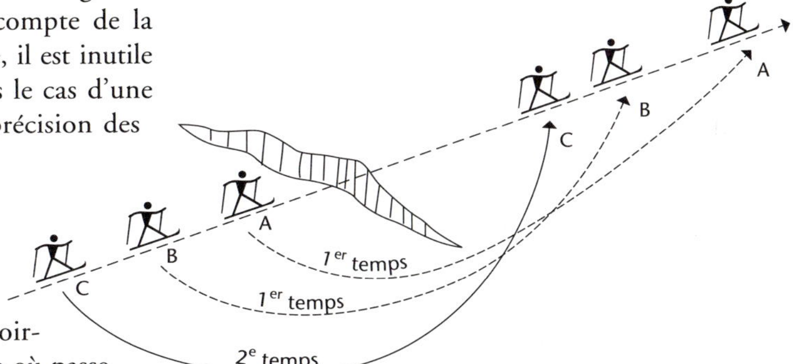

Cas d'une pente trop forte pour être gravie directement

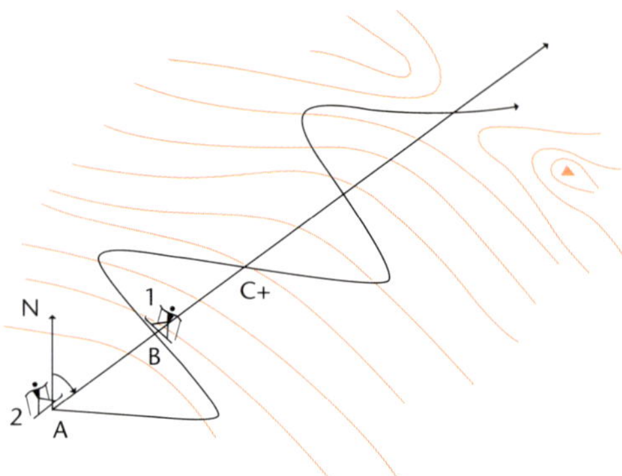

Du point A, on désire franchir le col, mais la pente soutenue rend la trace directe impossible : il faut monter en lacets.

Le porteur de boussole (skieur 2) stationne en A. Devant lui, un camarade (skieur 1) fait la trace, à son gré. Lorsqu'une première conversion l'a ramené, en B, dans l'azimut du col, 2 lui donne un top et reprend sa route dans les traces de 1. Au top, 1 fait une marque dans la neige, puis continue d'avancer à son gré.

Lorsque 2 arrive à la marque B, il reprend l'azimut à la boussole et donne un nouveau top à 1 quand celui-ci arrive en C, dans l'azimut du col. Et ainsi de suite, jusqu'au but.

Il y a souvent intérêt à « viser à côté » du but

De A, nous désirons atteindre un refuge B dont l'altitude nous est connue. L'azimut du refuge est également connu. Pas de problème, semble-t-il.

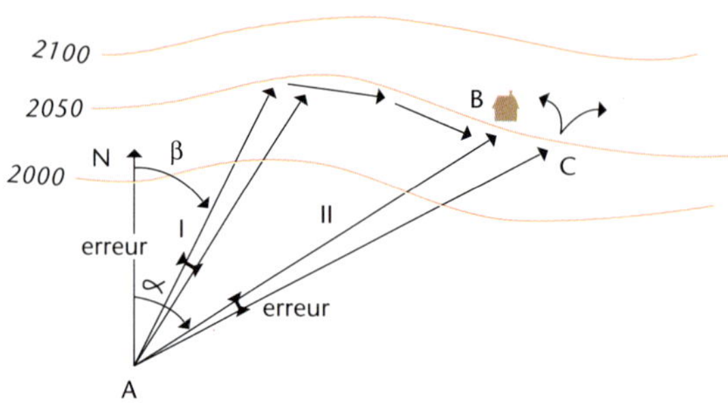

En réalité, compte tenu des inévitables erreurs, il se peut fort bien que ce soit en C que nous parvenions à l'altitude du refuge. Si celui-ci n'est pas visible dans le brouillard, devrons-nous le chercher à gauche ou à droite ?

Pour éviter ce doute, parfois éprouvant, il est préférable de progresser selon un azimut assez nettement différent. Parvenus à l'altitude du but, aucun doute ne subsistera sur la direction à suivre.

La marche « en tirailleurs »

En cas d'incertitude sur les indications de l'altimètre – ou, ce qui revient au même, sur l'altitude du but, qui peut être mal connue –, on adoptera la marche « en tirailleurs ». On disposera ses camarades selon la pente, de part et d'autre de l'altitude du but et en limite de visibilité les uns des autres. Ils progresseront ensuite horizontalement jusqu'à ce que l'un d'eux parvienne au but et rappelle tout le groupe. Un conseil… dicté par l'expérience : avant de fermer la porte du refuge, assurez-vous que personne ne manque à l'appel !

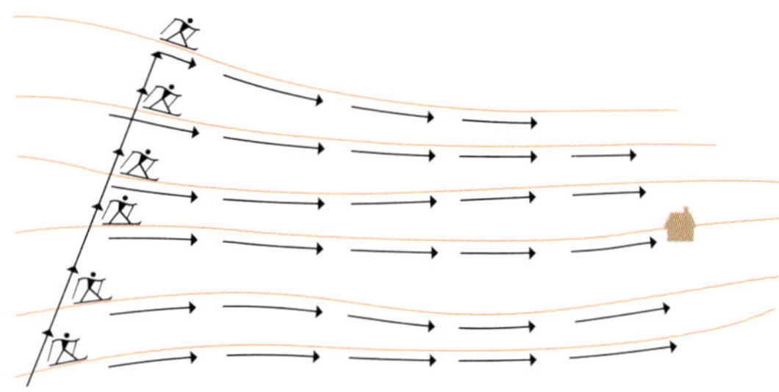

Pour descendre un vallon sans visibilité

Par brouillard ou de nuit, il faut faire de larges zigzags d'une rive à l'autre : les rochers sont en général recouverts de neige, donc invisibles d'en haut (1), alors qu'on peut souvent les distinguer de côté (2).

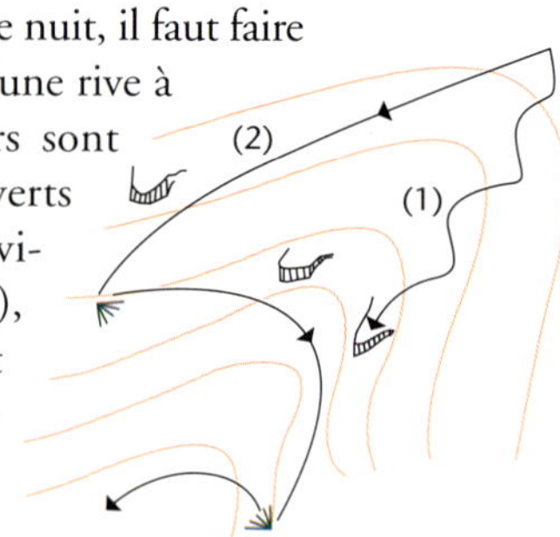

Quelques conseils encore

Ne pas attendre d'être pris par le brouillard pour sortir carte et boussole, mais faire le point dès qu'il s'annonce, en profitant des derniers instants de visibilité.

Par-dessus tout, il convient de se méfier des traces que l'on peut rencontrer : elles endorment l'attention… et ne mènent souvent pas au but recherché.

Il est recommandé de se retourner de temps à autre pour observer le paysage dans l'autre sens… on ne sait jamais ! Mais il est préférable de ne pas compter sur ses propres traces pour un éventuel retour en arrière : le vent peut très bien les avoir effacées…

Dans la mesure du possible, le responsable du groupe passera en tête : l'expérience montre en effet que l'attention se relâche si l'on ne marche pas en premier. Seules exceptions à cette règle :

– lorsque la trace est pénible, il faut ménager ses forces, donc faire sans fausse honte passer un camarade en tête ;

– dans la marche en trio aligné.

Les arrêts (casse-croûte, lecture de la carte) se feront autant que possible sur des croupes et non dans des vallons. On sera ainsi mieux à même de profiter d'une trouée dans le brouillard.

On se fera signaler par les camarades les éclaircies que l'on n'aurait pas vues, en arrière, par exemple. Mais on ne tiendra compte de leurs avis qu'avec la plus grande circonspection. On est le chef, que diable, or un chef ne doit jamais montrer un éventuel désarroi, ne l'oubliez pas !

En Italie, la mer de nuages est bien belle, vue d'en haut ! Mais cette *nebbia*, si caractéristique du bassin du Pô, peut mesurer 1 ou 2 km d'épaisseur… Il faut parfois savoir renoncer.

De nuit, par brouillard, vous aurez souvent intérêt à éteindre vos lampes, la visibilité n'en sera que meilleure.

On n'accordera qu'une importance relative aux itinéraires à skis figurant sur certaines cartes : utiles, certes, mais pas infaillibles.

Par mauvaises conditions, la conduite de la randonnée monopolise toute l'attention du chef. Il devra donc déléguer ses autres responsabilités et ne pas oublier de tenir un camarade au courant de la progression… Un accident est toujours possible.

Dans le brouillard, il est souvent difficile d'apprécier le relief du terrain. On risque alors de sauter du haut d'une corniche ou de tomber dans une crevasse. Pour minimiser ces risques, on peut utiliser une « cordelette de brume » :

On attache à la rondelle d'un de ses bâtons une fine cordelette colorée, longue de 1,80 à 2 m et lestée d'une petite masse à son extrémité. Au cours de la progression, on projette cette masse devant soi en *pêchant au lancer,* tous les deux pas, par exemple, ce qui permet de visualiser le terrain à plus de 2 m de distance.

Enfin – et en particulier pour un raid –, on aura intérêt à préparer chez soi des *plans de marche* intégrant les risques de mauvaise visibilité. Cela permet d'apprécier, à l'avance et à tête reposée, les risques de certaines étapes.

QUELQUES PROBLÈMES ÉPINEUX

Les pistes forestières

Lors des parcours en moyenne montagne, on doit fréquemment emprunter des pistes ou des routes forestières, récemment ouvertes et non encore représentées sur les cartes. Le plus souvent, ces pistes occultent les sentiers. Comment retrouver l'amorce de ceux-ci en haut d'un talus qui domine parfois la route de plusieurs mètres, ou, en contrebas, dans les déblais ? Problème sans solution simple, surtout en hiver, lorsque la neige recouvre le sol. De grâce, messieurs les entrepreneurs de travaux publics, donnez quelques coups de pioche après le passage du bulldozer pour rétablir les amorces de sentier !

Une expérience déroutante : l'inversion apparente du relief lors d'un changement de versant sans visibilité

Nous montons depuis un certain temps dans le brouillard, en direction d'un refuge C. Nous pensons nous trouver en A, où l'altitude est de 2 200 m et l'azimut de la courbe de niveau de 45° environ, ski *gauche* amont. Nous nous attendons donc à rencontrer encore, au cours de la progression, des courbes de niveau orientées à 45°, toujours ski *gauche* amont, jusqu'en B, puis elles tourneront à 150°.

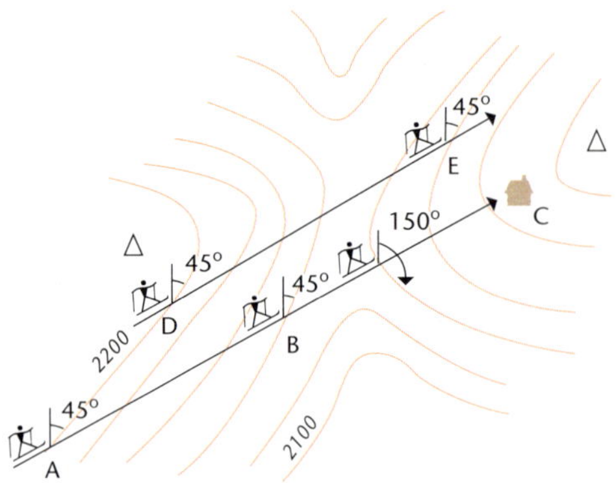

En réalité, nous avons commis une erreur dans la marche à l'estime : nous nous trouvons en D, où l'altitude et l'orientation de la courbe de niveau sont les mêmes qu'en A.

Au cours de la progression qui va suivre, nous allons franchir le col sans nous en apercevoir et parvenir en E alors que nous croyons être en B. Or, en E, si l'azimut de la courbe de niveau est bien de 45° comme en B, c'est ski *droit* amont, et non ski *gauche* comme prévu.

Le relief semble alors *s'inverser :* il en résulte une impression d'ivresse, particulièrement désagréable dans ces conditions !

Cette impression d'avoir perdu tout repère, d'être quasi en perte d'équilibre, peut d'ailleurs, paradoxalement, se révéler utile, en suggérant que l'on vient de changer de versant sans le savoir !

Il s'agit là d'une aventure peu courante, encore qu'elle nous soit arrivée deux fois au cours de la même randonnée (application 7) !

En moyenne montagne, on se trouve parfois dans une situation également fort désagréable : là où devraient s'étendre des prairies propices au ski, on rencontre des bois, jeunes résineux en général, mais parfois aussi taillis. Et pourtant, la carte est récente !

Il faut savoir que l'emprise des forêts n'est pas remise à jour à chaque édition et que l'on peut trouver des arbres de dix ans ou même plus à la place de la prairie représentée sur la carte.

Enfin, n'oubliez pas, au risque de graves mécomptes, que l'équidistance des courbes change en général au passage des frontières, par exemple entre la France et l'Italie ou la Suisse, voire sur une même carte !

ORIENTATION ET SÉCURITÉ

Le manque de visibilité accroît indéniablement les risques des randonnées à skis et, tout d'abord, bien entendu, celui de s'égarer. Mais, contrairement à ce que l'on pourrait penser, il ne s'agit pas là du danger principal – tout au moins si l'on applique les règles qui viennent d'être exposées.

Mais d'autres périls demeurent. Ainsi, sur glacier ou en terrain accidenté, une chute dans une crevasse ou du haut d'une falaise peut se produire. Sur ce genre de terrain, les deux premiers devront donc skier encordés, les autres suivant dans les traces.

Le recul des glaciers, dans la mesure où il n'est pas représenté sur les cartes un peu anciennes (surtout à l'étranger), peut également se révéler dangereux. Signalons aussi que des lacs de barrage établis au front des glaciers – c'est un cas assez fréquent en Suisse, par exemple dans les Grisons – entraînent la fonte de la langue terminale. Celle-ci se trouve remplacée par une falaise de glace verticale haute de plusieurs dizaines de mètres, invisible d'en haut lorsque, par visibilité réduite, on descend le glacier. Le remède consiste à gagner en temps voulu l'une des rives de la vallée et à skier sur le sol ferme.

Un danger plus fréquent est constitué par les pentes avalancheuses dans ou sous lesquelles on peut se retrouver si la visibilité est insuffisante – les avalanches ne s'arrêtent pas toutes en bas de la pente, elles peuvent aller fort loin.

L'itinéraire devra donc être choisi de manière à s'écarter aussi largement que possible de telles pentes raides et à les contourner. Il en sera de même des zones de crevasses, séracs, falaises.

Mais cela ralentit la progression. Et voici peut-être le danger le plus grave – et le moins évident : la recherche de la sécurité dans la progression, les techniques d'orientation sans visibilité, tout cela prend du temps. Elles doublent, en moyenne, les

APPLICATION 7 : VERS LE COL DE LA VALLÉE ÉTROITE, EXEMPLE VÉCU DANS LA NEBBIA PIÉMONTAISE

Au-dessus de Modane, nous montons du Lavoir au refuge du mont Thabor. Notre itinéraire (1) passe successivement par le chalet de la Replanette (A), puis par les cotes 2 383 (B) et 2 472 (D). Mais nous montons un peu trop et franchissons, sans le voir, le col 2 434 (cheminement 2). Vers 2 450 (E), l'orientation des courbes de niveau est Nord-Sud, ski droit amont, alors que nous pensions nous trouver en C, à la même altitude et avec la même orientation des courbes de niveau, mais ski gauche amont. Désarroi complet ! Nous préférons faire demi-tour et revenir au chalet de la Replanette, d'où une progression plus attentive (par alignements et comptage de pas) nous amène au refuge.

Le lendemain, la nebbia nous prive du mont Thabor, mais permet une réflexion a posteriori qui laisse entrevoir la réalité. Nous redescendons, toujours noyés dans le brouillard. Cette fois – réflexe de sécurité – nous restons trop haut et, au lieu de passer au chalet de la Replanette, nous franchissons le col homonyme sans nous en rendre compte. Au point F, si les courbes sont bien sensiblement Nord-Sud comme en A, où nous pensons nous trouver, c'est ski gauche amont et non ski droit amont.

Cette fois, pas d'hésitation : la leçon de la veille a porté ses fruits, nous retrouvons sans peine le bon chemin.

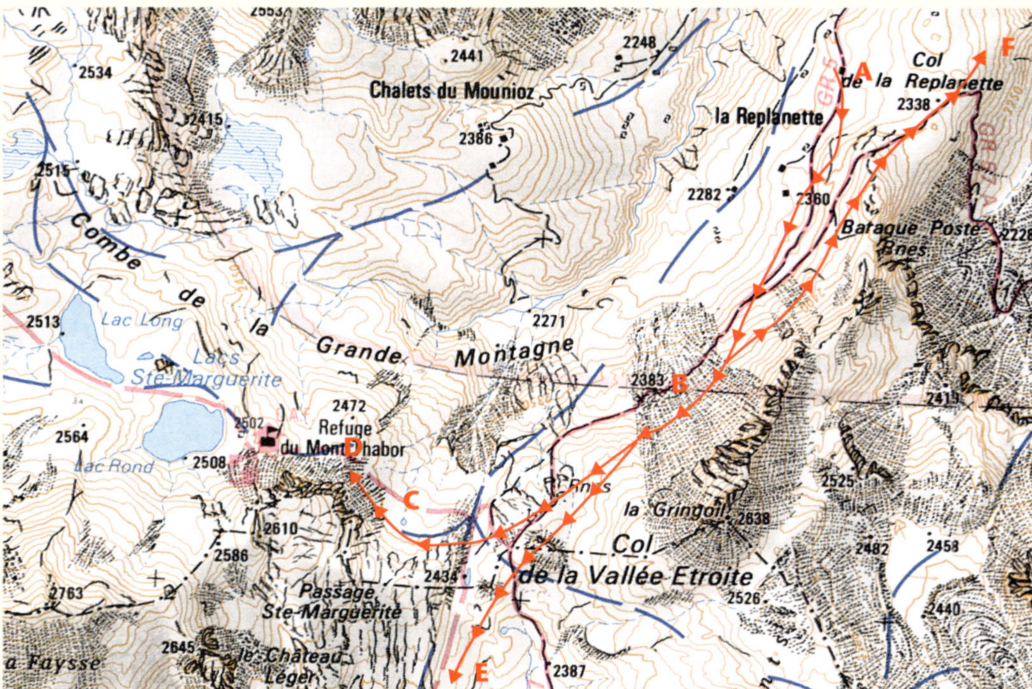

temps de parcours. Or la vitesse est elle-même un facteur de sécurité. Cercle vicieux que seule l'expérience pourra briser. Elle seule dira si l'on peut poursuivre sans trop de risques ou s'il est préférable de renoncer… même en cours de raid.

Quelques belles réussites vous inspireront confiance en vous-même – confiance qui doit toujours rester mesurée. Nul n'est infaillible. Encore une fois, il vaut mieux parfois renoncer lorsque le brouillard se met de la partie.

PHILOSOPHIE DE L'ORIENTATION

Nous avons vu les trois principes de base de l'orientation sans visibilité :

– viser des lignes et non des points ;
– fractionner l'itinéraire pour se resituer aussi souvent que possible ;
– s'imprégner du relief tel qu'il figure sur la carte et appliquer en permanence la méthode de la tangente pour se situer grâce à chaque thalweg, chaque changement d'orientation des courbes de niveau.

Un quatrième principe complète les précédents : appliquer le doute méthodique.

Appliquer le doute méthodique, c'est se poser la question suivante : « Mes relevés me conduisent à penser que je me trouve en tel point. Mais n'y a-t-il pas, dans les environs, un autre point qui pourrait répondre aux mêmes conditions ? »

Si c'est le cas, s'il existe le moindre doute sur la position, il faut chercher à « départager les ex-aequo » en recherchant sur la carte, dans les environs immédiats de chacun des points, un détail (forme du relief, limite de végétation) qui soit différent pour chacun d'eux. On ira ensuite vérifier sur place, ce qui permettra de lever l'indétermination. Cette vérification pourra d'ailleurs le plus souvent s'intégrer dans la suite de la progression et l'ambiguïté disparaîtra ainsi sans perte de temps. L'application 2 en a donné un exemple.

On le voit, le doute méthodique est un doute *constructif,* en opposition totale avec le doute au sens courant du terme qui, lui, est négatif et démoralisant. Inutile de dire qu'il peut s'appliquer à bien d'autres domaines qu'à l'orientation…

Quelques derniers conseils

– Il faut s'exercer à la lecture des cartes, s'en imprégner, pour pouvoir du premier coup d'œil identifier parfaitement les formes du relief.

– En général, lorsque deux solutions existent à un problème rencontré sur le terrain, c'est souvent celle qui nécessite le plus d'effort qui se révèle la meilleure. La loi du moindre effort est mauvaise conseillère !

– Enfin, il faut pratiquer souvent, bien connaître son matériel, s'exercer fréquemment sur le terrain. Seul un entraînement régulier permettra de se tirer d'affaire en toutes situations, malgré la fatigue et la tempête qui vous gèlent à la fois les doigts et l'esprit.

QUELQUES ADRESSES UTILES

Où se procurer cartes et guides :

– Au Vieux Campeur : 48, rue des Écoles, 75005 Paris (catalogue très complet de cartes et guides du monde entier).

– Librairie du Voyageur Artou : 18, rue de la Madeleine, 1003 Lausanne, Suisse (cartes et guides du monde entier). Il existe une succursale à Genève.

Pour la Suède

Le Livre ouvert : 48, rue des Francs-Bourgeois, 75003 Paris.

Pour la Norvège

Geologisk Museum, Sarsgat 1, 0562 Oslo, Norvège.

S'ABRITER EN HIVER

Souvent, les sports de neige se pratiquent à la journée, et le problème de l'hébergement ne se pose pas. Toutefois, pour celui qui vient d'une région de plaine, ou pour celui qui entreprend une longue course, ou encore pour celui qui souhaite « larguer les amarres » et partir plusieurs jours, il est important de trouver un toit permettant de se mettre à l'abri du froid et des intempéries. En fonction du sport pratiqué, du pays fréquenté, du type de terrain, il existe de multiples possibilités d'hébergement, allant du grand confort à la solution de fortune.

EN HÔTEL OU EN GÎTE

C'est la formule idéale pour qui veut disposer d'un minimum de commodités (chauffage, bon couchage, éventuellement pension ou demi-pension). Ces hébergements sont, sauf exception, situés en fond de vallée et peu adaptés à la pratique de raids d'altitude. En revanche, ils peuvent constituer d'excellentes bases de départ pour des courses à la journée (randonnées en étoile).

Si l'on veut utiliser ce genre d'hébergements, il est important de s'assurer au préalable qu'ils sont effectivement ouverts et qu'il y a de la place (certains gîtes sont très demandés à certaines périodes de l'hiver et du printemps).

EN REFUGE

Le terme « refuge » couvre une gamme très ouverte, allant de l'abri sommaire (quatre murs, une porte et un toit) à l'hôtel d'altitude, en passant par le local hivernal sordide attenant à un refuge d'été solidement verrouillé. Il importe donc de savoir à quoi correspond le précieux refuge porté sur la carte. Il existe des topo-guides qui éviteront bien des mauvaises surprises.

Les règles et les traditions d'ouverture et de gardiennage, ainsi que le niveau de services offerts, varient beaucoup d'une région ou d'un pays à l'autre.

En Suisse, sauf certaines cabanes du Tessin (et des constructions privées appartenant à des sections ou des clubs de ski), les refuges sont généralement ouverts, mais pas toujours gardés. Ils offrent cependant un certain confort (poêle, bois). En Suisse alémanique, certains proposent même des boissons en libre-service. Attention ! les réchauds y sont proscrits.

En Italie, la situation varie en fonction des régions ou des vallées. Certains refuges (Dolomites, Ortles) sont ouverts et gardés au printemps (parfois seulement le week-end). D'autres sont fermés, avec ou sans local hivernal. Lorsque ce dernier existe, il arrive qu'il soit fermé à clé.

Les refuges bivouacs, toujours ouverts, ne sont jamais gardés. Ils offrent un confort minimal (matelas, couvertures), mais sont rarement pourvus de réchauds. Il s'agit d'hébergements de capacité limitée (généralement pas plus d'une dizaine de places) et l'on doit tenir compte de cette variable lorsque l'on prévoit d'utiliser ces abris sur un itinéraire fréquenté.

En Autriche, le modèle dominant est le refuge-hôtel chauffé, accueillant, doté d'un bar et de douches, dans lequel les « hors-sacs » – utilisateurs de réchauds – ne sont pas admis. Certains refuges fermés l'hiver sont dotés d'un local hivernal confortable.

En France, les refuges des Alpes-Maritimes sont fermés à clé et non gardés l'hiver. Il en va de même pour certains refuges du Jura ou des Vosges. Ailleurs dans les Alpes ou dans les Pyrénées, on trouve souvent un refuge d'hiver, offrant rarement des possibilités de chauffage. Le gardiennage est parfois assuré à partir des mois de mars ou d'avril (dans certains cas, pour les week-ends ou les « ponts » du mois de mai).

En Norvège, petits ou grands, privés ou gérés par le Den Norske Turistforening, les refuges sont toujours confortables. Certains sont gardés une partie de l'hiver (repas préparés). Dans d'autres, dits « en self-service » (non gardés mais équipés), on peut souvent acheter de la nourriture. Enfin, il existe des refuges non gardés et fermés, dont la clé standard est disponible auprès du Turistforening ou des offices de tourisme.

En Suède, la plupart des refuges sont gérés par le Svenska Turistföreningen. Ce sont de petits refuges ou des « stations de montagne » *(Fjällstation),* toujours confortables et gardés (repas proposés ou nourriture en vente).

En Finlande, les refuges sont gérés par l'équivalent de notre Office national des forêts. D'assez petite capacité, ils ne sont jamais gardés et n'offrent que le couchage et le chauffage. Certains sont fermés et accessibles sur réservation *(varaustupa),* les autres *(autiotupa)* sont ouverts.

Quel que soit le pays considéré, une règle de prudence s'impose : il faut recueillir avant de partir des informations précises et aussi récentes que possible sur l'état des lieux, les possibilités d'accès et les prestations éventuellement offertes. Cela évitera bien des déconvenues. En particulier, il ne faut pas oublier que les difficultés d'accès (longueur, éventuels dangers d'avalanches) sont généralement accrues en hiver ou au printemps. Pour pénétrer dans le refuge, on peut avoir quelques problèmes s'il est recouvert par la neige. C'est un argument de plus en faveur de la présence systématique d'une pelle dans le sac.

La fréquentation d'un refuge non gardé en hiver implique le respect de règles de savoir-vivre :

– éviter de se soulager aux abords des bâtiments. À la fonte des neiges, le décor est souvent sordide. Penser aux futurs visiteurs, qui préféreront sans doute faire fondre de la neige propre ;

– s'abstenir de toute effraction et de toute dégradation ;

– s'il y a un poêle, ne pas épuiser la réserve de bois. S'il n'y a pas de bois, apporter ses propres provisions et éviter de débiter certaines parties du refuge pour en faire du bois de chauffage ;

– si l'on fait du feu, s'assurer que l'on ne risque pas d'incendier le bâtiment ;

– ne pas oublier de vaisselle sale (ou de casserole contenant un reste de nourriture) sous prétexte que l'eau est rare, et redescendre tous ses déchets ;

– refermer soigneusement les issues en quittant les lieux ;

– payer ses taxes, sur place ou de retour dans la vallée.

EN CHALET D'ALPAGE

Plus encore que pour les refuges se pose ici la question préalable de l'état des lieux. Le déclin de la vie pastorale en montagne a une incidence directe sur l'évolution de ce patrimoine immobilier. Certains chalets figurant sur des cartes ne sont plus que des ruines. D'autres, rénovés et transformés en résidences secondaires, sont soigneusement fermés. D'autres enfin, encore en activité, sont également barricadés par des propriétaires écœurés par le sans-gêne de certains usagers. La situation évolue d'année en année et il est difficile d'avoir des informations à jour. En cas de doute, mieux vaut prévoir un minimum de matériel de bivouac qui évitera toute déconvenue si l'on trouve porte close. Même si la porte est ouverte, il faut être totalement autonome (gaz, gamelles, matelas), car on ne disposera que rarement des éléments de confort. Les mêmes règles de savoir-vivre que dans les refuges s'imposent si l'on ne veut pas assister à court terme à la fermeture générale des chalets d'alpage ou des abris forestiers.

EN CAMPING

Planter sa tente dans la neige, ou à proximité, est une magnifique expérience et une garantie de tranquillité. Il est important d'avoir un très bon matériel. Il faut absolument utiliser un modèle à montage rapide, testé dans des conditions difficiles. Seules les tentes-dômes ou tunnels avec double toit incorporé sont conseillées. Les fabricants norvégiens ou suédois sont de grands spécialistes. Il faut rappeler qu'une tente résistante est forcément un peu plus lourde qu'une autre. Les critères de choix déterminants sont la robustesse des arceaux et la

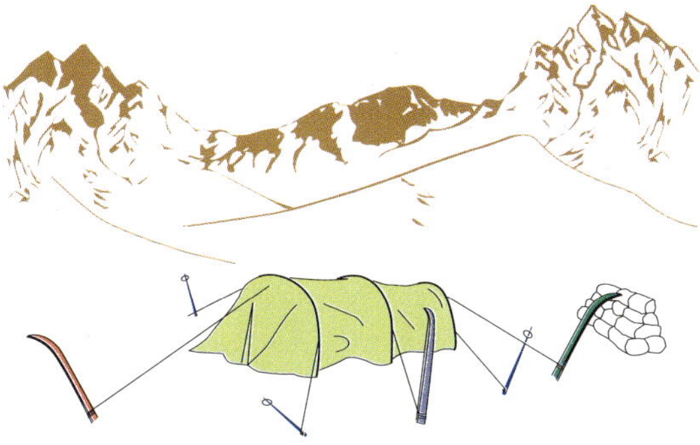

qualité des coutures. Pour l'amarrage des haubans, il faut utiliser des plaques à neige et, pour les haubans principaux, des skis plantés ou enterrés. On peut, au besoin, protéger la tente du vent par un mur de blocs de neige construit à 3 m.

Le choix d'un emplacement de campement ne se fait pas à la légère. En particulier, il est indispensable de s'installer dans un lieu sûr, à l'abri des avalanches. Sur glacier, on essaiera de se mettre sur une moraine ou, à défaut, dans un endroit le plus plat possible, loin de toute crevasse. On ne doit pas non plus perdre de vue la réglementation en vigueur dans certains parcs nationaux (restriction, voire interdiction absolue).

En cas de tempête, le montage d'une tente peut devenir impossible et le bivouac est alors la seule solution.

Camping sur neige dans le Vercors. ▼

LE BIVOUAC HIVERNAL

Quel que soit le type d'hébergement théoriquement choisi, le bivouac est un risque possible. La maîtrise des techniques est indispensable lors de grands raids. L'équipement nécessaire doit donc toujours être dans le sac du skieur.

Quand on parle de bivouac hivernal, on pense naturellement « igloo », mais cette technique délicate nécessite un type de neige bien particulier. D'autres méthodes plus simples n'exigent qu'une simple congère. Dans ce cas, il faut s'assurer au préalable, par un coup de sonde, que l'on dispose d'une profondeur de neige suffisante. Tout comme pour le camping, il est indispensable de choisir un emplacement sûr.

Quelle que soit la technique adoptée, personne ne doit rester inactif ; pelleter, tailler des blocs, faire fondre de la neige sont autant d'activités de base essentielles.

L'igloo

Si la neige est rare et les congères introuvables, l'igloo peut être la solution, à condition de disposer d'une neige ferme et légère, compactée par le vent.

Il faut d'abord déterminer deux emplacements voisins, l'un pour la carrière, l'autre pour l'igloo. Sur ce dernier, tracer avec un bâton un cercle de 2,50 à 3 m de diamètre. Damer la superficie correspondante, puis tailler les premiers blocs sur place pour abaisser le niveau du « plancher ». La hauteur du dôme à construire sera ainsi réduite. Un maçon reste dans l'igloo pour assembler les blocs, un ou deux « tailleurs de neige » se chargent, avec pelle et scie, de l'extraction des blocs dont un dernier ouvrier assure le transport.

Les blocs d'environ 70 x 40 x 25 cm sont posés en cercle, légèrement inclinés vers l'intérieur (pente de 15°) pour donner la courbure au dôme. Ils sont jointés avec de la neige tassée. Il faut d'abord découper la partie supérieure de la première rangée (dans le sens des aiguilles d'une montre) de façon que la construction suive ensuite une spirale. Au fur et à mesure de la pose, grâce à l'inclinaison des blocs, l'ouverture se rétrécit et, après quarante ou

▲ **La construction d'un igloo demande du temps, un minimum de technique et un matériau-neige de bonne qualité… mais quelle récompense pour les compagnons-bâtisseurs !**

▲ **Même dans sa version « confort », le trou de neige est plus rapide à aménager. Il ne restera plus qu'à recouvrir le toit de neige pour isoler l'abri du froid.**

cinquante blocs, elle n'est plus qu'un trou arrondi qui va recevoir la clé de voûte, bloc taillé sur mesure. Le maçon enfermé ouvre une porte à l'opposé du vent, avec adjonction d'un tunnel à l'extérieur. Il faut lisser soigneusement l'intérieur pour éviter les gouttes d'eau et recouvrir le dôme de neige pour colmater les éventuels courants d'air. Après trois ou quatre heures de labeur, il est temps d'aménager l'intérieur, d'installer des plates-formes, une fosse à froid, d'assurer la ventilation par une petite cheminée et d'allumer une bougie pour réchauffer l'atmosphère et rendre l'endroit plus intime.

Le bivouac d'urgence

Il existe deux possibilités pour une installation rapide : l'abri-niche ou l'abri-puits. Pour le premier, une congère peu profonde suffit. La niche avec banquette doit avoir 1,50 m de hauteur et 0,80 m de profondeur. Il faut prévoir 60 cm de largeur par personne.

En l'absence de congère, on peut chercher un repli de terrain comblé de neige. Pendant qu'on creuse le puits (profond d'environ 1,50 m) que le vent a tendance à reboucher, il faut protéger le pelleteur. En général, un bivouac abrite deux ou trois personnes, mais on peut faire plus si l'on a une vocation de bâtisseur.

Dans les deux cas, on obture avec les skis et des blocs de neige. Un bâton traversant les blocs permet l'aération. Un fanion ou tout autre indice extérieur visible signale le bivouac.

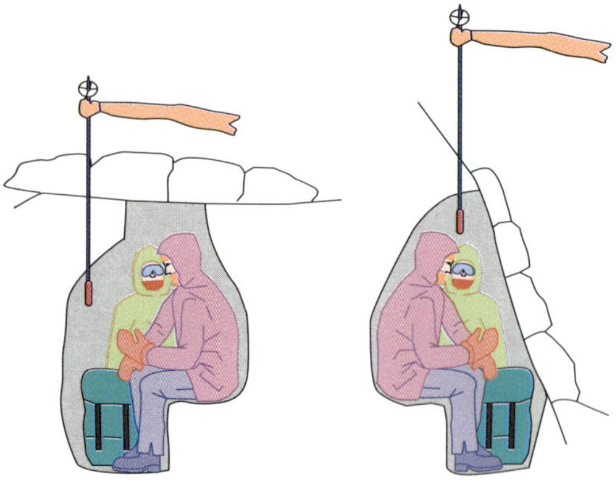

Le bivouac confort

Si l'on dispose d'une belle congère (hauteur 2,50 m, profondeur 3 ou 4 m) et si les conditions météorologiques sont acceptables, on peut envisager l'abri-tranchée ou la caverne. Ces deux réalisations assureront des nuits agréables.

Dans le premier cas, pour deux personnes, on creuse une tranchée large d'environ 70 cm. De chaque côté, une alvéole sur banquette est taillée pour contenir une personne, puis la tranchée est obturée avec des blocs de neige.

Pour l'abri-caverne, on creuse deux tunnels à 2 m d'intervalle avec une entrée assez basse sur 1 m environ. Les deux pelleteurs obliquent et se rejoignent. On agrandit alors la « chambre » et, dans le fond, on taille une alvéole sur banquette pour deux personnes. Quelques niches permettent d'installer la cuisine et les bougies. On condamne l'une des entrées et l'on obture l'autre avec des blocs amovibles. Un bâton avec fanion traversant la porte permet l'aération et signale le bivouac.

S'il fait beau, une heure suffit pour les versions d'urgence (puits ou niche), mais il faut quatre heures pour le bivouac caverne.

Que le bivouac soit de fortune ou de luxe, il faut être attentif à l'aération. En cas de grand vent ou de chute de neige abondante, la cheminée peut être obstruée. La vapeur d'eau produite par la respiration se condense et forme une mince pellicule de glace sur les parois de l'abri qui rend tout échange d'air avec l'extérieur impossible. Les occupants risquent alors de sombrer dans une douce torpeur qui peut être fatale. Une bougie allumée permet éventuellement de surveiller que l'oxygène n'est pas en train de se raréfier dangereusement.

Les sacs sont stockés à l'intérieur. Il ne faut pas laisser par inadvertance les pelles hors de l'abri. Elles pourraient faire cruellement défaut s'il fallait se frayer une issue vers la sortie à la suite d'abondantes chutes de neige nocturnes.

Tous ces abris sont de préférence des zones « non fumeurs ». Les mêmes règles de propreté et de respect de l'environnement qu'aux abords des refuges s'imposent.

Le matériel de bivouac

Sonde, pelle (une par personne en haute montagne, également pour des raisons de sécurité ; en randonnée nordique, une pelle pour deux peut suffire). Une scie à neige est très utile si l'on choisit la formule igloo.

Un matelas est indispensable, qu'il soit en mousse ou autogonflant. Dans ce dernier cas, il est indispensable de le vérifier avant de partir, car il n'y a rien de plus désagréable qu'un matelas qui fuit et qui met progressivement en contact avec la neige.

Des sur-chaussures et des sur-gants étanches seront très appréciés pour les travaux de « creusement ».

Le sac de couchage sarcophage doit être garanti pour de très basses températures. Il semble préférable d'utiliser des fibres synthétiques en raison de leur meilleure tenue à l'humidité. Le sac est plus volumineux, mais des sangles de compression peuvent réduire ce désavantage relatif.

On ne doit pas oublier non plus : sur-sac, couverture de survie, couvert, gamelle, réchaud ainsi que bougies… et briquet.

En cas de bivouac forcé, si l'on ne possède pas tout cet équipement, il reste la solution de fortune qui consiste à enfiler tous les vêtements dont on dispose, à s'asseoir sur quelque chose de sec, à glisser les pieds dans le sac à dos et à passer la nuit à chanter pour ne pas s'endormir.

POUR EN SAVOIR PLUS

Sur la France et les massifs limitrophes

MOURARET, Annick et Serge, *Gîtes d'étape et refuges. France et frontières*, 7e éd., Vélizy, Éd. de la

Cadole, 1996, 350 p. (3 000 hébergements en France, 600 dans les pays limitrophes).

Sur la Suisse

CLUB ALPIN SUISSE, *Clubhütten. Cabanes. Capanne,* Éditions du CAS.
Ouvrage au format de poche, très commode. Guide régulièrement mis à jour. Des compléments et rectificatifs sont publiés dans *Les Alpes,* revue du CAS.

NIDEROST, A. et H., *Liste des cabanes privées suisses,* Schöftland.

Sur l'Italie

BO, Franco, *I Rifugi del CAI,* Priuli e Verlucca, 1991.
Plus de 700 refuges et bivouacs décrits.

Sur l'Allemagne et l'Autriche

DAV et OAV, *Die Alpenvereinshütten,* Munich, éd. R. Rother, 1979, (2e éd.), 672 p.
Plus de 1 000 refuges décrits, dont la moitié avec illustration.

Sur les Pyrénées espagnoles

Refugios pirenaicos, Saragosse, Prames ed..

Sur la Norvège

Apninstider vinter, Oslo, Den Norske Turistforening.

Sur la Suède

STF Fjällhandbook, Stockholm, Svenska Turistföreningen.

Tous ces guides sont généralement complétés par des cartes, un index et des indications sur les périodes d'ouverture et/ou de gardiennage ainsi que sur les éventuelles difficultés d'accès en hiver.

ASPECTS MÉDICAUX

Mieux vaut prévenir que guérir : c'est encore plus vrai quand il s'agit de sports qui comportent des dangers liés à la fois à l'environnement (neige, froid, soleil), à une alimentation défectueuse, à des efforts auxquels le sujet n'est pas habitué ou mal préparé. Bien souvent, la pathologie peut être évitée par une bonne prévention.

PRÉVENTION

S'entraîner

Il est conseillé de pratiquer les sports de neige avec un bon état général et une bonne forme physique qu'il faut cultiver. Cet entraînement portera sur deux points :

– un entraînement général à l'effort, en pratiquant un travail musculaire d'endurance (course à pied, vélo, sports d'équipe). Cet entraînement a pour objectif de donner à l'organisme une capacité d'endurance à l'effort, quel qu'il soit, dans une ambiance froide. Cela permettra d'éviter des accidents dus à un mauvais état général ;

– un entraînement spécifique est également souhaitable. Il s'agit essentiellement de mouvements d'assouplissement comme préparation à la pratique du ski. On peut suivre des cours de gymnastique ou courir l'automne sur des pentes caillouteuses. C'est un excellent exercice pour fortifier les membres inférieurs et renforcer l'équilibre.

Lutter contre la chaleur ou le froid

Qui dit neige dit froid. Il faut apprendre à se couvrir suffisamment pour éviter gelures et hypothermie. Il faut également ne pas trop s'habiller pour éviter toute surchauffe nuisible au rendement énergétique. Les deux mécanismes de lutte contre le froid et contre la chaleur sont parallèles et ils ne vont pas l'un sans l'autre. Quelques rappels théoriques simples permettront de mieux les comprendre.

Lutter contre la chaleur

Il s'agit de la chaleur produite pendant l'effort musculaire. Le « moteur muscle » a un piètre rendement. Sur 100 kilojoules dépensés, 20 seulement produisent du mouvement et 80 sont transformés en chaleur. C'est elle qu'il faut éliminer. Plusieurs mécanismes, d'importance inégale, sont à considérer.

Il y a d'abord augmentation de la circulation sanguine périphérique, c'est-à-dire de la peau. Quand on parle de chaud et de froid dans le corps humain, on distingue le noyau central et l'écorce. Le premier est constitué de tous les organes qui commandent ou qui travaillent, l'écorce étant l'emballage cutané. En cas de chaleur, il se produit une vasodilatation de tous les vaisseaux de la peau. Une très grande surface sanguine superficielle est ainsi exposée à l'air ambiant avec lequel elle échange sa chaleur, la différence de température entre le noyau et l'écorce pouvant être de 4 à 20 °C.

On perd également de la chaleur par respiration. Cette perte est d'autant plus importante que la respiration se fait dans une atmosphère froide et sèche, ce qui est le cas à des altitudes élevées. Elle augmente également si la respiration s'accélère, en cas d'essoufflement ou d'hyperventilation contrôlée. Le chien, qui n'a pas de glandes sudoripares, doit éliminer sa chaleur en excès par une respiration accélérée.

Enfin, le mécanisme le plus efficace qui entre en jeu dès que la température interne dépasse 37 °C, c'est la transpiration. Chaque litre de sueur excrétée permet d'éliminer 400 calories. Tant que la sudation persiste, l'organisme peut soutenir des températures extrêmement élevées, jusqu'à 150 °C si le temps d'exposition ne dépasse pas 1 minute. En cas d'effort très dur, l'élimination peut être de 2 litres par heure.

L'effet de thermolyse est double. L'eau évacuée entraîne avec elle de la chaleur du noyau. Par ailleurs, en se transformant de liquide en vapeur –

c'est-à-dire en s'évaporant –, elle consomme de la chaleur. Cette évacuation de chaleur est d'autant plus importante que l'on se trouve en atmosphère sèche, froide et ventée.

De toutes ces considérations théoriques, que faut-il retenir ? Dès que la sueur apparaît – phénomène physiologique normal –, il faut se déshabiller pour que la sueur joue au mieux son rôle : évacuer le plus de chaleur possible en se vaporisant. Il ne faut donc pas hésiter à se dévêtir, et très rapidement. On ne s'en portera que mieux. Mais, dès l'arrêt de la contraction musculaire, il faut se couvrir : quand la machine ne travaille plus, le refroidissement est rapide.

Il existe une importante restriction à cette règle. Lorsque le soleil tape, il émet un rayonnement infrarouge qui échauffe considérablement les corps qu'il frappe. Cet effet s'ajoute à celui de l'échauffement par l'effort. Dans ce cas, un tissu, même aéré et très léger, suffit à enrayer cette action néfaste du soleil.

Notons aussi que, plus un individu est gros, plus son panicule cutané fait écran avec l'air extérieur, d'où une défense contre le froid accrue, mais une lutte plus difficile contre le chaud. C'est pourquoi les gros transpirent plus que les maigres.

Lutter contre le froid

Dans ce cas également, l'organisme met en jeu plusieurs mécanismes.

Il y a d'abord l'inverse de la lutte contre le chaud, la vasoconstriction. Cette contraction des vaisseaux cutanés entraîne une diminution de la circulation au niveau de la peau. Il en découle une moindre perte de chaleur du noyau central. Cette thermorégulation peut être tellement intense que la température de la peau des doigts peut s'aligner sur la température ambiante, avec risque de gelures graves.

Le deuxième mécanisme est celui du frisson thermique, réflexe qui entraîne des contractions musculaires rythmiques produisant de la chaleur. Elles peuvent atteindre presque toutes les masses musculaires. Mais cette action reste relativement limitée.

Il existe aussi une thermogenèse de non-frisson, c'est-à-dire une augmentation de production de la chaleur en augmentant les combustions, surtout celles des lipides (graisses) qui produisent le plus de chaleur, sous l'influence des glandes thyroïde et surrénales. Cela explique l'augmentation des besoins alimentaires dans une ambiance froide.

Tous ces mécanismes physiologiques sont inconscients, mais ils se perfectionnent et s'améliorent avec l'entraînement. L'homme peut aussi lutter de façon plus consciente contre le froid.

– Il peut d'abord produire de la chaleur en contractant ses muscles, par une activité musculaire, ce que l'on ne peut faire indéfiniment.

– Il peut ensuite augmenter considérablement les protections cutanées avec des vêtements appropriés. On a essayé de quantifier la protection vestimentaire, considérée comme une résistance au passage de la chaleur de l'intérieur vers l'extérieur. On a même défini une unité de mesure, le « CLO », qui correspond à « la protection vestimentaire apportée à un sujet au repos de telle sorte que son équilibre thermique soit réalisé dans une ambiance courante (21 °C) ». Ce CLO vaut 0,155 $m^2/k/W$. Il peut varier dans des proportions importantes :

– 0,3 CLO pour une tenue de sport ;
– 0,5 CLO pour une tenue légère d'été ;
– 1 CLO pour des vêtements courants ;
– 2 CLO pour des vêtements d'hiver ;
– 5 CLO pour des vêtements d'expédition arctique,
... et jusqu'à 10 CLO pour les ours polaires.

Tout cela reste bien théorique. Dans la pratique, il faut que la peau soit isolée de l'atmosphère froide par plusieurs couches d'air, empêchant la conduction des calories du chaud au froid, vers l'extérieur. À l'instar des grand-mères d'autrefois qui portaient une dizaine de « pelures », on peut donc superposer des couches de vêtements. Mais ce procédé est encombrant, lourd et gêne les mouvements.

Les vêtements les plus efficaces sont ceux qui emprisonnent dans leur texture le maximum de couches d'air, essentiellement la laine, indispensable aux pieds et aux mains, qui a protégé du froid des générations d'alpinistes et de montagnards. Aujourd'hui, on utilise largement des fibres synthétiques, extrêmement légères, qui emprisonnent l'air tout en ne gardant pas l'humidité. Au fil des années, ces tissus sont devenus de plus en plus nombreux, de plus en plus performants. Les chefs de file sont la fourrure polaire et la fibre Dunova[1]. Ils remplacent avantageusement la laine. Mais ils ne protègent pas du vent et il y a lieu de les recouvrir d'un tissu imperméable au vent et si possible aussi à l'eau. Le plus connu est le Gore-Tex qui, comme la peau, laisse sortir la vapeur d'eau, produite par la transpiration, sans laisser entrer l'eau. Il est ainsi imperméable à la pluie, à condition qu'elle ne dure pas trop. Quant au vent, il sera très bien arrêté.

En conclusion, lutter contre le froid, c'est d'abord se déshabiller quand on a chaud et se rhabiller dès l'arrêt de l'effort musculaire pour éviter la sueur qui se refroidit et refroidit, source de bien des maux. C'est se couvrir de plusieurs couches, dont de la laine ou, mieux, des fibres synthétiques de type fourrure polaire, le tout recouvert d'un tissu imperméable au vent.

S'alimenter

Ce chapitre est trop souvent négligé. Beaucoup pratiquent des sports de neige sans aucune idée de la diététique et mangent n'importe quoi, n'importe quand, sans penser un instant que le corps est une machine merveilleuse qu'il faut faire fonctionner correctement si l'on veut un bon rendement. Dans les conditions de vie normales de civilisé moyen, le moteur fonctionne à peu près avec n'importe quel carburant. Mais quand il s'agit d'affronter froid, stress, épuisement musculaire, altitude, agressions diverses, ce moteur a besoin d'apports qualitatifs et quantitatifs assez précis.

Une bonne diététique permettra à ceux qui ont des coups de pompe, à ceux qui courent après leur forme, à ceux qui traînent, de repousser facilement leurs limites. C'est même une nécessité vitale pour ceux qui, en expédition ou dans des conditions extrêmes, veulent lutter efficacement contre toutes les agressions afin de survivre.

La ration alimentaire

- Composition qualitative

Les glucides ou sucres se divisent en deux :

– les glucides dits simples ou rapides, car ils sont assimilés rapidement par l'organisme. Le type en est le sucre ordinaire (ou saccharose). Ils sont absorbés plus ou moins vite suivant leur structure moléculaire. Ce sont, par ordre décroissant de rapidité d'assimilation, le glucose, le dextrose, le fructose (sucre de fruit), le saccharose ;

– les glucides dits complexes ou lents parce qu'ils sont assimilés plus lentement. Ce sont tous les dérivés de l'amidon ou des farineux : pain, pâtes, pâtisserie, riz, pommes de terre...

Tous les glucides sont essentiellement les aliments de l'énergie.

Les protides ou substances protéiques ont deux origines :

– animale, la plus connue : viandes diverses, lait, œufs, poisson ;

– végétale ou protides végétaux. On les retrouve un peu partout et surtout dans les légumineuses (lentilles, soja...) et le blé.

Ces protides sont de composition chimique complexe. Ils se composent de différents acides aminés, les uns dans les protides animaux, d'autres dans les protides végétaux. Tous ont leur intérêt pour la construction des cellules et présentent souvent un caractère indispensable à l'organisme. Ce sont les aliments plastiques qui font ou refont le tissu humain.

Les lipides ou graisses se divisent également en deux catégories :

– les lipides animaux : graisses animales contenues dans le beurre, le saindoux, les viandes grasses, la charcuterie, les laitages... et, d'une façon cachée, dans toutes les viandes même dites maigres (un bifteck en contient le quart de son poids total). Médicalement parlant, les graisses sont athérogènes. Elles se transforment ou se dégradent en cholestérol, l'augmentation de celui-ci dans le sang encrassant les artères avec toutes les conséquences funestes de l'athérome (artérites, divers infarctus, etc.) ;

1. La fibre Dunova a la propriété de faire évacuer la transpiration vers l'extérieur sept fois plus vite que le coton, ce qui évite la sensation désagréable de froid après avoir transpiré.

– les lipides végétaux, beaucoup plus intéressants (maïs, soja, olive, pépin de raisin, arachide, tournesol, etc. et aussi noix, amandes, noisettes, pistaches). À utiliser à la place des graisses animales.

Les sels minéraux sont indispensables, mais en petites quantités, voire à doses infinitésimales :

– le sel (NaCl) apporté par une alimentation normale, présent surtout dans les conserves, la charcuterie, le pain, le fromage ;

– le potassium (K), essentiel dans la prévention des crampes fréquentes dans la pratique sportive, est abondant dans les abricots, les bananes, les lentilles ;

– le calcium (Ca) fourni essentiellement par le lait, les laitages, le fromage.

Les vitamines devraient être apportées en quantité suffisante dans une alimentation variée qui n'oublie pas fruits et légumes. Celles qui intéressent le plus les sportifs sont :

– la vitamine C, pour lutter contre la fatigue, l'effort, le froid, le stress. On la trouve dans les fruits acides, tomates, oranges, citrons et autres agrumes, kiwi, etc., sans oublier les « gratte-cul » ou cynorhodons ;

– les vitamines B (viande, beurre, blé germé) ;

– la vitamine E (beurre et certains légumes).

L'eau est d'une importance capitale :

– lors d'une randonnée de 5 h, on perd au moins 2 litres d'eau ;

– pour un marathon, il faut de 2,50 à 3 litres à l'heure ;

– pour gravir le Mont-Blanc, il faut 4 litres ;

– une déshydratation entraînant une perte de poids de 2 % fait baisser le rendement musculaire de 20 %, une déshydratation de 4 % fait baisser le rendement de 40 % ;

– une déshydratation de 10 % du poids entraîne un collapsus cardio-vasculaire ;

– quand on a soif, on a déjà subi une déshydratation de 500 ml. Il faut donc boire, même sans soif. 300 ml à la fois est un maximum. Il faut absorber de l'eau à 15 °C, ou, mieux, de l'eau à laquelle on a ajouté des préparations du commerce « spécifiques de l'effort d'apport glucidique ».

Les dépenses de l'organisme sont de trois ordres :

– celles qui assurent le métabolisme de base, incompressibles en principe. Il s'agit de l'énergie nécessaire pour assurer les fonctions vitales d'un organisme au repos, en état de neutralité thermique ;

– celles qui assurent la thermogenèse, en maintenant la température corporelle à 37 °C. Plus il fait froid, plus l'organisme doit consommer de calories ;

– celles qui couvrent les dépenses dues à l'exercice physique. Elles sont très variables suivant le type d'occupation.

La ration de base pour couvrir l'essentiel est d'environ 2 200 calories par jour, 2 500 pour une activité modérée. Il en faut 3 500 en cas de gros travail musculaire. Le bûcheron canadien qui manie la hache par grand froid a besoin de 5 000 calories. En montagne, on consomme :

– 100 calories supplémentaires par heure de marche ;

– 400 calories supplémentaires par heure de course ;

– 150 calories supplémentaires par heure de ski de raid.

Ce qui donne, pour une journée de raid de 8 h : 150 x 8 = 1 200 calories + ration d'activité modérée, soit 2 500 calories = 3 700 calories.

On utilisait classiquement la calorie (en fait, la kilocalorie). La nomenclature internationale utilise maintenant le kilojoule, qui équivaut à 4,18 calories. Les dépenses seront ici exprimées en calories que l'on pourra facilement convertir.

Ces calories seront fournies essentiellement par

– les glucides, qui dégagent 4,10 calories au gramme ;

– les lipides, qui dégagent 9,30 calories après transformation ;

– les protides, qui, après transformation plus complexe, produisent également 4 calories mais en dernier ressort.

Tout cela est schématique, car ce processus de transformation nécessite de l'énergie. Pour être transformé en glycogène – se transformant immédiatement en énergie –, il faut 6 % d'énergie en plus pour le glucose, 13 % pour les graisses et 31 % pour les protides. Pour ces dernières, il faut également plus d'oxygène.

● Que manger ?
Il faut d'abord distinguer ce que l'on veut faire : entretien, préparation à l'effort, effort proprement dit, récupération après l'effort.

La ration de préparation, celle de tous les jours, doit correspondre à la formule 421 GPL : 4 parts de glucides pour 2 parts de protides et 1 de lipides, ou plus exactement 55 % de glucides, 30 % de protides et 15 % de lipides.

LES QUATRE « G »

- Un glucide lent (pain, riz, pâtes, céréales). Ce doit être le plat principal du sportif, car il assure le renouvellement des stocks de glycogène souvent très diminués par l'effort précédent.
- Un glucide rapide (sucre, confiture, confiserie) qui doit être réduit au minimum, car il peut être source de carence en vitamine B1 s'il est consommé en grande quantité.
- Une crudité (fruits ou légumes crus).
- Un fruit ou légume cuit.

Ces deux derniers glucides sont importants moins par l'apport énergétique que par l'apport en vitamines et en sels minéraux qu'ils procurent.

LES DEUX « P »

- Une protéine lactée (lait, fromage, yaourt).
- Une protéine non lactée (jambon, blanc d'œuf, viande rouge ou blanche, poisson).

LE « L »

Le lipide divisé en deux :
- Un demi-lipide végétal indispensable, car il permet l'apport d'acides gras essentiels non fabriqués par l'organisme. On trouve ces acides gras dans les huiles, d'où la nécessité de consommer tous les jours deux cuillerées à café d'huile (dans la vinaigrette, par exemple), mais pas plus.
- Un demi-lipide animal présent dans les graisses animales (beurre), mais surtout dans les graisses cachées de la viande rouge et dans la charcuterie.

La veille de l'effort, le régime sera hyperglucidique lent, mais aussi varié et surtout très digeste. Les gros plats de pâtes sont les bienvenus.

Le matin, le sportif de compétition doit théoriquement respecter la « règle des 3 heures », c'est-à-dire manger copieusement trois heures avant l'effort. Ce n'est pas possible quand on couche en refuge et que l'on part rapidement à 5 heures du matin. On mange donc quand on peut, mais on démarre mieux quand on commence à marcher après un trajet en voiture qui fait suite lui-même au petit déjeuner.

Le petit déjeuner comporte des règles impératives :

– boire abondamment, en préférant un grand bol de thé au petit noir. Un jus d'orange est souhaitable ;

– manger des glucides lents. Des tartines de pain complet sont excellentes, tout comme les céréales sous leurs différentes formes ;

– enfin, il faut des protides comme les Anglais les aiment (jambon, œuf, fromage). Ils étalent la digestion des glucides et modulent la diffusion des sucres.

Le petit déjeuner est donc un vrai repas, à la fois hyperhydrique, hyperglucidique et protéique.

Pendant l'effort interviennent les glucides rapides. L'organisme use rapidement ses réserves de glycogène (nutriment de l'énergie). Il faut donc les remplacer. C'est le rôle de ces glucides : le dextrose (le plus vite assimilé), le fructose (sucre des fruits) que l'on consommera sous la forme de céréales, plus lentes à assimiler. Les barres de céréales du commerce conviennent parfaitement. On ajoutera beaucoup d'eau, sucrée ou du type énergétique.

L'organisme ayant tout ce dont il a besoin, il reste à savoir comment il va utiliser ces carburants, pour donner un rendement maximal à la machine.

Le moteur muscle fonctionne suivant la formule (simplifiée) $C + O_2 \rightarrow CO_2$ + ÉNERGIE.

Le carbone provenant des sucres ou des graisses, on a :

SUCRE (ET/OU GRAISSES) + $O_2 \rightarrow CO_2$ + ÉNERGIE.

L'énergie est donc fournie par les sucres et les graisses.

COMMENT SE FORMENT LES CRAMPES ?

Le moteur muscle fonctionne sous deux formes, avec et sans air.

Fonctionnement sans air ou anaérobie
Lors d'un effort violent ou au début d'un effort, le muscle trouve d'abord son énergie pendant une à deux minutes grâce au fonctionnement d'un système particulier : il utilise l'ATP (adénosine triphosphate) qu'il a en stock et qu'il transforme, en la dégradant, en énergie. Mais ces réserves sont faibles et, en deux minutes, il doit passer à l'utilisation du glucose. Sans oxygène, la combustion est incomplète et produit de l'acide lactique qui, accumulé dans le muscle, donne une sensation de fatigue, puis de douleur et enfin des crampes. En cas de démarrage trop rapide, l'acide lactique s'accumule. Il y a une accélération cardio-respiratoire. C'est le coup de pompe. De plus, la réserve de glucose est vite épuisée et, sans reconstitution, la forme s'en ressent toute la journée.

Fonctionnement avec air ou aérobie
Après quelques minutes d'échauffement, les muscles qui travaillent vont recevoir une irrigation maximale. Le sang apporte en quantité suffisante oxygène, sucres, graisses. Le muscle fonctionne alors suivant la formule :

$$\text{GRAISSE OU SUCRE} + O_2 \rightarrow CO_2 + \text{ÉNERGIE} + H_2O$$

sans production d'acide lactique. Rappelons que les graisses, pour brûler, ont besoin d'un peu de glucide, raison de plus pour apporter des glucides régulièrement.

Son carburant se compose :

– de glucides, qui se transforment en glucose afin de fournir l'énergie au moteur. Le glucose est stocké sous forme de glycogène (50 g dans le foie et 250 g dans les muscles). Cela équivaut à 1 200 calories. On ne doit pas épuiser ces réserves, car le taux de glucose dans le sang doit toujours se maintenir à 1 g par litre ;

– de graisses : 1 g de graisse donne, en brûlant, 9 calories, soit 38 kJ. C'est une réserve d'énergie importante répartie dans tout le corps. Même un sujet maigre a une réserve de 50 000 calories ;

– de protides, qui ont pour fonction essentielle de former et de réparer les tissus. Les protides sont consommés dans les cas extrêmes quand les graisses sont épuisées.

La bonne utilisation des sucres et des graisses dépend de quatre facteurs :

– L'intensité de l'effort : sachant que les pulsations augmentent avec l'effort et que, pour un individu moyen (âge moyen et moyennement entraîné), le seuil d'endurance est atteint entre 120 et 130 pulsations/minute, l'utilisation des sucres et des graisses est différente suivant le cas.

Au-dessous de 130, on brûle surtout des graisses ; on peut marcher des heures.

Pouls	Graisses brûlées	Sucres brûlés
– de 130	70-90 %	10-30 %
de 130 à 150	30-50 %	30-50 %
+ de 150	– de 30 %	+ de 70 %

Au-dessus, on brûle surtout des sucres et les réserves fondent ; les sucres s'épuisent, l'acide lactique apparaît et, avec lui, les crampes et les courbatures.

– La durée de l'effort : quand les réserves de glucose sont épuisées, l'organisme fait appel aux graisses. Mais celles-ci ont besoin de 10 % de plus d'oxygène pour brûler. Si l'organisme ne peut en fournir plus, le rendement baisse. Si le glucose manque, l'organisme puise dans celui du sang dont le taux baisse et l'on risque les malaises de l'hypoglycémie.

– La condition physique : plus les muscles sont entraînés, plus la circulation du sang se fait vite (apportant sucre et oxygène), et plus les muscles consomment de graisses, en économisant les sucres.

– L'alimentation : elle doit être hyperglucidique.

De plus, on s'efforcera de démarrer la course à une allure lente pendant les 10 premières minutes. On augmentera ensuite progressivement la cadence pour permettre au sang de bien irriguer les muscles en leur apportant l'oxygène nécessaire. L'allure doit être maintenue de façon que le pouls ne dépasse pas de 120 à 130 pulsations par minute (140-150 pour les sujets jeunes et bien entraînés). On prendra une légère collation deux heures après le départ – fruits secs, barres de céréales – et, toutes les deux heures environ, on mangera quelques glucides, sans oublier de s'hydrater.

PATHOLOGIES

Si, malgré toutes les précautions prises ou, à plus forte raison, si elles n'ont pas été prises, une pathologie survient, il faut savoir la reconnaître et la traiter efficacement pour en limiter les dégâts. Les principaux accidents qui peuvent se produire lors de la pratique d'un sport de neige sont de trois ordres : ceux liés au froid, au soleil et les traumatismes.

Les gelures

Définition

Les gelures sont des lésions localisées dues à l'exposition au froid par température inférieure à 0 °C en règle générale. Elles siègent le plus souvent aux extrémités, qui sont éloignées de la température centrale (doigts et orteils) ou sur des zones directement exposées au froid (face, oreilles).

Classification

Le Dr Foray de Chamonix les classe en deux groupes et deux sous-groupes. Il distingue les gelures superficielles, comprenant les gelures du premier degré et les gelures du deuxième degré superficiel. Quant aux gelures profondes, elles comportent celles du deuxième degré profond et celles du troisième degré.

Caractéristiques

Les gelures du premier degré sont caractérisées par une pâleur de la peau qui rougit au réchauffement. L'enflure est très modérée, la sensibilité est conservée, la guérison se fait en quelques jours.

Les gelures du deuxième degré superficiel font apparaître une exagération de ces signes. L'enflure est plus importante, la peau est violacée, la sensibilité est émoussée. Quelques phlyctènes peuvent apparaître. La guérison avec quelques séquelles possibles est obtenue en quinze jours environ.

Les gelures du deuxième degré profond voient apparaître des phlyctènes contenant des sérosités et du sang. La sensibilité a disparu, la peau est cyanosée et froide.

Le troisième degré est caractérisé par des extrémités froides qui ne se réchauffent absolument pas. Les signes précédents sont aggravés, le pouls est absent. Les inévitables séquelles aboutissent parfois à l'amputation.

Les danger du froid en fonction du vent et de la température (effet *Wind Chill*)

Vent Km/h	Faible danger		Danger			Très grand danger	
72	–19	–28	–36	–44	–52	–59	–67
58	–18	–26	–34	–42	–49	–57	–65
47	–17	–24	–32	–40	–48	–56	–63
40	–16	–22	–31	–38	–46	–53	–60
32	–14	–19	–27	–25	–43	–50	–57
25	–11	–17	–24	–31	–38	–45	–52
14	–7	–12	–18	–25	–32	–38	–44
7	–2	–7	–12	–17	–23	–28	–34
Pas de vent	0	–5	–10	–15	–20	–25	–30

Les températures équivalentes sont exprimées en degrés Celsius. Ex. –10° de température extérieure pour un vent de 40 km/h équivaut à –31°.

En fait, le signe majeur de la gelure est la perte de la sensibilité, qui peut aller jusqu'à l'anesthésie complète : la gelure passe inaperçue et la victime peut continuer à se geler sans s'en apercevoir. C'est quelquefois l'un de ses camarades qui s'en aperçoit en observant les oreilles et le visage de son compagnon. Un autre signe apparaît, sans être très caractéristique au début : la pâleur ou la cyanose. Quant à l'œdème, il ne survient que plus tard, surtout au « dégel ».

Mécanisme

Une gelure résulte de plusieurs mécanismes. Les deux principaux sont le gel des tissus et les phénomènes vasomoteurs, ces deux facteurs s'aggravant l'un l'autre.

L'eau, qui constitue les deux tiers des cellules, va geler, y compris l'eau liée à différentes protéines, entraînant de graves désordres dans l'équilibre cellulaire qui provoquent la mort des cellules. Quand il y a dégel, l'eau s'accumule, l'œdème augmente.

Les phénomènes vasculaires sont essentiellement représentés par une vasoconstriction. L'organisme doit à tout prix protéger les organes nobles centraux, en particulier le cerveau et le cœur qui ne fonctionnent bien qu'à une température constante (37 °C). Le sang (à 37 °C, lui aussi) reflue donc vers l'intérieur en cas de froid par un phénomène de vasoconstriction des extrémités. C'est le « sacrifice de l'enveloppe au profit du noyau ». Moins réchauffés par le sang, les tissus des extrémités ou les tissus exposés au froid se refroidissent plus et les cellules sont définitivement lésées, d'autant que, moins irriguées, elles sont moins oxygénées.

Enfin, le ralentissement circulatoire peut entraîner des micro-thromboses qui aggraveront les choses.

Traitement

Il est essentiellement préventif. Avant tout, il faut savoir que l'humidité peut multiplier l'action du froid par 14, l'eau étant un très bon conducteur. Le vent peut multiplier par 10, ou plus, les effets du froid (dit effet *wind-chill*). L'altitude entraîne une raréfaction en oxygène, donc une mauvaise oxygénation des cellules et, par voie de conséquence, une moindre résistance de celles-ci. L'épuisement de l'organisme l'empêche de lutter efficacement contre le froid. Il faut donc combattre ces éléments aggravants.

Lutter contre le froid, le vent et l'humidité, c'est poser le problème de la qualité des vêtements, déjà évoqué précédemment. Ils doivent être en bon état (les gants et chaussettes ne doivent pas avoir de trous). Si possible, il faut emporter des vêtements de rechange.

Il ne faut surtout pas gêner la circulation : ni les vêtements ni les chaussures ne doivent être serrés.

Lutter contre l'épuisement, c'est aussi être en bonne condition physique et se nourrir correctement. L'alimentation doit être abondante et appropriée. De plus, il faut beaucoup boire avant une exposition au froid.

Si l'on souhaite utiliser le remède contre les gelures du visage préconisé par le *Manuel d'alpinisme* du CAF (1934), mieux vaut d'abord consulter les autres membres du groupe. Il suggère en effet de s'enduire le visage d'une « épaisse couche de corps gras, éventuellement huile de boîte de conserve ».

Mais le traitement doit parfois être curatif. Si l'insensibilité d'une partie du corps se manifeste, quelques erreurs sont à éviter. On a longtemps conseillé de frotter avec de la neige ou de flageller les régions atteintes. Le *Manuel d'alpinisme* conseillait encore de « pratiquer des frictions légères non traumatisantes avec de la neige, suivies de frictions sèches avec de la laine ». C'est une aberration, car la peau est déjà fragilisée par les gelures. Il ne faut pas non plus percer les phlyctènes : comme les brûlures, les gelures s'infectent très vite et l'infection est la plus grave des complications. Enfin, il faut éviter de réchauffer brusquement à la chaleur d'une flamme – on risque de brûler une zone insensible. Il faut, au contraire, réchauffer doucement à la fois localement, et l'organisme tout entier (en remplaçant les vêtements humides par des vêtements secs, en couvrant beaucoup la victime et en appliquant si possible des bouillottes [gourdes], en lui faisant prendre des boissons chaudes, en l'alimentant).

Quant aux médicaments, on se contentera de Praxilène (vasodilatateur) dans la mesure où la victime n'est pas en hypothermie notable. La suite du traitement se fera à l'hôpital.

Il faut penser à évacuer le blessé le plus vite possible, car le réchauffement ne peut être entrepris que lorsque l'on est sûr de pouvoir le poursuivre sans interruption (sinon, il y a risque d'aggravation). De même, on n'enlève la chaussure d'un pied gelé que si l'on est sûr que la victime n'a plus à marcher. Dans le cas contraire, se déchausser, c'est être infirme jusqu'à la guérison.

En conclusion, la lutte contre les gelures est une défense contre le froid « tous azimuts » : se couvrir avant d'avoir froid, manger avant d'avoir faim, boire avant d'avoir soif. Le meilleur remède préventif reste la chaussette de laine et la soupe chaude.

L'hypothermie

L'homme est un animal homéotherme. Sa température normale doit être constante, aux alentours de 37 °C. Il dispose d'un système de thermorégulation qui fonctionne bien dans les conditions normales. Mais, si l'organisme est débordé, cette thermorégulation ne peut plus être assurée. Il y a alors hypothermie quand la température centrale est inférieure à 35 °C. Cette hypothermie est grave quand la température descend à 32 °C. 25 °C semble une limite vitale.

Caractéristiques

L'hypothermie survient essentiellement dans trois circonstances :

– chez les victimes d'avalanches,

– dans les chutes en crevasse,

– chez des sujets égarés en montagne ou chez les blessés restés longtemps sans secours.

On distingue les hypothermies d'apparition rapide (3/4 d'heure à 6 h après le début de l'exposition au froid ; ce sont les plus graves, car l'organisme n'a pas le temps de mettre en route ses défenses) et les hypothermies d'apparition lente (après 12 à 24 h d'exposition au froid, surtout chez les égarés). Celles-ci sont associées à l'épuisement. Elles réagissent bien au traitement dans la mesure où l'épuisement n'est pas trop important.

Signes

Jusqu'à 34 °C, les signes ne sont pas très patents, la victime sent le froid et frissonne. Elle est consciente et souffre. Vers 32 °C, les frissons disparaissent. Vers 30 °C, une rigidité musculaire se manifeste. La peau est livide et froide, les extrémités cyanosées, la tension artérielle baisse tout comme le rythme cardiaque (jusqu'à 40) ; des troubles de la conscience apparaissent et s'aggravent (coma à 27 °C) jusqu'à l'issue fatale (entre 27 et 24 °C).

On peut dire qu'il y a une phase de résistance ou de compensation : l'organisme se défend bien ; une phase de résistance relative : l'organisme se défend mal et faiblit ; une phase de défaillance complète.

Évolution

Elle est favorable dans la majorité des cas, surtout s'il s'agit de sujets jeunes et en bonne santé, sans autre affection débilitante. Le retour à la normale se

LE FROID QUI SAUVE

Le froid blesse et tue, mais il sauve aussi parfois. Les cellules du cerveau sont extrêmement sensibles à l'anoxie, c'est-à-dire au manque d'oxygène. Il leur est impossible de fonctionner sans oxygène : elles meurent. Un noyé, par exemple, qui passe plus de 4 à 6 minutes sans oxygène n'a pratiquement aucune chance de survie. En revanche, s'il s'agit d'une victime qui a séjourné dans de l'eau glacée ou, mieux, sous une avalanche ou dans une crevasse, la survie peut être plus de 10 fois supérieure, soit 40 à 50 minutes. Sous l'action du froid, tous les métabolismes sont ralentis au point que les cellules ne consomment que très peu d'oxygène. Elles peuvent donc vivre longtemps dans cet état d'hibernation. Le peu de sang oxygéné se concentre dans les organes « nobles » (cœur, cerveau) qui survivent en consommant un minimum d'énergie. Pour le secouriste, la conséquence est capitale : une victime asphyxique en milieu froid sortie de la neige ou de la glace doit être réanimée par des techniques appropriées pendant très longtemps. Il faut lutter et ne pas désespérer.

fait en quelques jours avec disparition de tous les signes. Mais elle peut être fatale surtout si elle est grave d'emblée avec une température au-dessous de 28 °C. La mort survient par arrêt cardiaque.

Il peut aussi y avoir des complications, favorisées par la température très basse et l'état de choc du sujet. Elles sont d'ordres divers : troubles du métabolisme du sucre, de l'oxygénation sanguine, complications infectieuses pulmonaires, complications rénales, nerveuses, hémorragies digestives, enfin complications cardiaques, les plus graves, qui conduisent à la mort.

Traitement

C'est essentiellement le réchauffement. Il faut d'abord soustraire la victime à l'action du froid : la mettre au sec, avec des vêtements secs, lui faire boire abondamment des boissons chaudes. Si possible, il faut la réchauffer avec des bouillottes (gourdes) le long du corps. On doit l'évacuer le plus rapidement possible dans un centre de soins où l'on pourra la traiter en la réchauffant par l'intérieur (lavages gastriques, perfusions, thoracotomie au besoin) et prévenir les complications.

L'ophtalmie des neiges

Sur la neige, le soleil peut avoir des effets néfastes, en raison de l'action des ultraviolets, qui est maximale en montagne ; d'une part, parce que le ciel est très pur, qu'il n'y a pas d'écran, pas de poussières, ni de fumées, d'autre part, parce que la neige réfléchit les rayons ultraviolets. Dans un vallon encaissé et enneigé, on est agressé de toutes parts par les rayons : ceux qui viennent du ciel, ceux qui sont réfléchis par le sol et les côtés du vallon. L'eau réfléchit 5 % des rayons, le sable 15 % et la neige 85 %. Le résultat de ce bombardement est le coup de soleil bien connu. Moins connue est l'ophtalmie des neiges. Jacques Balmat et le Dr Paccard en furent atteints à leur retour du Mont-Blanc. Rester sans lunettes au soleil sur la neige, c'est être aveugle pour quelques jours et beaucoup souffrir. La récupération se fait bien, mais, après plusieurs récidives, on gardera des séquelles définitives de cette kérato-conjonctivite qui apparaît quelques heures après l'exposition.

Le traitement est essentiellement préventif : il faut porter des lunettes de glacier de bonne qualité, à verres filtrants et avec une protection latérale. Le collyre Uveline peut jouer un double rôle curatif et préventif. Enfin, il faut se méfier du soleil voilé par des nuages peu épais : les rayons filtrent sans que l'on s'en aperçoive.

Lors d'un accident, que faire ?

Il faut dresser un rapide bilan qui permet d'évaluer tous les dégâts, même ceux qui pourraient passer inaperçus.

Il faut mettre la victime dans de bonnes conditions pour l'aider à supporter la douleur et le choc :

– l'installer à l'abri de l'humidité, de la neige, du vent, la couvrir de vêtements chauds ;

COMMENT IMMOBILISER UN MEMBRE EN CAS D'ACCIDENT ?

Membre supérieur

Le bras sera maintenu le long du thorax faisant attelle et l'avant-bras replié à 45°, la paume de la main contre la poitrine. L'avant-bras ainsi placé sera soutenu par une écharpe de fortune, constituée... d'une écharpe ou d'un vêtement (tricot, chemise) fixé autour du cou. Le bras sera maintenu au thorax par une bande ou tout autre moyen. On pourra renforcer l'immobilité par une attelle, morceau de bois, planche ou tout autre objet rigide.

Membre inférieur

Il faudra immobiliser le membre inférieur en prenant l'autre membre comme attelle. En plus, on placera le long du membre blessé une autre attelle, bâton de ski, piolet, branche, etc. ou gouttière si l'on en possède une. Les lacets seront desserrés, mais la chaussure ne sera pas enlevée à cause du froid, de la douleur liée à la manœuvre et de la possibilité d'aggraver le déplacement. Toutes les manipulations seront faites avec beaucoup de douceur. S'il s'agit d'une fracture du fémur, les risques d'état de choc sont importants.

– lui faire boire des boissons chaudes (sauf si elle est inconsciente ou demi-consciente, car il y a un risque de « fausse route ») ;

– traiter la douleur par les antalgiques dont on dispose ;

– réconforter un accidenté qui souffre dans une ambiance froide et hostile. On ne rappellera jamais assez le rôle du moral dans la lutte contre l'épuisement et le stress ;

– enfin, il faut évacuer la victime rapidement en bonne position. Celle-ci est déterminée par la nature de la blessure : les blessés de la colonne vertébrale sont couchés sur le dos, les blessés thoraciques en position semi-assise. Quant aux blessés comateux ou en semi-coma, ils sont installés en position latérale de sécurité (P. L. S.[1]).

Les accidents les plus fréquents

Les entorses

C'est l'étirement d'un ou de plusieurs ligaments d'une articulation (entorse simple) ou la rupture de ces ligaments (entorse grave). En général, il s'agit des genoux et des chevilles, plus rarement du poignet. Le traitement sera antalgique avec immobilisation en attendant un diagnostic précis à l'hôpital. On pourra mettre de la neige sur la zone atteinte, car le froid limite la douleur et l'œdème, à condition de placer entre la neige et la peau un écran de tissu (de laine si possible).

Les luxations

Il s'agit d'un déboîtement de l'articulation. Dans la grande majorité des cas, c'est l'épaule qui est touchée, le genou ou la hanche n'étant qu'exceptionnellement atteints. La douleur est intense, la mobilisation généralement très difficile ou impossible. L'évacuation vers l'hôpital est urgente et impérative, après immobilisation.

1. La position latérale de sécurité permet à une victime se trouvant dans un état plus ou moins comateux de vomir à l'extérieur et non dans ses bronches, ce qui conduirait à l'asphyxie : le blessé est couché sur le côté droit, le bras droit est replié derrière l'oreille ou derrière le dos, le bras gauche est replié en avant, la jambe droite est allongée, la jambe gauche est fléchie, la bouche doit être libre et dirigée vers le bas (et vice versa si le blessé est couché sur le côté gauche).

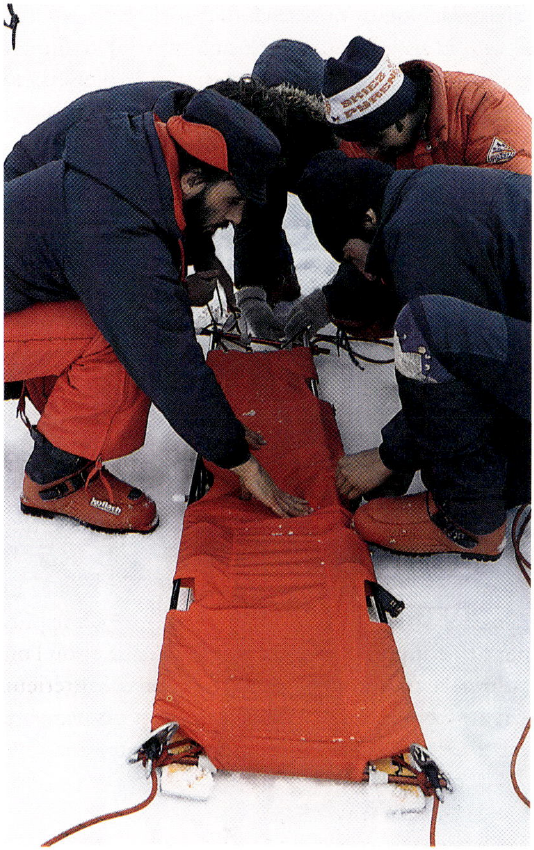

▲ **Emmener un traîneau de secours, c'est bien mais pour qu'il soit vraiment utile en cas d'accident, il est très conseillé d'avoir appris auparavant les techniques de montage et de maniement...**

Les fractures

Il y a rupture d'un os, avec ou sans déplacement. Elles sont dites fermées quand la peau est intacte, et ouvertes quand il existe une plaie au niveau du foyer de fracture, soit à cause d'un fragment d'os qui a perforé la peau, soit à cause de l'objet agresseur qui a fracturé l'os et créé une plaie. Le diagnostic est parfois malaisé, parfois évident : la douleur est intense, siégeant à l'endroit du choc. Il arrive même que l'on perçoive un crépitement ou que la déformation soit apparente. Au moindre doute, il faut impérativement immobiliser.

Traumatisme de la colonne vertébrale

Il faut d'abord chercher à savoir si les membres inférieurs sont encore sensibles et si le blessé peut remuer les orteils, s'il perçoit des fourmillements. On prendra de très grandes précautions dans les mouvements nécessaires pour allonger le corps, qui doit toujours rester rigide et en rectitude, la tête dans l'axe de la colonne vertébrale. Le blessé doit être étendu à plat, sur une surface dure. Une immobilisation incorrecte peut avoir des conséquences graves sur l'avenir vital ou fonctionnel, d'où l'extrême importance d'un positionnement bien fait.

Traumatisme thoracique

Il s'agit d'une fracture de côtes ou de traumatisme plus ou moins lourd. La douleur est vive, réveillée à chaque inspiration. Le thorax sera bandé avec une bande élastique n'empêchant pas la respiration et le blessé évacué en position semi-assise ou couché sur le côté.

Les autres pathologies possibles sont celles que traite le secourisme en général : hémorragies, plaies, etc. Les conditions hivernales imposent simplement, outre les précautions habituelles, de lutter contre le froid et le stress.

QUE FAIRE EN CAS D'AVALANCHE ?

Les avalanches constituent le danger majeur des sports de neige. Il faut savoir comment on meurt dans une avalanche, afin de mieux se défendre.

Dans une avalanche de poudreuse, on peut mourir ou être blessé par effet de souffle (ou *blast*) : le déplacement d'air provoqué par une avalanche peut être énorme. L'effet de souffle est analogue à celui d'un bombardement par une bombe de gros calibre. Il peut provoquer de graves lésions pulmonaires par éclatement des alvéoles pulmonaires dû à l'hyperpression. On peut également constater des hémorragies du foie ou de la rate ou des hémorragies oculaires par hyperpression vasculaire. Parfois, les lésions sont constituées en deux temps chez des sujets choqués et fragilisés par ces atteintes, les symptômes apparaissant quelques heures plus tard. La prévention est inexistante. La seule chose à faire est d'éviter de se trouver sur la trajectoire d'une telle avalanche. Ce phénomène est relativement rare dans les montagnes d'Europe.

On peut aussi mourir ou être blessé par inhalation de neige : la neige pulvérisée pénètre dans les alvéoles pulmonaires. Cet aérosol (cristaux de neige en suspension dans l'air) provoque une noyade des poumons par fonte des cristaux dans l'ambiance chaude du corps humain.

À titre préventif, que faire ? Quand on voit arriver un nuage de poudreuse (ça va très vite !), il faut se protéger la bouche et le nez avec un tissu qui filtre les fines particules de neige. Le port d'un foulard, en cas de risque d'avalanche de poudreuse, est conseillé.

Dans des avalanches de fonte ou de plaque, on peut mourir de traumatismes divers, en sautant une barre rocheuse ou en étant blessé par des blocs de glace, des rochers ou tout autre matériau charrié par l'avalanche. On revient au cas du secourisme non spécialisé, en ambiance froide et hostile.

On peut surtout mourir d'asphyxie, par compression thoracique, surtout dans une avalanche de neige lourde (on peut avoir des pressions de 700 kg au m ^{2}), ou par manque d'air.

■ L'asphyxie est à l'origine de 65 % des décès par avalanche (dont 20 % par manque d'air, 20 % par compression, 25 % par inhalation de poudreuse). Les 35 % restants représentent les décès liés à des traumatismes divers.

Le sauvetage en avalanche comporte plusieurs aspects successifs : il faut d'abord s'occuper de la vie de la victime. C'est le traitement de l'asphyxie.

Dans un deuxième temps, il faut limiter les dégâts les plus invalidants qui risquent de compromettre l'état fonctionnel du blessé, appareiller les fractures des membres, surveiller une fracture de colonne, préparer avec le maximum de soins le blessé en vue d'une évacuation dans de bonnes conditions. Enfin, il faut faire en sorte qu'il arrive en vie à l'hôpital, sachant que, de toute façon, il est en état de choc et d'hypothermie.

Plus encore que dans d'autres circonstances, le rôle du moral est capital dans la lutte contre le froid et l'épuisement, que l'on soit sauveteur ou blessé. L'énergie que l'on porte en soi permet de faire des choses étonnantes : elle peut sauver les autres, elle peut nous sauver nous-mêmes. Des exemples extraordinaires sont innombrables.

TROUSSE D'URGENCE

Prévenir, c'est aussi prévoir ce dont on pourra éventuellement avoir besoin pour traiter maladies, malaises ou accidents. On peut distinguer deux parties : ce qu'il faut emporter pour un jour (trousse légère) et ce qu'il faut pour un raid de plusieurs jours ou pour un groupe isolé en montagne.

Pour la journée

En cas d'accident

– Pansement de type « armée ». Prêt à l'emploi, il permet de panser rapidement toute grosse plaie.

– Une bande Biflex, bande élastique extensible dans tous les sens pour entorse de la cheville, du poignet ou du genou. Elle permet aussi d'appareiller une fracture ou de bander un thorax.

– Du « collant », c'est-à-dire : du Sparadrap 5 m x 2,5 cm pour tous les usages médicaux et non médicaux (plaies de doudoune, par exemple) ; de l'Elastoplast ou du Strappal, sparadrap non allergisant mais non élastique, pour faire des contentions après entorses diverses ; du Tricostéril, du Stérifix aéré ou autre pansement tout prêt pour les petites plaies.

– Des compresses stériles en emballage individuel 40 x 40.

– Une bande Nylex (largeur 10 cm).

– Un désinfectant est discutable. La bouteille est lourde et fragile. On peut s'en passer. La plaie nettoyée à l'eau a tout le temps d'être aseptisée en arrivant chez soi ou à l'hôpital. Si l'on emporte un désinfectant, opter de préférence pour la Bétadine dermique en flacon plastique. En cas d'allergie, on peut recourir à Hibiscrub (même conditionnement).

– Pour les brûlures, qu'elles soient dues au feu, au soleil ou au froid, appliquer du tulle gras Lumière + un pansement ou de la Biafine crème en couche épaisse.

– Compeed ou 2e peau (Spenco) pour les ampoules.

Autres agressions

– Pour les yeux : l'Uveline est un collyre qui protège des rayons du soleil, comme des coups d'arc. Son action est curative pour soigner l'ophtalmie des neiges, mais aussi préventive. Elle peut à la rigueur remplacer les lunettes : quelques gouttes toutes les deux heures empêchent l'ophtalmie.

– Contre les hémorragies, prévoir un hémostatique. Le Coalgan ou ouate d'arginate de calcium, appliqué sur une zone qui saigne, arrête l'hémorragie. La pommade HEC est efficace, notamment pour les hémorragies nasales. Penser à utiliser les vertus du froid : de la neige peut stopper une hémorragie externe (désinfecter ensuite).

– En cas de défaillance générale : un tonicardiaque et un cardio-vasculaire légers : Coramine-glucose en comprimés à sucer, l'Heptamyl en comprimés (éviter les gouttes, pénibles à manier), jusqu'à 4 à 5 par jour ; un tonique général : vitamine C (Vitascorbol ou autre vitamine C 500 ou 1 000) pas plus de 1 g, le supplément serait éliminé par les urines. On peut également recourir au Guronsan qui contient de la caféine (2 comprimés par jour) ; un tonique musculaire : Stryadine forte ou Ergadyl comprimés (2 comprimés à la fois).

– En cas de douleurs comme les maux de dents, de pied, de tête... : l'aspirine est efficace, sous toutes ses formes : Sargepirine 500 (qui a l'avantage de pouvoir se croquer, se sucer, ou se dissoudre) ou Aspirine Ph 8. Mais ce médicament, tout comme le Propofan et le Diantalvic, est à proscrire chez les allergiques, les personnes atteintes d'ulcères à l'estomac et les blessés souffrant d'hémorragie ou sous la menace de celle-ci. Il faudra alors le remplacer par des antalgiques non salicylés comme l'Efferalgan 500 ou le Doliprane 500.

– En cas de douleur traumatique (entorse, coup, fracture, dégâts divers) : utiliser un anti-inflammatoire : Naprosine, Feldène, Profénid, Voltarène, Surgam... (2 à la fois, à ne pas renouveler), très efficace mais à éviter chez les ulcéreux.

– En cas de douleurs abdominales (coliques néphrétiques, hépatiques ou autres) : un antispasmodique et calmant dont le meilleur est la Viscéralgine forte.

Pour un raid

En plus des produits ci-dessus, il est conseillé d'emporter :

– des somnifères, car l'on dort mal en refuge et surtout en altitude. Prendre de préférence ceux qui s'éliminent rapidement : Stilnox, Imovane ou Témesta 1 mg (plus léger, mais efficace). On peut commencer par un demi-comprimé ;

– des remèdes contre la toux : l'humidité (ou, au contraire, la sécheresse) de l'air entraîne une toux pénible. Pas de sirop, mais des comprimés de Silomat, Nétux ou Plégitux. Prévoir de l'Actifed pour les rhumes à écoulement clair ou les obstructions nasales ;

– contre l'anxiété et le stress, Tranxène 5 (1 comprimé à la fois), Témesta 1 mg, Urbanyl ou Veratran 5 mg ;

– pour le confort digestif : en cas de constipation (fréquente en montagne du fait de la déshydratation et du régime alimentaire), employer des comprimés de Modane. En cas de diarrhée, prendre de l'Imodium. Pour les troubles digestifs divers (lourdeurs, nausées, vomissements), des sachets ou des comprimés de Motilium ;

– contre les allergies (urticaire, asthme ou autres réactions), prendre des comprimés de Teldane ou de Zyrtec (un effet de somnolence est possible). Pour les cas plus sérieux, de la Célestamine (3 comprimés par jour en mangeant ; ce médicament, qui contient de la cortisone, est contre-indiqué en cas d'ulcère gastrique) ;

– antibiotiques : préférer ceux qui ne contiennent pas de pénicilline (allergies possibles) comme la Josacine 1000 ou l'Oflocet 200 (2 comprimés par jour) pour toutes les infections, de la tête aux pieds, surtout les angines, les infections broncho-pulmonaires et les abcès dentaires ;

– pour les yeux, il faudrait, outre l'Uveline, un collyre contre les conjonctivites de type Rifamycine ;

– enfin, s'il y a un médecin, un infirmier ou un secouriste confirmé dans le groupe, on peut emmener de la résine de synthèse Dynascast de 12,5 de largeur pour maintenir rigide un membre fracturé.

Cette trousse est donc composée uniquement de comprimés. Chacun peut y ajouter les médicaments de son choix qu'il connaît bien et qu'il estime utiles. Pour ceux qui savent faire les piqûres et poser un diagnostic, un corticoïde permettra de pallier un état de choc, une insuffisance respiratoire grave, mais on entre ici dans le domaine médical.

Il faut également compléter avec du petit matériel : ciseaux, épingles de sûreté... Tout ceci peut paraître un peu lourd. On peut toujours retirer les emballages et ne prendre qu'une plaquette de médicaments, presque tous présentés sous « blister ». On gagne ainsi en volume et en poids : la trousse sera complète mais légère.

Il reste à souhaiter au montagnard de porter longtemps cette trousse sans avoir besoin d'y recourir. Au fil des années, il ne faut pas oublier de temps en temps de renouveler certains médicaments qui vieillissent... comme celui qui les transporte dans son sac.

Disposer d'une bonne pharmacie, c'est bien, mais, une fois encore, rien ne vaut la prévention. Il faut prévoir pour un groupe au moins une paire de gants, un bonnet et des lunettes de rechange.

DEUXIÈME PARTIE

LA PRATIQUE DES SPORTS

LE SKI DE MONTAGNE

Pour beaucoup, parcourir la montagne enneigée avec des skis, des fixations de montée et des peaux de phoque, c'est faire du ski-alpinisme. L'expression est à la mode, elle sonne bien, mais elle est un peu galvaudée et réductrice. Une randonnée facile en moyenne montagne, pour laquelle on n'a besoin ni de piolet, ni de crampons, ni de corde relève-t-elle du ski-alpinisme ? On pourrait aussi parler de ski de randonnée, mais cela évoque plutôt aujourd'hui la randonnée nordique. Il n'est plus question d'employer la formule « ski de printemps » puisque nombre d'amoureux de la peau de phoque commencent leur saison dès les premières neiges. On en restera donc au classique et indémodable « ski de montagne ». L'expression dit bien ce qu'elle veut dire : ce sport consiste à monter sur une montagne et à en redescendre skis aux pieds.

HISTORIQUE

C'est une histoire récente qui date d'un siècle à peine. En effet, dans les Alpes, l'alpinisme hivernal à skis est largement postérieur à l'alpinisme hivernal à pied. Celui-ci a connu son âge d'or autour des années 1880. La première ascension hivernale de la Jungfrau par Coolidge remonte à 1874 tandis que celle du Cervin par Vittorio Sella date de 1882.

L'usage des skis commence à se diffuser dans les Alpes à la fin du XIXe et ne se développe vraiment qu'au début du XXe siècle. À cette époque, il n'existe pas encore de remontées mécaniques, et le ski, par nature et par obligation, est un sport de randonnée. La technique, empruntée au ski nordique, reste rudimentaire et peu adaptée au relief alpin, tout comme le matériel. Cela n'empêche pas quelques pionniers audacieux de se lancer dans des entreprises remarquables pour l'époque. La première ascension à skis d'un « 3 000 » est celle du Sonnblick (massif des Hohe Tauern) en 1894, tandis que la Dufourspitze au Mont-Rose est vaincue en 1898 et le Mont-Blanc en 1904.

Au départ, c'est l'affaire des Allemands et des Suisses. Ces précurseurs essaient de faire part de leur expérience et surtout de faire progresser la technique. Paulcke publie *Der Skilauf* dès 1903 (traduit en français en 1910 sous le titre *Manuel de ski*), suivi par Bilgeri (*Der Alpine Skilauf*, 1910). Les skieurs commencent à s'organiser ; le Sci-Club Torino est fondé en 1901 par Kind tandis que l'Alpine Ski-Club voit le jour en 1908.

À cette époque, on fait du ski de montagne au cœur de l'hiver plus qu'au printemps, comme le montrent les dates des premiers accidents enregistrés : première avalanche mortelle en janvier 1899, première chute mortelle en crevasse en février 1902.

Dans les différents pays de l'arc alpin, la période de l'entre-deux-guerres correspond à l'âge d'or du ski de montagne, ce que l'on a appelé la « deuxième conquête des Alpes ». Inventeur de la formule, le Suisse Marcel Kurz joue un rôle déterminant dans cette évolution. Il inaugure lui-même plusieurs itinéraires de classe et publie en 1925 un monumental *Alpinisme hivernal*, à la fois manuel technique et recueil d'itinéraires. Tout aussi fondamental est l'ouvrage de l'Anglais Arnold Lunn, *Alpine Skiing at All Heights and Seasons* (1921, traduit en français en 1924).

À cette époque, tout ou presque reste à faire. Il serait donc impossible de faire l'inventaire de toutes les « premières », puisque l'on assiste à l'exploration systématique des principaux massifs alpins. On ne citera qu'un seul exemple : l'activité débordante d'une équipe de Grenoblois qui écume les montagnes du Dauphiné sous la houlette des Dalloz, Caillat, Armand-Delille et quelques autres. Tous commencent à goûter aux joies du ski « de printemps », par opposition aux courses pratiquées jadis en hiver sur des glaciers parfois mal recouverts et dans des conditions de neige souvent changeantes.

Toutefois, ce sport reste confidentiel. Il est pratiqué par une minorité, qui le considère comme un sport d'appoint, moins prestigieux que l'alpinisme d'été. De plus, il est soumis à la concurrence du ski de piste qui commence à s'affirmer à partir des années 1930 avec l'apparition des remontées mécaniques et le développement des premières grandes stations.

Après la guerre et jusqu'à la fin des années 1960, le ski de montagne reste un sport d'initiés, dont la pratique est limitée dans le temps (on parle surtout de ski de printemps). En deux décennies, il va devenir un sport autonome, qui n'est pas pratiqué seulement par des alpinistes d'été. Il s'ouvre à un plus grand nombre, ce qui se traduit par la publication de nombreux topo-guides, de cartes avec itinéraires. Des courses très peu connues et peu fréquentées il y a dix ans sont parfois empruntées le même jour par plusieurs dizaines de skieurs. Des descentes considérées naguère comme exceptionnelles par leur difficulté (le glacier du Milieu à l'aiguille d'Argentière, parcouru pour la première fois en 1941) deviennent peu à peu des classiques. Un parallèle avec l'histoire de l'alpinisme s'impose : à pied comme à skis, on a d'abord gravi les montagnes les plus faciles, puis les autres, avant d'aller plus haut, plus loin ou de rechercher la difficulté pour elle-même.

Parallèlement, le ski de montagne connaît une grande diversification : randonnée nordique, ski-alpinisme de compétition, ski de pentes raides ou ski extrême... Aujourd'hui, tous ces sports se pratiquent dès les premières neiges, se prolongeant parfois jusqu'au mois de juin. Les pionniers se reconnaîtraient-ils dans ces cohortes bigarrées au matériel d'avant-garde ? Pourquoi pas ? La passion ne reste-t-elle pas la même ?

MATÉRIEL

Qu'il s'agisse de l'habillement, de l'équipement, individuel ou collectif, on doit concilier différentes exigences contradictoires : tout doit être solide et de qualité (en particulier sur le plan de la sécurité), ni trop lourd, ni trop cher.

Ce domaine a connu une évolution considérable depuis un quart de siècle avec l'utilisation de fibres synthétiques pour l'habillement, la généralisation du plastique pour les chaussures, des matériaux composites et des alliages légers pour les skis et les fixations.

Les skis

Il existe aujourd'hui de nombreux modèles adaptés au ski de montagne. Tous s'efforcent d'offrir un compromis acceptable entre la légèreté, la robustesse et la maniabilité. La plupart des skis « toutes neiges » proposés sur le marché assurent désormais une bonne tenue sur neige dure, ce qui n'était pas toujours le cas auparavant.

Les avantages et les inconvénients respectifs des skis longs et des skis courts sont connus : plus un ski est court, plus il est léger ; il a tendance à enfoncer plus, mais il est plus maniable. Après une période de grande vogue à la fin des années 1970, les skis « compacts » ont pratiquement disparu : on a adopté aujourd'hui une solution de compromis, entre 175 et 195 cm en fonction de la taille et du poids.

Il ne faut pas négliger l'entretien. On doit surveiller la semelle et la réparer en cas d'accroc ou de rayure importante. Les carres doivent être régulièrement affûtées si l'on veut qu'elles jouent leur rôle sur neige dure. Un bon fartage protège la semelle et garantit une meilleure glisse. Il assure également une bonne tenue des peaux et évite que celles-ci ne laissent des traces de colle.

Les bâtons

En bambou ou en châtaignier avec rondelles en osier et lanières en cuir, ils sont devenus des pièces de musée. Il en va de même pour les rondelles en cuir qui présentaient l'avantage d'être auto-orientables et toujours parallèles à la pente.

Un bâton doit être solide pour permettre (de tenter) d'enrayer un dévissage ou de monter un traîneau de fortune. Il peut être réglable en longueur (mais attention ! le système se dérègle ou se grippe parfois) ou, mieux encore, transformable en sonde. Il faut évidemment éviter des modèles de piste au profil plus ou moins ergonomique, inadaptés à la montée.

Les fixations

Elles constituent une pièce maîtresse de l'équipement. Beaucoup de chemin a été parcouru dans ce domaine. Les « vieux de la vieille » ont connu l'étrier polyvalent montée-descente sans sécurité qui fonctionnait bien grâce à la souplesse des chaussures. Avec les premières fixations de sécurité sont apparus les étriers amovibles de type Ramy, qui se glissaient dans une plaquette fixée à demeure sur le ski. Ils ne permettaient guère de lever le pied. Ils ont été suivis par des systèmes plus perfectionnés : étriers se soulevant avec la chaussure (Atenhofer) et premières fixations sans câble (type Sumatic) permettant (bien modestement) de soulever le talon. L'arrivée de la Silvretta au début de la décennie 1970 a constitué une révolution en permettant un débattement presque total du pied.

Aujourd'hui, il n'existe plus de fixations à câbles (sauf pour le télémark, mais ceci est une autre histoire). Toutes sont des modèles intégrés avec talonnière. Toutes satisfont *grosso modo* aux principales exigences requises : large débattement, sécurité avant et latérale, solidité, cales de montée. D'autres critères de choix peuvent être pris en considération : facilité de réglage, possibilité de passage rapide d'une position à l'autre, légèreté, fiabilité et prix. Attention toutefois aux modèles légers, surtout adaptés à la compétition : certains sont conçus pour éviter tout déchaussage intempestif à la montée… y compris si l'on est pris dans une avalanche !

L'usage des lanières de sécurité est controversé. Elles permettent de ne pas perdre les skis en cas de chute, mais elles présentent un inconvénient majeur en cas d'avalanche puisque le skieur risque d'être entraîné au fond. Une solution de compromis consiste à les mettre seulement à la descente sur neige dure (où le risque d'avalanche est généralement moindre). Certains modèles de fixation peuvent être équipés de « stop-skis ».

Les couteaux

Les couteaux ont apporté un incontestable surcroît de sécurité. Les lames crantées (Weber, Bilgeri), qui se fixaient sur les côtés du ski, ont été remplacées par des modèles monobloc qui se posent soit sur le ski soit sous la fixation. Dans un cas, le couteau, toujours en contact avec la neige, offre une meilleure sécurité mais représente une cause de freinage. Dans l'autre, il y a moins de frottement, mais l'on risque de se trouver avec le couteau levé au moment où l'on aurait besoin d'adhérence. Il ne faut pas oublier que les couteaux mobiles sont incompatibles avec les cales de montée.

Les chaussures

Les chaussures en cuir souple, polyvalentes été-hiver, ont fait leur temps. Aujourd'hui, elles sont toutes en plastique rigide, avec un chausson amovible et confortable. Elles assurent une tenue de pied qui n'a rien à envier à celle de chaussures de piste.

Le skieur doit parfois troquer skis et peaux de phoque contre une paire de crampons pour atteindre le sommet convoité, ici la Punta Tresero (massif de l'Ortles). ▼

Les principaux critères de choix sont la légèreté, une bonne isolation thermique, la facilité de chaussage et déchaussage, la possibilité de marcher sans souffrir le martyre. Plus que le « look » et les couleurs fluos, il est important de trouver chaussure à son pied, et ce n'est pas toujours facile. En cas de problème sérieux, on peut avoir recours à la technique des chaussons thermoformés sur mesure.

Les peaux

Il y a belle lurette que les phoques ne paient plus un lourd tribut à ce sport barbare. Aujourd'hui, les peaux sont en mohair ou synthétiques. Les anciens systèmes de fixations (Vinersa, Trima, Trima 2000) ne sont plus que des objets de curiosité. Désormais, les peaux sont collées, ce qui garantit une meilleure liaison ski-peau et évite la formation de sabots. Encore faut-il qu'elles soient bien encollées. Elles doivent aussi satisfaire à certaines exigences : adhérer à la montée, tout en glissant pour permettre de courtes descentes, ne pas s'user trop rapidement. Des peaux mixtes mohair-synthétiques répondent assez bien à ces deux conditions.

Les vêtements

Au-delà des considérations de mode et d'esthétique, on ne doit pas perdre de vue quelques règles simples. Une bonne tenue vestimentaire protège du froid et du vent. Elle ne gêne pas la liberté de mouvements. Elle permet une bonne régulation thermique (notamment l'évacuation de la sueur, sinon il y a fatigue inutile et soif). Les matières longues à sécher sont à bannir. Il faut éviter les vêtements trop ajustés, aussi bien que les zones inutilement découvertes (combien aperçoit-on encore de dos nus au moment de chausser les skis au sommet...). La technique du « multicouches » a largement fait ses preuves.

Pour le bas, on peut choisir entre les knickers complétés par des guêtres (plus guère à la mode), la salopette ou le pantalon long (plus confortables et qui évitent une fâcheuse solution de continuité au niveau des genoux). Les fuseaux n'ont plus qu'un intérêt historique. Quant aux combinaisons conçues pour le ski de piste, elles sont trop chaudes et risquent d'entraver les mouvements. Une fois ces conseils pris en considération, à chacun de choisir en fonction de ses goûts... et de son portefeuille.

Matériel individuel

Le sac à dos doit être suffisamment grand, ergonomique et agréable à porter. La ceinture ventrale est indispensable. Il est également important qu'il soit équipé d'un système de portage des skis (poches-tunnels ou sangles de fixation).

On parle, par ailleurs, de l'Arva, dont le port doit être systématique. La pelle est son complément indispensable. On trouve sur le marché différents modèles métalliques ou en plastique solides, légers et peu encombrants. Certains permettent de monter un traîneau.

Une petite frontale peut se révéler précieuse en cas de départ matinal, de retour tardif ou de bivouac.

On a vu au chapitre « Médecine en montagne hivernale » ce que doit contenir une pharmacie. Cela ne dispense pas chacun de prévoir individuellement le strict minimum (sparadrap, « double peau », crème solaire).

Enfin, dès que l'on doit s'aventurer sur glacier, il est indispensable de s'équiper d'un baudrier léger dont on appréciera le confort si l'on doit faire une visite involontaire dans une crevasse.

LISTE TYPE POUR SAC

- Bonnet ou passe-montagne, casquette légère, foulard, éventuellement masque néoprène (indispensable par grand froid ou grand vent).
- Moufles ou gants chauds, surpantalon, veste imperméable.
- Gourde ou thermos.
- Lunettes de soleil, masque double écran (très apprécié pour la progression dans la tempête), crème solaire, crème pour les lèvres.
- Couverture de survie, sparadrap, petite pharmacie personnelle.
- Papier hygiénique, fart et colle pour peaux.
- Frontale, couteau, briquet, tournevis, boussole, piles de rechange pour Arva et frontale, pelle à neige.

Cette liste doit être modulée et complétée en fonction de la saison, de la durée de la sortie et du terrain sur lequel on va évoluer.

Matériel collectif.
C'est essentiellement le matériel destiné à remédier aux dégâts subis par les personnes (pharmacie, traîneau) ou les biens (réparation). Faut-il prendre un traîneau ? Certains aujourd'hui accordent toute leur confiance aux secours venus du ciel. C'est faire preuve de beaucoup d'optimisme. L'intervention d'un hélicoptère n'est pas systématique. Elle n'est pas possible partout (pays lointains), ni en tout temps (brouillard, précipitations). Dans ce cas, on appréciera fort d'être équipé pour une évacuation terrestre. De toute façon, un traîneau est utile pour isoler le blessé de la neige. De plus, il facilite un éventuel embarquement dans l'hélicoptère. On peut monter un système de fortune (avec peaux, corde et bâtons). Si l'on n'est pas un roi du bricolage, mieux vaut opter pour un modèle du commerce, facile à assembler. Il existe un système d'une grande simplicité dans lequel les skis se glissent à l'intérieur de la toile.

EN COURSE

La préparation

● Le choix d'un objectif se fait en fonction :

– du niveau moyen des participants et de l'encadrement ;

– de la saison ;

– des conditions nivologiques et météorologiques passées, présentes et prévues. Les informations fournies par les centres météorologiques départementaux (bulletins météo et nivométéo, bulletin hebdomadaire de synthèse) doivent être systématiquement recueillies et prises en considération avant de partir en course. Si l'on habite en montagne, ou à proximité, on peut aussi faire ses propres observations : fortes chutes de neige, fœhn, effet de chasse-neige sur les crêtes sont autant de phénomènes qui doivent inciter à la prudence.

● Pour choisir un objectif adapté, on dispose de différentes sources d'inspiration :

– La carte : avec un minimum d'expérience, on doit savoir la lire et s'en imprégner pour en tirer une véritable photographie du terrain, en repérant les éléments caractéristiques qui seront fort utiles en cas de brouillard ou en terrain complexe (falaises, lacs, forêt, couloirs d'avalanche, habitations, croix, lignes électriques...). Attention ! les cartes avec itinéraires skieurs en surcharge ne donnent qu'une indication générale. Il faut les utiliser avec circonspection. Certains itinéraires constituent même des erreurs manifestes.

– La documentation disponible (topo-guides, articles, informations orales...). Les ouvrages pionniers, notamment celui de Bertillot puis la trilogie de Traynard, ont marqué la naissance d'une abondante littérature. Celle-ci ne doit pas pour autant devenir une bible que l'on suit sans effort d'imagination ni esprit critique.

On peut avoir l'impression que toutes les montagnes des Alpes et des Pyrénées ont été mises en fiches, décrites, répertoriées. Des courses ignorées ou exceptionnelles il y a vingt ans sont devenues des classiques. Pourtant, pour ceux qui le souhaitent, et qui ont gardé curiosité et esprit pionnier, il reste encore de la place pour l'aventure, des montagnes à découvrir, des vallons perdus et des sommets secrets.

● La préparation proprement dite de la course consiste à apprécier la difficulté du parcours, avant d'étudier l'itinéraire dans ses grandes lignes.

Les topo-guides proposent souvent une cotation des difficultés. Dans ses grandes lignes, elle reprend généralement l'échelle mise au point par G. Blachère dans les années 1940. Elle va de SM (skieur moyen) à TBSA (très bon skieur-alpiniste). Le niveau des courses entreprises s'élevant avec le niveau des pratiquants, on a tendance à coter de façon moins sévère des courses autrefois réputées très sérieuses. En outre, une course n'est jamais deux fois la même. Un itinéraire pour skieur moyen peut se révéler très délicat par neige gelée. À l'inverse, une course normalement difficile peut être accessible à tout un chacun, avec de très bonnes conditions. Ces cotations donnent donc une indication générale et ne doivent pas être prises au pied de la lettre.

En fonction de cette difficulté, on doit prévoir le matériel à emporter (corde, crampons...). Sans tomber dans le travers du sur-équipement, il vaut mieux, en règle générale, pécher par excès que par défaut.

Il faut également fixer un nombre de participants à ne pas dépasser. Même si elle peut présenter bien des charmes, la pratique solitaire est, par principe, à déconseiller. Pour le reste, diverses solutions sont possibles, de la limitation draconienne à six-huit jusqu'à la collective « mille-pattes » groupant de trente à quarante personnes. Tolérable dans des cas exceptionnels, cette dernière formule apparaît potentiellement dangereuse : la progression est ralentie, on risque d'avoir des difficultés en cas de franchissement de passages délicats. De plus, bien souvent, les derniers ne respectent plus les règles de progression et d'espacement. Enfin, il devient très difficile de surveiller tout le monde.

En règle générale, l'effectif maximal se situe autour d'une dizaine de personnes. C'est le principe adopté aujourd'hui dans la plupart des clubs. Dans ce cas, on a intérêt à disposer de deux cadres au moins – la responsabilité de la course n'en sera pas plus légère à assumer.

Enfin, on doit estimer le temps de montée et de descente pour en déduire l'heure de départ (mieux vaut trop tôt que trop tard), en tenant compte notamment de l'évolution de la neige : un versant Sud en janvier restera poudreux même dans l'après-midi, mais il n'en sera pas de même en mars. Dans ce dernier cas, on pourra avoir intérêt à entreprendre rapidement la descente, quitte à trouver les pentes supérieures encore en neige dure si l'on ne veut pas que les pentes inférieures deviennent trop ramollies.

Avant de partir

On doit s'assurer que tous les participants ont le niveau requis (technique, entraînement) et que tous possèdent l'équipement demandé. Si le groupe est important, il faut connaître le nombre exact de participants. Est-on sûr que tous les inscrits sont là, qu'il n'y a pas de « clandestins » ? On ne peut se contenter d'une connaissance approximative du nombre.

À la montée

Il faut démarrer lentement pour permettre un bon échauffement. Après les haltes (dont le nombre et la durée varient en fonction de la longueur de la course et du niveau d'entraînement), il faut repartir de la même façon. Un bon rythme doit être régulier. Il ne faut pas « oublier » des personnes en difficulté (par inexpérience, par manque d'entraînement ou à cause de problèmes matériels). Une randonnée à skis n'est pas une course contre la montre ni par élimination.

Si le choix de la course et de l'itinéraire dans ses grandes lignes est une stratégie, celui de la trace est une tactique. Le responsable du groupe sait dessiner un cheminement alliant sécurité, régularité et agrément.

Une bonne trace est à la fois sûre, élégante, intelligente et efficace. Elle est facile à suivre, car elle s'élève régulièrement à pente constante, en tirant intelligemment profit de la nature du terrain et en tenant compte des éventuels changements de neige. Celui qui trace a donc une vision à moyen terme de sa progression et il ne garde pas les yeux rivés sur ses spatules. Il est préférable de lui laisser une certaine marge au lieu de lui marcher sur les talons, ce qui serait pour lui une incitation à aller plus vite, au risque de tracer plus mal.

C'est la trace qui s'adapte au niveau des moins entraînés et non l'inverse. En règle générale, il ne faut pas abuser des cales de montée avec lesquelles on est tenté de tracer plus raide. Dans neuf cas sur dix, elles sont utilisées alors que rien ne le justifie. Certains pensent que le meilleur moyen de faire preuve de leurs talents est de « tirer droit ». Pourtant, une trace raide n'est pas synonyme de qualité, et l'itinéraire le plus court n'est pas forcément le meilleur.

Pour savoir si une trace est bien faite, il y a un indice qui ne trompe pas. On se retourne et on regarde le comportement de ceux qui suivent. S'ils font une autre trace moins raide, s'ils coupent certains virages, s'ils semblent forcer sur les bâtons, si le traceur entend des épithètes peu flatteuses sur son compte, il n'y a pas de doute : la trace est mauvaise.

En neige profonde, mieux vaut se relayer. Dans certains cas, le traceur peut mettre les cales de montée (c'est moins fatigant), sans tracer plus raide pour autant. Lorsque l'on trouve de la neige fraîche en abondance dans un passage raide et étroit, il est parfois préférable de déchausser et de monter droit dans la pente.

Chaque fois que c'est possible, on doit préférer des virages à grand rayon ou des pas tournants à des virages pointus ou à des conversions. Si l'on n'a pas le choix et si, seules, celles-ci permettent la progression, mieux vaut en posséder parfaitement la technique. Dans le cas contraire, c'est un exercice fatigant, qui ralentit considérablement la progression d'un groupe.

Faut-il faire sa conversion vers l'amont ou vers l'aval ? La discussion paraît aujourd'hui dépassée. La conversion amont permet de ne pas perdre d'altitude, elle évite aux personnes craintives le spectacle impressionnant de la pente. Enfin si, d'aventure, on glisse, on a plus de facilité à se retenir que si l'on part sur le dos, face au vide.

La conversion fait encore peur à beaucoup de skieurs, y compris ceux qui ont une longue pratique de ce sport. Il suffit pourtant de peu de chose pour maîtriser correctement cet art. Le temps que l'on perdra à faire quelques exercices sera largement compensé par celui que l'on gagnera sur le terrain durant une course. On se fatiguera également beaucoup moins.

CLIC-CLAC... ET ÇA TOURNE !

Certains skieurs de montagne pratiquent la conversion courte ou conversion claquée, systématiquement adoptée aujourd'hui par les compétiteurs.

On déplace le ski amont comme pour une conversion normale et on y transfère le poids du corps. Au lieu de déplacer le second ski en avant en décrivant un arc de cercle vers l'amont, on le recule en soulevant le talon, la spatule restant pratiquement en contact avec la neige. En donnant un petit coup de talon, on fait alors pivoter le ski autour de la jambe amont (devenue aval, vous suivez toujours ?)... et les deux skis se retrouvent parallèles presque sans effort.

Il existe aussi une « totale », plus rarement pratiquée. Elle exige plus d'entraînement, car il faut d'abord se fendre, comme si l'on voulait monter la pente en canard. Au lieu d'avancer la spatule du ski amont, on la recule et on met aussitôt le ski en bonne position en le faisant pivoter d'un peu moins de 180° (attention de ne pas coincer le talon du second ski durant la manœuvre !). On ramène ensuite le deuxième ski par un « claqué » de talon. A priori délicate, cette conversion permet de se tirer d'affaire dans des pentes très raides, des neiges profondes ou des passages très étroits.

Les joies de la conversion... ou « cent fois sur le métier, remettez votre ouvrage ». ▶

Dans tous les cas, lorsque l'on doit faire une conversion exposée (au-dessus d'une crevasse, d'une barre ou dans une pente très raide) – ce qui est peu conseillé mais parfois inévitable –, quelqu'un doit se mettre en dessous de l'emplacement retenu de façon à sécuriser les personnes peu à l'aise.

Au sommet

S'habiller. Enlever les peaux et les replier soigneusement. Resserrer les chaussures. Éviter les imprudences : sacs laissés trop près du bord, skis mal plantés ou à plat qui ne demandent qu'à glisser, corniches, peaux ou gants posés sur la neige par grand vent…

Si le groupe est important et hétérogène, il est préférable d'attendre que les derniers soient arrivés, reposés et prêts à redescendre avant de donner le signal du départ.

La propreté s'impose ainsi qu'une relative discrétion : certains viennent en montagne pour y trouver la tranquillité.

À la descente

– En aller-retour, il n'y a généralement pas de problème de choix de l'itinéraire (sauf en cas de brouillard ou de traces effacées par le vent ou de chute de neige). Cependant, il faut être attentif aux changements de neige et savoir choisir son parcours en conséquence. En plein hiver, lorsque la neige n'est pas encore « transformée », on peut trouver dans un même secteur de la neige cartonnée, de la croûte, de la poudreuse dans les fonds de vallons. Avec un minimum d'expérience, on peut « sentir » la neige et trouver les endroits où elle est bonne (… ou moins mauvaise).

– Dans une course en traversée, le leader doit rester devant, bien en vue. Attention aux raccourcis et variantes engageantes ! Certains ne mènent nulle part, sinon au-dessus de barres rocheuses, et peuvent contraindre à remonter.

– On doit toujours skier un cran en dessous de ses capacités. On n'est pas sur piste et il faut rester très attentif aux changements de neige. Un bon skieur de montagne tombe le moins possible.

– Il faut prévoir des arrêts pour se regrouper et ne jamais laisser un skieur seul derrière. C'est généralement le plus fatigué, le moins entraîné, le moins bon techniquement.

– Les excentricités vestimentaires sont déconseillées. Quand il fait chaud, il est agréable de skier en T-shirt et sans gants, mais il faut penser au pire : brûlure (dévissage), gelures ou hypothermie (avalanche ou chute en crevasse).

Comment porter ses skis ?

À la montée comme à la descente, on peut être amené à déchausser : passage raide, endroit dégarni de neige, approche ou retour sur route ou sentier. Se pose alors la question : que faire de ses skis ? Plusieurs solutions sont possibles :

– en travers sur le sac. À éviter dans des traversées délicates le long de rochers, des passages étroits (couloir, forêt dense) ou dans des endroits peuplés ;

– en V renversé. Système le plus classique, mais relativement long à mettre en œuvre, il nécessite un sac avec des lanières de fixation ad hoc. Les compétiteurs ont adopté un système voisin, mais plus rapide, les skis attachés l'un à l'autre se fixant sur l'arrière du sac ;

– sur l'épaule (éviter les spatules tournées vers l'arrière, c'est un peu « plouc »). Pour un court passage peu difficile. Peu conseillé quand les skis sont sales ou mouillés et surtout dans les halls de gare.

Deux autres systèmes peuvent se révéler fort utiles :

– si les skis sont mouillés et que l'on n'a envie de salir ni les épaules ni le sac, on attache les skis l'un contre l'autre. On passe ensuite une dragonne de bâton autour des spatules, l'autre autour des talons, après avoir glissé la rondelle de chacun des bâtons dans la dragonne de l'autre. On dispose ainsi d'un confortable bagage à main, qui sera d'autant plus apprécié que le sac est lourd ;

– si l'on doit progresser dans une pente raide en neige profonde, dans laquelle on enfonce, on peut utiliser les skis attachés l'un à l'autre et posés à plat dans la neige. Ils servent de point d'appui et permettent une meilleure progression, aussi bien à la montée qu'à la descente.

Quelques situations à risque

La situation à laquelle le skieur de montagne est le plus fréquemment confronté est celle d'un danger potentiel d'avalanche. Doit-on rappeler le caractère subjectif de cette notion ? La perception du risque n'est pas la même pour tous. Le juste milieu entre absence de conscience du danger et catastrophisme n'est pas toujours évident à trouver. Il est fondamental de pratiquer le doute systématique en sondant, observant, en évitant de se fier aveuglément aux traces existantes. Il est également important de garder sens critique et autonomie de jugement pour modifier un itinéraire, voire renoncer, sans se laisser influencer par les autres.

Le choix d'un itinéraire évitant les zones suspectes s'impose, en respectant quelques règles simples :

Lors de courses relativement classiques, on peut être amené à affronter des passages à la limite du ski extrême. Si tous les participants n'ont pas une technique irréprochable, il est plus sage d'installer une main courante. ▼

– le cheminement le plus sûr n'est pas toujours le plus logique ni le plus court ;

– il faut préférer les croupes dégarnies aux fonds de vallon qui constituent des zones d'accumulation. Au besoin, on peut monter plus haut pour franchir rapidement et à la descente le passage délicat ;

– il faut éviter de couper les ruptures de pente où la neige travaille en traction avec de plus faibles résistances ;

– on doit se méfier tout particulièrement des traversées au-dessus de barres rocheuses, de crevasses ou de zones où une coulée, même modeste, peut s'accumuler à l'arrêt sur plusieurs mètres d'épaisseur (ravin, ruisseau, goulet) ;

– il vaut mieux préférer des pentes irrégulières à de grandes pentes uniformes, ce qui limite l'ampleur d'une plaque éventuelle ;

– quand le terrain s'y prête, la progression se fait de point sûr en point sûr.

Il ne faut pas exposer toute la caravane au même moment. Dès que l'on aborde un secteur délicat, à la montée comme à la descente, il faut avoir le réflexe « espacement ». On entreprend une traversée douteuse un par un, tandis que le reste du groupe est à l'abri. Il vaut mieux neuf sauveteurs cherchant un disparu qu'un seul sauveteur cherchant neuf disparus.

La distance entre deux skieurs varie beaucoup selon qu'il s'agit de franchir un court passage ou de traverser une grande pente. L'espacement n'est pas qu'une formalité qui concerne uniquement les premiers. En cas de groupe important, on peut observer un effet-accordéon, surtout si rien ne s'est passé pour les premiers. Il est impératif que chacun observe une parfaite discipline (ce qui pose le problème de l'autorité du responsable).

Le passage se fait en prenant certaines précautions (guetteur, dragonnes dégagées). On suggérait naguère de n'enfiler qu'une des bretelles du sac à dos, de façon à pouvoir s'en débarrasser rapidement. Ce conseil est contestable, car l'on risque d'être déséquilibré, surtout si le sac est lourd. De plus, dans certains cas, le sac peut jouer un rôle salvateur en ménageant une poche d'air à proximité de la tête de la victime. On n'a donc pas intérêt à le perdre.

QUE FAIRE SI L'ON EST PRIS DANS UNE AVALANCHE ?

1. Tenter la fuite latérale (ce conseil évident peut rarement être mis en pratique, sauf si l'on se trouve sur un bord de l'avalanche).

2. Se débarrasser des bâtons et, si possible, des skis.

3. Fermer la bouche et se protéger les voies respiratoires.

4. Essayer de se maintenir à la surface en nageant.

5. Faire le maximum d'efforts pour se dégager au moment où l'on sent que l'avalanche va s'arrêter ; à l'arrêt, si l'ensevelissement est total, s'efforcer de créer une poche en exécutant une détente énergique, puis ne plus bouger pour économiser l'air. Essayer de garder une main devant les voies respiratoires.

6. Une fois que l'avalanche s'est arrêtée, ne pas s'essouffler inutilement en criant. Sauf s'il est très proche de la surface, il y a peu de chances pour que les appels d'un enseveli soient entendus.

À la descente, la même règle de respect des distances s'impose si l'on veut éviter toute surcharge. Il faut savoir skier en douceur, en préférant le stem au virage sauté, le dérapage à la conversion et surtout en évitant de tomber.

On ne doit pas négliger le danger que peut constituer une pente raide en neige dure. Un dévissage devient alors très difficile à enrayer. Mieux vaut le prévenir. À la montée, l'utilisation des couteaux à neige est indispensable. Il est important de savoir anticiper et de ne pas attendre d'être en mauvaise posture pour les mettre et les faire mettre à l'ensemble du groupe. Dans certains cas, il ne faut pas hésiter à imposer un passage à pied (au besoin en taillant des marches), avec ou sans crampons. La pose d'une main courante est parfois conseillée.

COMMENT ENRAYER UN DÉVISSAGE

Stopper une glissade n'est pas chose aisée. Pour mettre un maximum de chances de son côté, il faut :

– se placer rapidement sur la trajectoire de la victime en suivant des yeux sa chute ;

– ne pas s'arrêter brutalement en aval de la victime (on court le risque d'être emporté), mais continuer à prendre de la vitesse (principe de l'assurance dynamique).

Pour être efficace, avoir le bon réflexe au bon moment et ne pas paniquer, il faut s'être entraîné au préalable sur des pentes sans danger.

Dès que l'on progresse sur glacier (ou en terrain présumé glaciaire : zone de contact entre moraine et glacier), il faut porter un baudrier qui permet de s'encorder rapidement en cas de besoin et qui facilite les secours en cas de chute en crevasse. Il est préférable d'opter pour un modèle intégral, plus confortable.

En secteur crevassé, progresser à corde tendue à une quinzaine de mètres l'un de l'autre et sans anneaux (un, tout au plus, pour la souplesse de la progression). Si l'on n'est que deux, s'encorder sur le tiers médian de la corde, chacun portant un tiers restant sur son sac. Cela suppose que l'on est prêt à enrayer une chute de son compagnon (ce n'est pas facile) et que l'on sera capable de le hisser par mouflage s'il est blessé ou, au moins, d'amarrer la corde s'il est capable de remonter par ses propres moyens. Un entraînement est nécessaire. Si l'on s'encorde, à la descente, mieux vaut le faire à trois, les meilleurs skieurs derrière, bâtons sur le sac. La technique, jadis préconisée, consistant à encadrer le skieur médian en téléphérique, simplement relié à la corde par un mousqueton, peu efficace, est aujourd'hui abandonnée.

En secteur exposé aux chutes de séracs (qui peuvent se produire à n'importe quelle heure du jour ou de la nuit), il faut progresser rapidement et en s'espaçant.

À la montée comme à la descente, bien suivre la trace du premier… sauf s'il passe dans un pot sous les yeux du reste du groupe.

À la descente, surveiller les amateurs de pentes

raides et de neige vierge et leur rappeler qu'ils sont sur un glacier. Un versant engageant peut conduire dans une crevasse ou au-dessus d'une barre de séracs.

DEUX CAS PARTICULIERS

- En terrain karstique (Alpes Juliennes, Dévoluy), attention aux trous !
- En forêt, il existe quelques dangers spécifiques. La quantité de neige accumulée sur un sapin après une importante chute de neige suffit parfois à assommer le malheureux passant au moment où l'arbre se décharge. Si l'on coince les rondelles de bâtons sous une racine, on risque de se faire très mal à l'épaule si l'on tient solidement les dragonnes. Si l'on est généralement attentif au danger que représentent les troncs et les branches, on se méfie moins des pièges que peuvent constituer des morceaux de bois enfouis dans la neige et sous lesquels une spatule peut venir s'enfiler, au grand dam de la cheville ou du genou de l'intéressé.

LE SKI DE MONTAGNE AUTREMENT

Le surf

Longtemps considéré comme un sport de glisse se pratiquant exclusivement en stations ou dans leur voisinage immédiat, le surf des neiges est aujourd'hui pour certains passionnés une autre façon de parcourir la montagne enneigée loin des pistes damées.

Alors que le ski de montagne est devenu ski-alpinisme sous l'effet d'une mode discutable, le surf de randonnée garde son appellation simple. Cette appellation est pourtant paradoxale puisqu'elle associe deux termes antinomiques : l'un évoque la liberté et l'autre le respect de certaines règles de sécurité. C'est naturellement ce dernier aspect qui doit prendre le dessus : le surf de randonnée se pratique dans un esprit « montagne ». Tout (ou presque) ce qui a été dit en matière de sécurité du skieur de montagne s'applique également au surfeur-randonneur (ou au randonneur-surfeur).

En dehors des skis, équipement et matériel sont les mêmes. Les bâtons télescopiques, faciles à ranger dans le sac à la descente, sont indispensables. Faut-il insister sur la nécessité d'avoir un bon niveau (pour ne pas tomber) et une bonne maîtrise (pour affronter sans crainte d'éventuels passages délicats) ? Le surfeur devra aussi s'habituer à porter un sac, ce qui l'amènera à modifier un peu sa technique et son style pour ne pas être trop perturbé par la présence de ce contrepoids inhabituel.

Un autre problème se pose au surfeur, celui de la montée. Il existe plusieurs écoles. Chaque système a ses avantages et ses inconvénients :

– les raquettes ont pour elles leur prix, leur légèreté et la facilité de rangement à la descente. Elles peuvent être d'une utilisation difficile en traversée ou quand il y a beaucoup de neige fraîche (qui est, par ailleurs, le terrain de prédilection du surfeur) ;

Une façon classique de pratiquer le surf en randonnée : lorsque la neige porte, on monte à pied, le surf sur le sac, et on utilise les raquettes dès que l'on enfonce. À la descente, l'idéal est évidemment de trouver un compagnon compatissant qui voudra bien se charger des raquettes et des bâtons ! ▶

– les mini-skis, généralement bricolés ;

– pour ceux qui en ont les moyens, il existe des surfs qui peuvent se séparer en deux parties (avec peaux de phoque ad hoc) pour monter. Seul inconvénient : une fois assemblé, ce surf manque un peu de confort et de précision.

Si l'on utilise raquettes ou mini-skis (ou, tout simplement, la marche à pied), il faut résoudre le problème du portage. À chacun sa solution plus ou moins miracle. On trouve maintenant des sacs à dos adaptés. Certains se contentent de bricoler un sac ordinaire en y ajoutant deux sangles (système gênant lorsqu'il y a des passages en forêt) ; d'autres préfèrent tirer leur engin. C'est moins lourd, mais la progression est parfois gênée, notamment dans les traversées

Où aller ? La plupart des courses que l'on peut faire en ski de randonnée sont également accessibles à un surf. Le surfeur sera souvent plus à l'aise que le skieur bipède dans certaines neiges « foireuses » du fait de sa meilleure portance. En revanche, il se rendra vite compte qu'il vaut mieux éviter les descentes entrecoupées de grands faux plats, car il lui sera bien difficile de faire le pas de patineur !

Toutes ces considérations sont également valables pour la pratique du monoski qui ne concerne plus aujourd'hui qu'une toute petite minorité de mordus mais, qui sait ? ce sport reviendra peut-être un jour à la mode…

L'héliski

Dans certains massifs montagneux (Canada, Caucase), la dépose par hélicoptère sur des sommets non équipés en remontées mécaniques est fort répandue. Dans les Alpes, c'est une activité très controversée dont l'exercice est parfois réglementé. Certains pays l'ont interdite. En France, le CAF a joué un rôle important dans l'adoption d'une réglementation stricte (interdiction totale depuis janvier 1980). Dans d'autres pays, cette activité est tolérée plus ou moins largement (il existe encore près de cinquante points de dépose autorisés en Suisse).

Les arguments des partisans et des adversaires de cette forme de ski sont généralement passionnels et irrationnels. Les uns invoquent le droit d'accès à la montagne pour tous et l'aspect économique (pour attirer une clientèle à hauts revenus). Les autres rétorquent, tout en s'appuyant sur des arguments économiques (gaspillage d'énergie) et écologiques (nuisances), que la montagne doit se gagner à pied. Une descente peut-elle vraiment s'apprécier si elle n'a pas été « méritée » ? On n'entrera pas dans ce débat philosophique et éthique. Une chose est sûre : même si ceux qui la pratiquent n'en ont généralement pas conscience, cette activité se déroulant en site vierge et non sécurisé est exposée, au même titre que le ski de montagne, aux dangers liés à la neige. La plupart du temps, elle ne peut se faire qu'en compagnie d'un professionnel.

Le ski de raid

Partir plusieurs jours sac au dos et skis aux pieds est l'une des plus belles expériences qui soient. Le ski redevient un moyen de déplacement. Au fil des jours, la neige vit et se transforme. À chaque col, à chaque étape, le décor change. À l'aventure sportive s'ajoute une aventure humaine excitante, un groupe de compagnons progressant unis vers un même but. Enfin, un raid se vit déjà avant, quand on le prépare, et après, quand on en revit les moments les plus intenses. C'est pourquoi il est tentant de voir dans cette pratique la forme la plus achevée du ski de montagne ou, comme le disait Jean-Louis Georges, un grand guide bien trop tôt disparu lors d'un raid en Corse en 1985, un « retour aux sources ».

Définitions

On peut définir le raid à skis comme une randonnée de deux jours complets ou plus avec changement d'hébergement chaque soir, ce qui exclut la simple course du week-end (avec montée en refuge le samedi), comme les randonnées en étoile au départ d'un même point.

Cette définition très large recouvre différentes pratiques. Certains raids (comme Chamonix-Zermatt ou Nice-Briançon) sont classiques. On y bénéficie parfois d'une trace-boulevard, mais il est souvent possible d'en sortir et d'inventer de petites variantes. D'autres raids relèvent plus de l'exploration, qu'ils se déroulent en pays lointains ou dans des massifs secondaires moins connus. Au plaisir de la course proprement dit s'ajoute alors celui d'avoir créé quelque chose.

On peut aussi classer les raids en fonction du type d'hébergement choisi. Il n'y a guère de points communs entre la Silvretta, où l'on peut bénéficier d'un réseau important de refuges confortables et gardés, et les Alpes bergamasques, massif peu pourvu en hébergements et dans lequel le skieur aventureux doit souvent se contenter du confort spartiate de cabanes de berger. Enfin, il existe le raid « total », avec couchage sous tente, igloo ou trou de neige. Cette formule, qui laisse une totale liberté dans le choix de l'itinéraire et le découpage des étapes, est aussi plus exigeante et ne concerne qu'une petite minorité de mordus.

Quelques repères historiques

On considère généralement que l'acte fondateur du raid à skis a été la traversée du Groenland par Nansen en 1888, mais il s'agissait de randonnée nordique plus que de ski de montagne. Le premier vrai raid alpin à skis date de 1893 : le Dr Paulcke réalise une traversée de l'Oberland bernois, de Guttanen à la vallée du Rhône. Quant à la célèbre Haute Route Chamonix-Zermatt, aujourd'hui considérée comme un « must », elle est inaugurée au début du XXe siècle par le Dr Payot de Chamonix.

L'un des plus grands pionniers du raid à skis est le Dauphinois Léon Zwingelstein (1897-1934) : en 1933, il réalise successivement la traversée Grenoble-Nice, puis Nice-Chamonix-Zermatt-frontière autrichienne, avant de revenir à Chamonix par l'Oberland bernois. La vie de ce skieur le plus souvent solitaire, bricoleur de génie, a été retracée dans *Le Chemineau de la montagne* de J. Dieterlen, qui reste aujourd'hui encore l'un des livres de base pour qui veut découvrir l'âme et la magie du ski de raid.

Il est impossible de faire un historique complet du raid à ski. Le skieur de raid est souvent un être discret, qui trouve son bonheur dans la réalisation de son rêve et non dans le fait de le faire savoir. De nombreuses traversées originales ne sont sans doute jamais sorties d'un petit cercle d'initiés. On se limitera à citer les noms de quelques spécialistes connus parce qu'ils se sont hasardés à livrer quelques-uns de leurs secrets : Babelay et Bertillot, Maurice Martin ; plus près de nous, Philippe Traynard, Jacques Rouillard, Pierre Merlin, Michel Parmentier... On pourrait aussi mentionner quelques entreprises, plus médiatiques. Ainsi, Walter Bonatti traverse tout l'arc alpin, de la Slovénie aux Alpes de Ligurie, en deux mois en 1956. En 1982, les clubs alpins des différents pays de l'arc alpin s'unissent pour réaliser une traversée originale des Alpes, des équipes internationales se relayant tous les quatre ou cinq jours. Comment pourrait-on mieux symboliser la merveilleuse aventure humaine que constitue le raid à skis ?

Préparation de l'itinéraire

Un raid ne supporte pas l'improvisation. C'est vrai dès la phase de préparation de l'itinéraire. Les sources d'inspiration ne manquent pas. Il existe des topo-guides, des articles, des cartes avec itinéraires skieurs en surcharge. Dans certains cas, le raid est même livré « prêt à consommer ». Dans d'autres, il est nécessaire de procéder soi-même à l'assemblage, en mettant bout à bout des itinéraires à la journée, tout en trouvant les parcours de liaison. Enfin, on peut concevoir soi-même un itinéraire original. Tout n'est pas encore décrit, codifié, tracé sur des cartes, et celui qui souhaite s'inventer sa propre traversée hors des sentiers battus peut encore se livrer à cet exercice hautement stimulant.

Quel que soit le type de raid choisi, il faut prévoir variantes et éventuels parcours de repli, en cas d'incident ou d'intempéries.

Le découpage de l'itinéraire dépend de diverses variables : longueur du jour, niveau d'entraînement des membres du groupe, possibilités de gîte. Si l'on est partisan du raid total, on peut s'installer n'importe où ; si l'on couche en refuge ou en cabane, le découpage de l'itinéraire est prédéterminé. Dans tous les cas, mieux vaut prévoir des étapes relativement équilibrées.

Lors de raids dans des massifs fréquentés, avec refuges gardés (Autriche, Dolomites), il faut penser à faire en temps utile les réservations conseillées (et parfois obligatoires).

L'équipe

Deux principes s'imposent : limitation et sélection.

La limitation du nombre est dictée par des considérations de sécurité et de rapidité dans la progression. Celui qui souhaite partir seul le fait en connaissant les risques qu'il encourt et n'a guère besoin de conseils. Une équipe de deux est sympathique, mais légère sur le plan de la sécurité, surtout si elle doit progresser sur glacier. Un groupe compris entre trois et six ou sept personnes constitue un compromis idéal entre rapidité de progression, sécurité et bonne ambiance. Au-delà de huit, un groupe devient plus lourd et plus lent, et il y a parfois intérêt à le scinder en deux sous-groupes autonomes. Le nombre de participants est évidemment fonction du niveau de difficulté du raid et de l'encadrement disponible.

La sélection permet de constituer une équipe homogène. Le niveau du groupe est en partie défini par celui du plus faible des participants. Il est donc nécessaire, en dehors de tout sentimentalisme, d'écarter des éléments qui, par leur lenteur, leur manque de technique ou d'entraînement, pourraient compromettre la bonne marche du groupe et la réussite du projet. Si l'aspect physique et technique est important, il ne faut pas perdre de vue le côté psychologique. Dans une traversée engagée, la présence de personnalités cyclothymiques peut devenir un fardeau.

L'adaptabilité à des situations parfois difficiles, une humeur égale, sont des facteurs à ne pas négliger. En règle générale, plus le raid est engagé, plus l'équipe doit être soudée et plus le facteur humain est important.

Le sac

Indispensable et fidèle compagnon du skieur de raid, le sac peut être la cause de bien des tourments, soit parce qu'il est trop lourd ou qu'il y manque quelque pièce maîtresse. Plus encore que pour une course d'une journée, un bon sac de raid est le résultat d'un délicat arbitrage entre légèreté et « exhaustivité », surtout si l'on pratique en autonomie totale.

Au matériel prévu pour une course à la journée il faut ajouter tout ce qui est nécessaire pour dormir, se nourrir et se changer.

LE BON SAC : FORMULE MIRACLE ?

Comment répartir le matériel entre chacun ? Bertillot livrait cette proposition pleine de bon sens : « Le calcul du poids du sac d'après le poids de celui qui le porte paraît le plus judicieux. »

Cela peut se traduire par la formule suivante,

$$P1 = \frac{P \times N1}{N1 + N2 + N3}$$

dans laquelle : P = poids total du matériel
P1, P2, P3 = poids de chaque sac
N1, N2, N3 = poids de chaque individu.

Une rapide analyse des conséquences de l'application de cette règle montre que :

– l'on a toujours intérêt à partir en raid avec des compagnons plus lourds que soi (moins on emmènera de poids plumes et plus on aura un sac léger),

– les poids plumes comme les poids lourds se laisseront difficilement convaincre par l'intérêt incontestable de cette formule.

Le poids est un élément essentiel dans le bon déroulement d'un raid. Il est difficile de prendre du plaisir avec 30 kg sur le dos. Dans le *Ski de raid et de haute montagne* (Elzévir, Paris, 1946), Bertillot définissait le contenu d'un sac pesant entre 11 et 12,2 kg pour six jours. Il considérait qu'un sac est léger s'il est égal à 1/10 du poids du skieur ; supportable s'il est égal à 1/7 du poids et lourd s'il dépasse 1/5. De façon plus optimiste, on peut considérer qu'un sac est vraiment lourd s'il fait plus du quart du poids de celui qui le porte.

Sur le terrain

Un raid n'est pas seulement la somme d'itinéraires à la journée mis bout à bout. Il faut tenir compte d'autres facteurs liés à la longueur du trajet, aux changements de vallée, à la dynamique du groupe.

– Mieux vaut savoir s'économiser, en vertu du vieil adage « qui veut voyager loin… ». En général, le sac est là pour inciter à une cadence plus modérée. Cet élément est à prendre en considération lorsque l'on calcule la durée des étapes. Quant à la fatigue qui s'installe parfois au fil des jours, ses effets ne sont pas toujours sensibles. Il arrive même que l'on trouve progressivement le bon rythme et que l'on finisse à une allure plus soutenue.

– L'économie de moyens est particulièrement importante à la descente. Il est indispensable de ne pas tomber : avec un sac lourd, se relever devient une épreuve. Il faut assurer. Il est important de maîtriser des techniques peu spectaculaires mais efficaces comme le stemm, voire le chasse-neige, la conversion ou le dérapage. Il ne faut pas noircir le tableau, car on peut parfois faire d'enthousiasmantes descentes en godille où l'on en vient à oublier le poids du sac.

– Il faut sentir « vivre » la neige. Un raid à skis, surtout en hiver lorsque la neige n'est pas encore uniformément transformée en grains de fonte, est une expérience enrichissante sur le plan nivologique. En fonction des versants, de l'altitude, la neige change. Avec un peu d'expérience, on finit par prévoir ces évolutions. Cette intimité avec la neige est d'autant plus nécessaire que, bien souvent, il n'est pas possible d'avoir accès à des informations nivologiques.

– L'aspect de la sécurité est fondamental, surtout dans le cas de raids engagés. Il n'est pas toujours facile à prendre en considération. Qu'on le veuille ou non, on a tendance à prendre plus de risques lors d'un raid, car il est moins facile de renoncer que lors d'une sortie à la journée.

– La dynamique du groupe est importante. L'ambiance et la cohésion qui s'instaurent (ou non) au sein d'une équipe conditionnent en partie la réussite ou l'échec d'un raid. Il est évidemment indispensable de rester groupés tout au long de la progression.

À l'étape

Quel que soit le type d'hébergement, diverses activités sont à prévoir dès que l'on arrive : faire sécher les peaux et les chaussures, réviser le matériel, éventuellement soigner les ampoules, quand c'est possible faire du feu, faire fondre de la neige.

Même si la préparation a été minutieuse, on est toujours à la merci de surprises. Certaines sont heureuses : on peut trouver un excellent accueil chez les gardiens d'un barrage italien, ou découvrir une réserve de boissons dans un refuge suisse. D'autres sont moins agréables : on peut tomber sur une porte close ou s'apercevoir que toute la réserve de bois a été brûlée par les précédents visiteurs. Tout cela fait partie des risques du métier et il faut savoir s'adapter avec philosophie à ce genre de situations. Un zeste d'humour est souvent fort utile.

La nourriture

Il n'y a pas de règle absolue en la matière. Tout dépend de la nature du raid, de sa durée, des possibilités de ravitaillement en cours de route, de la présence éventuelle de refuges gardés où l'on pourra prendre pension.

Si ces dernières hypothèses sont exclues, il faudra porter toute la nourriture. Dans ce cas, il faut tenir compte des goûts des participants. Certains supportent difficilement d'être privés de leur plat favori. D'autres sont plus philosophes et prennent sur leurs réserves. Il y a ceux qui peuvent se nourrir exclusivement de bouillie et de purée pendant huit jours, ceux qui ne peuvent se passer de pain, les buveurs d'eau et les amateurs de beaujolais. Il faut prendre toutes ces variables en considération pour composer des menus garantissant une bonne forme et un bon moral à l'ensemble de l'équipe. On doit concilier ces exigences avec la nécessité de réduire poids et encombrement. La meilleure solution consiste à préparer des rations collectives en respectant dix règles simples :

- 1. Être léger. Il ne faut emporter aucune boîte de conserve. Avec un minimum d'imagination, c'est facile. L'usage des aliments lyophilisés s'est largement répandu. Toutefois, c'est encore cher et cela peut finir par écœurer. Il existe aussi des aliments précuits (pâtes, riz, polenta, purée), parfois déjà cuisinés (Bolino, En-cas). Dans tous les cas, éliminer les emballages superflus et les remplacer par un sac plastique léger ou du papier d'aluminium (fromage, charcuterie).
- 2. Calculer au plus juste. Un pèse-lettre permet d'être précis. Pour un repas, compter 50 g de fromage sec et 40 g de charcuterie par personne.
- 3. Consulter. Quand on est bien élevé, on mange de tout, mais il y a des exceptions. Mieux vaut donc s'enquérir des goûts et des aversions de chacun avant d'établir les menus.

● 4. Manger trois fois par jour (compte non tenu des vivres de course). En partant tôt, on peut arriver au terme de l'étape en début d'après-midi. On apprécie alors un solide casse-croûte avant la sacro-sainte sieste. Une ration journalière comporte donc deux repas, celui de midi et celui du soir, composés sur les bases suivantes :

– midi : potage ou bouillon, charcuterie (coppa, pancetta, jambon, saucisse sèche, pâté végétal...) parfois agrémenté d'olives, fromage, café ;

– soir : potage, plat consistant (purée, pâtes, polenta... que l'on peut améliorer avec un minimum d'imagination avec un sachet de sauce minute, un oignon, un peu de lard, quelques champignons séchés). Ensuite fromage et (parfois) dessert (flan, compote lyophilisée ou en barquette). Une tisane est souvent appréciée. Certains glissent dans leur sac un petit flacon d'eau-de-vie de poire ou de génépi, on ne saurait les en blâmer.

En raison des goûts très variés dans ce domaine, petit déjeuner et vivres de course sont laissés à l'appréciation de chacun.

● 5. Varier les plaisirs. Il est possible de ne pas manger la même chose deux jours de suite, surtout en ce qui concerne le fromage et la charcuterie.

● 6. S'adapter aux conditions. Tenir compte de l'altitude (pour le temps d'ébullition), du confort du refuge (possibilité de chauffage ?), du temps disponible pour « cuisiner » l'après-midi.

● 7. Emballer le tout. Chaque repas est conditionné dans un emballage en plastique fort, étiqueté de façon visible et fermé avec un adhésif, formant un paquet dont le poids idéal est de 1 à 2 kg. Si l'on est peu nombreux, on peut grouper le repas de midi et celui du soir. Sinon une ration correspond à un repas.

● 8. Prévoir des poids dégressifs. Il est logique de manger les rations relativement lourdes au début, en gardant les plus légères pour la fin.

● 9. Redistribuer. Si l'on n'est pas insensible à la mine contrite du copain qui annonce à la cantonade avec un gros soupir qu'il porte les rations des deux derniers jours, il faut assurer chaque soir une répartition équitable des charges (matériel collectif, plus nourriture).

CLIN D'ŒIL : LES DIX COMMANDEMENTS DU PARFAIT SKIEUR DE RAID

1. Je suivrai scrupuleusement la trace faite par le chef de groupe, sauf s'il passe dans une crevasse ou saute une barre rocheuse sous mon nez.
2. J'éviterai de sprinter aux abords des cols et des sommets, histoire de montrer aux copains que j'en ai « gardé sous la pédale ».
3. En cas de doute sur le choix de l'itinéraire, je m'abstiendrai de sortir ma carte et de demander à haute voix sur un ton suspicieux : « T'es bien sûr que c'est par là ? »
4. Je ne me défilerai pas lorsqu'il s'agira de répartir la nourriture et le matériel collectif en prétextant que j'ai le dos fragile et que mon sac est bien assez lourd comme ça.
5. Je ne laisserai aucune trace ordurière de mon passage. Aux abords des refuges, j'éviterai d'aller me soulager là où l'on prend de la neige pour la faire fondre.
6. Je garderai mes manifestations physiologiques bruyantes et/ou odorantes pour mes moments de solitude.
7. Je ferai tout mon possible pour ne pas ronfler ni grincer des dents la nuit.
8. J'éviterai de critiquer la nourriture préparée par le responsable de l'intendance. Si je suis coincé dans une cabane par le mauvais temps, je m'engage à ne pas tenir de propos à caractère gastronomique autour du dernier croûton de pain. Si je devais oublier cette règle élémentaire de savoir-vivre, j'accepte par avance que mes compagnons d'infortune me tapent dessus pour se défouler.
9. Au cas où ce raid ne se terminerait pas par une brouille généralisée ou un règlement de comptes à coups de bâton ou de piolet, j'accepte de participer dans un délai d'un mois à un repas diapos-souvenir rassemblant tous les survivants.

Le contenu du dixième et dernier commandement est laissé à l'appréciation du responsable du groupe. En fonction des circonstances et des caractéristiques du groupe (notamment de son sens de l'humour), il peut porter sur la limitation ou l'interdiction de certains sujets de conversation, la réglementation de l'usage du tabac ou sur tout autre comportement susceptible d'engendrer des tensions dommageables pour la bonne entente de l'équipe.

• 10. Le résultat : un poids moyen par personne et par jour inférieur à 500 g, pour un coût de l'ordre de 30 francs.

Outre ces rations, il faut prévoir un petit vrac (beurre, sel) complété au fil des jours par le reliquat des rations. On peut aussi prendre du pain, bien ferme et bien serré, qui se conserve plus d'une semaine (compter environ 100 g par jour).

Pour la boisson, l'usage exclusif d'eau de fonte expose parfois à des troubles intestinaux redoutables. On peut ajouter des sachets de vitamines C ou de Seltinés ou encore emporter un flacon d'Antésite. Quant au vin, tous les diététiciens le diront, les calories qu'il apporte ne présentent guère d'intérêt pour l'organisme, mais il faut reconnaître que c'est parfois bien agréable...

Tout cela est plus compliqué que de passer la veille du départ dans un hypermarché et d'empiler dans son chariot, puis dans son sac, tout ce que suggèrent les envies du moment. Cela suppose un peu de réflexion et de recherche, mais le plaisir qu'on retire d'un sac peu encombrant et léger et d'une cuisine variée justifie largement ce petit effort de rationalisation. Il ne faut jamais oublier que, pour reprendre la formule d'un orfèvre en la matière, « le moral sort de la marmite ».

POUR EN SAVOIR PLUS

Bien qu'épuisé et obsolète sur certains points, l'ouvrage collectif *Ski de montagne* sous la direction de Philippe Traynard, Arthaud, 1974 reste un manuel de référence qui n'a toujours pas été remplacé.

Le Mémento ski-alpinisme, ski hors piste, coédité par la FFME et l'ENSA, version provisoire, janvier 1996, s'adresse surtout à des cadres bénévoles.

À l'étranger, la plupart des clubs alpins ont publié des manuels sur le sujet. À titre d'exemple, on peut citer le *Sci-alpinismo* du Club alpin italien, coll. « I manuali del CAI », 2ᵉ éd., 1992, 310 p., très complet mais très dense.

Pour se pénétrer de la pensée et de la philosophie des pionniers, il faut se replonger dans les ouvrages de Kurz et de Lunn (voir la bibliographie du chapitre « Les avalanches ») et surtout lire ou relire *Le Chemineau de la montagne,* évocation par J. Dieterlen de la vie courte et passionnée de Léon Zwingelstein, Flammarion, 1938. (Réédité chez Arthaud en 1995.)

Il existe aujourd'hui une abondante littérature en matière de topo-guides destinés au skieur de montagne, sous forme d'ouvrages de luxe, de guides de poche ou d'articles parus dans des revues. Tout inventaire exhaustif étant exclu, on se limitera à mentionner quelques éditeurs ayant largement investi ce créneau : Didier-Richard en France, le CAS (Collection des guides skieurs) ou les éditions Olizane (guides Artou) en Suisse, le Centro Documentazione Alpina de Turin en Italie, sans oublier Denoël et sa série des « 100 plus belles ».

Les amateurs d'ouvrages de référence se replongeront avec délices dans la trilogie des Traynard *101, 102, 103 sommets à ski,* malheureusement difficiles à trouver aujourd'hui. Les fanatiques du raid pourront, quant à eux, rêver sur les ouvrages de Pierre Merlin *Guide des raids à ski,* Denoël, 1980, 2 vol., Jacques Rouillard, *Faire sa trace loin des pistes,* éd. DMI, 1992, ou Michel Parmentier, *Les Grands Raids à skis,* 2 vol., dont un avec Michel Berruex, Éditions ACLA.

L'École nationale de ski et d'alpinisme de Chamonix a réalisé trois cassettes consacrées au *Ski hors piste, Ski de randonnée* et *Secours individuels.* L'ensemble constitue un excellent outil pédagogique. En vente à l'ENSA, BP 24, 74401 Chamonix, au CAF ou à la FFME.

Pour se former, il existe de nombreux stages organisés par le CAF ou la FFME : neige-avalanches, orientation, ski de pentes raides, sécurité sur glacier, etc. Trois niveaux sont proposés (formation de base, formation-recyclage pour cadres, formation de formateurs).

Certaines de ces unités de valeur sont nécessaires si l'on souhaite préparer les brevets fédéraux d'initiateur puis de moniteur de ski-alpinisme (INSA). Pour plus de renseignements, s'adresser au comité sportif ski-alpinisme de la FFME (8-10, quai de la Marne 75019 Paris).

LA RANDONNÉE NORDIQUE

Ski de fond ou randonnée ?

À l'instar des premiers skieurs, parcourir les grandes étendues neigeuses au relief peu marqué, avec, aux pieds, un matériel léger et performant qui laisse libres les talons, est devenu une grande discipline sportive et un loisir hivernal captivant : le ski nordique.

Pratiqué sur des pistes préparées et en sport de vitesse, on l'appelle plus communément ski de fond. Sous sa forme originelle et plus naturelle, c'est la randonnée nordique, en neige vierge de préférence, avec une certaine autonomie et un parfum d'aventure. Dans tous les cas, le ski nordique relève d'une seule technique dont la maîtrise participe beaucoup au plaisir du skieur et à son efficacité en toutes circonstances.

Utilisant le même terrain, ski de fond et randonnée sont parfaitement complémentaires, d'autant plus que l'acquisition des gestes indispensables est plus facile sur traces. Grâce à la randonnée, le skieur nordique sort des contraintes de la piste tracée, élargit son domaine et jouit d'encore un peu plus de liberté. Néophyte ou chevronné, il peut facilement cumuler le plaisir du ski léger et celui de la découverte de la moyenne montagne, tranquille et silencieuse.

De la promenade au raid nordique

Avec les bases de la technique du ski nordique : pas alternatif, poussée simultanée et chasse-neige pour le freinage, la randonnée est très vite accessible à tout skieur qui accepte de porter quelques kilos sur le dos. Pour plus de facilité, il peut rechercher plus particulièrement des itinéraires balisés et des hébergements confortables. À lui de choisir le terrain et les étapes à sa mesure.

Toutefois, au-delà des intentions, la condition physique et la connaissance de la moyenne montagne sont d'autres qualités déterminantes pour le choix du terrain et des étapes. La simple marche à ski hors traces, pendant quelques heures, sans sac et sur un territoire connu, n'est encore que la promenade nordique, mais c'est bien la première approche de la randonnée. Celle-ci s'effectue au moins sur une journée ou, plus souvent, de façon itinérante sur plusieurs jours (la Grande Traversée du Jura ou celle du mont Lozère, par exemple).

Le skieur, jamais seul, est familiarisé avec l'utilisation de la carte et de la boussole, qu'il suive un balisage ou non. Malgré des points d'étape assez confortables, une relative autonomie et l'équipement l'obligent au port du sac. Des distances quotidiennes de 20-25 km et un sac de 10 kg sont des valeurs courantes. Le principe des bagages portés qui s'installe de plus en plus sur de grands itinéraires permet la randonnée sac léger.

Le long déplacement, en totale autonomie ou presque, sur des parcours peu ou pas connus et isolés devient le raid nordique (traversée d'un massif de Scandinavie, de régions du Canada septentrional, par exemple). Avec ces nuances dans la difficulté et l'effort, les façons de concevoir la randonnée ne manquent pas.

Activité de moyenne montagne, le ski nordique n'a, en France ou chez nos voisins, qu'une saison limitée, de janvier à mars, en général. En Europe du Nord, malgré la basse altitude, la neige se maintient de décembre à avril, voire en mai en Laponie.

Randonnée et raid nordique échappent normalement aux risques de la haute montagne qui guettent le skieur-alpiniste. En revanche, le randonneur nordique, évoluant plutôt en milieu dégagé, subit plus directement les conséquences du brouillard, de la neige tombante et surtout du vent s'il souffle en tourmente. La randonnée la plus facile peut très vite devenir un exercice pénible. Malgré de bonnes et nécessaires compétences en orientation, l'échappatoire en cas de très mauvais temps n'est pas tou-

▲ Dans l'Ain, sur les crêtes du Jura Sud.

jours évidente, et l'allure peut être très ralentie par mauvaise visibilité ou neige profonde. Seule une bonne préparation permet d'affronter allègrement le port du sac et les conditions difficiles.

Heureusement, la randonnée est aussi – et surtout – faite de moments d'enchantement dans les forêts aux arbres givrés, autour de la cabane cachée dans le grand silence blanc, sur une crête en plein ciel face au panorama des Alpes ou autre, dans un petit village engourdi par la neige.

UNE LONGUE HISTOIRE

Avant d'être un loisir et un sport, le ski nordique fut d'abord un moyen de locomotion. Les peuples qui s'installèrent en Europe du Nord il y a presque 10 000 ans durent s'adapter aux longs hivers enneigés. Ils furent, par nécessité, les inventeurs du ski et les premiers randonneurs. Avec un usage militaire important dans ces mêmes pays nordiques à partir du XIIe siècle, la randonnée revêt un caractère un peu particulier.

Bien avant les pistes préparées et tracées, la compétition apparaît dès 1843 en Norvège et se développe de plus en plus dans les trois pays du Nord. Le ski gagne la France et l'Europe centrale à la fin du siècle dernier. Outre les nombreux concours, des skieurs épris d'aventure se lancent dans de téméraires traversées.

Quelques événements jalonnent ainsi l'histoire de la randonnée. La fabuleuse traversée du Groenland par Fridjof Nansen en 1888 donne véritablement le grand élan au ski. Chez nous, en 1896, une petite équipe grenobloise relie Lans-en-Vercors à Autrans ; en 1901 le capitaine Clerc traverse de Briançon à Mont-Dauphin par l'Izoard ; en 1905, en Auvergne, l'abbé Blot passe de Besse au Mont-Dore.

Pour s'adapter à nos montagnes et devenir ski alpin dans l'entre-deux guerres, le matériel se modifie, surtout les fixations qui, dès lors, maintiennent le talon. Le ski nordique, celui des origines, est alors un peu oublié et ne retrouve un nouvel intérêt qu'avec les jeux Olympiques de Grenoble en 1968. La création de sites nordiques dans nos régions de moyenne montagne, bien adaptées à cette activité, perpétue cet engouement. Aujourd'hui réhabilités, ski de fond sur traces et randonnée nordique sont toujours les meilleures façons de découvrir la moyenne montagne hivernale.

Longtemps ignoré, sauf en Norvège où il est né en 1866 sous les pieds de Sondre Norheim, le virage télémark[1], inséparable du ski nordique, s'installe en France en discipline à part entière. Le matériel habituel convient pour le réaliser, mais son usage en randonnée est vraiment occasionnel en France, beaucoup plus fréquent dans les pays nordiques.

LES TERRAINS DE LA RANDONNÉE

L'inventaire complet des terrains de la randonnée nordique serait très long. En effet, il devrait contenir certaines régions dont le relief n'autorise que de nombreuses et petites randonnées, d'autres qui ne sont pas skiables tous les hivers. À l'étranger, il y en a qui sont lointaines et d'accès compliqué. Enfin, malgré des terrains convenables, certains pays n'ont pas encore de vocation particulière pour le ski nordique et n'offrent pas l'infrastructure minimale qui pourrait encourager la pratique. Une bonne bibliographie existe et des organismes associatifs ou professionnels proposent des programmes variés et inédits. La liste qui suit ne concerne que les domaines essentiels, et déjà immenses, accessibles à tout randonneur autonome. Avec le temps, le skieur saura explorer les massifs secondaires ou plus lointains comme la terre de Baffin ou l'Oural.

Si, souvent, seuls les grands itinéraires sont indiqués, il est facile de les morceler à volonté ou d'y greffer beaucoup de petites randonnées en circuit.

En France et en Suisse, la moyenne montagne, de 1 000 à 1 600 m, est, par excellence, l'univers du ski nordique, fond ou randonnée. Quand les sites nordiques sont nombreux, neige vierge et traces préparées alternent souvent sous les skis du randonneur. C'est surtout le cas du Jura français.

Dans les Alpes et les Pyrénées, le relief ne permet pas la continuité ni la réalisation de grands itinéraires ; en revanche, une multitude de vallons, vallées et plateaux d'altitude se prêtent à la petite randonnée. Elle frôle assez vite le domaine du ski dit ski-alpinisme. Elle peut alors devenir difficile ou nécessiter toutes les précautions inhérentes à la haute montagne.

Le Jura

Face aux Alpes, empiétant sur trois départements, le Doubs, le Jura et l'Ain, la longue chaîne du Jura se prête à de grands itinéraires linéaires qui empruntent combes, forêts et crêtes. La GTJ (Grande Traversée du Jura), longue trace de 210 km, en est la ligne directrice, du Chauffaud (près de Morteau) à Hauteville-Lompnes (Bugey). Des itinéraires de liaison sont autant de variantes.

La Traversée du Jura suisse (TJS), qui commence dans le Jura bâlois, prolonge et complète la GTJ. Après passage par les sommets du Weissenstein, du Chasseral et du Chasseron, elle se confond avec la GTJ aux Verrières-de-Joux, puis s'en écarte à nouveau pour longer les crêtes suisses de la vallée de Joux et s'achever au col de la Givrine.

La plupart du temps, plus discrètement en Suisse, un balisage facilite le cheminement.

Un raid classique mais qui peut offrir cependant de fort belles satisfactions : la traversée des crêtes du Jura. Ici, du côté du Chasseral. ▼

Le Massif central

Le vaste Massif central, une moyenne montagne dans l'ensemble, est plein de ressources. Au moins une dizaine de sous-massifs bien individualisés et d'importance diverse sont parfaitement adaptés à la randonnée. Moins peuplées, soumises à des caprices climatiques, toutes ces montagnes sont encore sauvages, voire désertiques. Les parcours suivent le plus souvent de larges lignes de crêtes dénudées. Toutefois, des villages d'altitude ou des fermes isolées sont là pour d'agréables étapes.

Les monts d'Aubrac (Aveyron, Cantal, Lozère), les monts de la Margeride (Lozère, Cantal, Haute-Loire), les monts du Forez (Puy-de-Dôme, Loire), les monts du Velay-Vivarais (Haute-Loire, Ardèche), les monts du Cézallier (Haute-Loire, Puy-de-Dôme), le mont Lozère (Lozère) offrent les plus grands itinéraires et totalisent quelque 500 km de randonnées, sans compter les variantes.

Les monts du Cantal et les monts Dore, plus accidentés, les petits massifs du Devès (Velay) et du Pilat (Loire) s'ajoutent à ce domaine.

Grâce à la Gardille qui fait le lien entre Margeride et Velay-Vivarais, le Massif central a aussi son grand itinéraire de randonnée, les 220 km de la Haute Route du Massif central à ski (HRMCS).

Les Vosges

La crête principale des Vosges correspond à peu près à la grande traversée de 120 km qui peut conduire le skieur du ballon d'Alsace au col de Sainte-Marie-aux-Mines, par Bussang, le Hohneck et le col du Calvaire. Grâce au relief assez compliqué, quantité de randonnées dans la forêt vosgienne peuvent se greffer sur ce parcours, mais occasionnent souvent de fortes dénivelées.

Avec la multitude de chalets, refuges et fermes-auberges, c'est l'embarras du choix pour fixer les étapes.

Les Alpes

Autour de ses prestigieux sommets, le relief des Alpes peut s'adoucir pour devenir accessible au skieur de fond et parfois au randonneur nordique. Dans tous les massifs du Sud, Tinée, Ubaye, Lure,

Queyras, vallée de Névache (Briançonnais), plus au Nord en Chartreuse, Savoie et Haute-Savoie, les sites nordiques ne manquent pas et correspondent aussi aux ressources de la randonnée nordique. Les itinéraires sont toujours modestes à cause du relief.

Le Vercors, région de plateaux, est bien le massif alpin le mieux adapté et le plus réputé. La traversée de ces sauvages hauts plateaux sous les crêtes du grand Veymont, de Villard-de-Lans au col du Rousset, est la plus classique des randonnées, mais la plus sérieuse aussi, vu la rareté des abris. Un itinéraire balisé (ou en voie de l'être) de 150 km est devenu la Grande Traversée du Vercors (GTV). Il court de Méaudre à Corrençon, puis rejoint Lente par La Chapelle-en-Vercors et Vassieux ou par la bordure des hauts plateaux et le col du Rousset.

Les Pyrénées

Les sites nordiques abondent dans la longue chaîne des Pyrénées et il est toujours possible de déborder sur de petites randonnées. Parmi les secteurs les plus appropriés à la randonnée, il faut retenir :
– le secteur Iraty-Abodi-Roncevaux dans le Pays basque ;
– les secteurs Campan-Payolle, Val d'Azun et Aure-Louron (Hautes-Pyrénées) ;
– les montagnes d'Ax, plateau de Beille, en Ariège ;
– le secteur Carlit-Capcir (Pyrénées-Orientales) avec le tour du Capcir en quatre ou cinq jours, le circuit le plus important.

L'étranger

Les Alpes italiennes ou les Pyrénées espagnoles ont les mêmes restrictions que du côté français. Face aux Vosges, sur le relief mouvementé de la Forêt-Noire, le grand itinéraire de ski nordique est la Fernski, 100 km de Schonach à Belchen, mais il est généralement tracé.

À l'étranger, le regard du randonneur se tourne avant tout vers les pays nordiques, berceau du ski. Norvégiens, Suédois et Finlandais entretiennent une passion pour la randonnée. Pendant les longs hivers, avec un enneigement correct pendant près de cinq mois, le domaine skiable est quasi illimité du Sud jusqu'à la Laponie. Dans la nature sauvage et préservée, vallées, plateaux, forêts et lacs gelés appartiennent au skieur. Dans ces pays, bien équipés en refuges ou hôtels de montagne, sillonnés d'innombrables itinéraires dont certains balisés, tout est pensé pour le skieur. Malgré ces séduisantes facilités, l'immensité et les grands déserts blancs (selon la latitude, la végétation disparaît dès 500 ou 800 m) sont ici une réalité qui fait passer facilement de la simple et facile randonnée au raid nordique. Les altitudes du ski sont plus basses qu'ailleurs, mais le climat y est beaucoup plus rude.

La Norvège

Dans le Sud montagneux se succèdent les plateaux du Setesdal, du Hardanger, les massifs des Fillefjell, du Jotunheimen et du Rondane. Chaque massif correspond à une semaine de traversée et tous ces raids peuvent s'enchaîner.

La Suède

Les régions les plus propices à la randonnée se situent dans les montagnes de la région frontalière : au Sud, le massif du Jamtland et, au Nord, la vaste Laponie avec les deux massifs du Sarek et du Kebnekaise.

La Finlande

Essentiellement pays de plaines et de lacs, la Finlande a quelques reliefs dans le Nord de la Laponie. Près du lac Inari, qui a fait connaître le ski dans ce pays, les monts du Saariselkä jouxtent la frontière russe. À l'Ouest, les monts lapons (Tunturi Lappi) et la région montagneuse de Kilpisjärvi sont le long des frontières suédoise et norvégienne.

Dans la grande plaine du Sud couverte de forêts, de grandes randonnées itinérantes et organisées suivent une piste tracée chaque jour.

L'ÉQUIPEMENT

Matériel

Dans certains massifs (le Jura français, par exemple), le randonneur rencontre souvent les pistes tracées des sites nordiques, toujours plus nombreux. Cela peut justifier l'usage des skis de fond malgré leur relative fragilité, surtout s'il s'agit d'une courte randonnée d'un ou deux jours.

Toutefois, le ski en neige vierge ou durcie et un terrain mouvementé exigent un matériel plus robuste. Traditionnellement, les skis faits pour la randonnée sont un peu plus lourds que les autres (2,3 kg contre 1,4 kg environ), un peu plus larges (de 55 à 60 mm), équipés de carres métalliques qui apportent solidité et bonne tenue en toutes neiges. La vitesse n'étant pas le premier objectif, les systèmes antirecul peuvent simplifier la vie du skieur, mais, en bonnes conditions de neige, le ski sera toujours plus facile avec des semelles à farter. Le choix peut dépendre des conditions climatiques ou de la région. D'ailleurs, le fart n'est pas une grosse surcharge : il peut se limiter à un tube de fart universel pour les neiges transformées et à quelques bouts de « poussettes » verte, bleue et rouge pour les neiges fraîches.

Les dimensions sont celles adoptées pour la pratique des pas du style classique. Pour les skis : sensiblement la taille, plus 30 cm ; pour les bâtons : la taille, moins 30 cm.

Les chaussures doivent être à tige montante, d'une bonne étanchéité et bien isolées thermiquement. Le cuir reste le meilleur matériau. Les semelles Vibram facilitent la marche dans les approches ou les parties déneigées.

La fixation norme 75 mm (celle du télémark), toujours très bien adaptée à la randonnée, donne une grande stabilité. Il existe aussi des chaussures pour les fixations norme nordique NNN BC (BC = version randonnée) et norme profil (spécifique à la marque Salomon). Le choix des chaussures va de pair avec celui des fixations, car il n'y a pas de compatibilité d'un type à l'autre.

Les bâtons seront équipés de rondelles larges pour être efficaces en neige profonde et, de préférence, en alliage ou en aluminium pour être robustes.

Divers

Le sac à dos, élément essentiel de la randonnée, mérite d'être bien choisi. Sur les sacs haut de gamme, le portage est bien étudié et les bretelles larges sont complétées d'une ceinture ventrale et d'une sangle de poitrine. Le sac de couchage n'est utile que dans les refuges sommaires ou pour les raids.

Une paire de raquettes (pour pallier le bris d'un ski), une spatule et un bâton (télescopique) de rechange, une cordelette (30 m x 7 mm), sont à prévoir plutôt pour les raids. Lampe frontale avec piles (durée de vie raccourcie par le froid), sifflet, allumettes (tout temps), journal, petit matériel (rondelle, colle, sparadrap, pince coupante, couteau) sont dans tous les sacs.

Vêtements

Prévoir des sous-vêtements chauds (les fibres synthétiques, Méraklon, Dunova, Lifa, Capilène, etc. sont légères et d'une grande efficacité), des chaussettes et des habits de rechange.

Un anorak avec une cagoule profonde (indispensable pour la tourmente). Un pantalon avec bas fermé. Pour ces articles, le Gore-Tex est un matériau de prix élevé mais très pratique par temps humide. Des guêtres, un passe-montagne, un bonnet, des gants (de préférence des gants minces et des sur-gants épais ou des moufles), des lunettes de soleil et des lunettes masque (contre la neige ou la tourmente).

Alimentation

Beaucoup d'hébergements proposent les repas du soir et du matin, ce qui enlève tout souci pour l'alimentation.

Sinon, il faut rechercher les meilleurs conditionnements : repas et aliments lyophilisés ou à réhydrater (céréales, semoules, café). Les barres énergétiques sont commodes dans le mauvais temps. Évitez les aliments sensibles au gel ou au froid (certains aliments en tube). Vérifiez l'apport calorique (de 3 000 à 4 000 calories par jour pour les gros efforts). Pour de courtes randonnées, les besoins sont moindres.

Gamelle et réchaud sont toujours utiles, par nécessité ou en secours (bivouac). Le gaz est pratique, mais peu efficace par basse température. La gamme des réchauds-tempête suédois Trangia est réputée. Bouteille isotherme incassable pour avoir toujours un liquide chaud.

Pharmacie

Elle doit surtout tenir compte des risques de brûlures, d'ophtalmies, d'atteintes respiratoires. Bandes de contention pour les entorses, prévention et soins des ampoules. Crèmes pour massage (effets des bretelles d'un sac lourd). Produits habituels contre les maux de tête. Accessoires de toilette réduits au minimum (possibilités très limitées dans les petits refuges, eau réduite).

Matériel complémentaire

Peaux de phoque

Les peaux autocollantes dites de phoque, indispensables pour le ski-alpinisme, peuvent aussi aider le randonneur nordique dans les approches à forte pente ou lors de raids imposant la traction de pulkas. Ces peaux d'un usage facile existent aux dimensions du ski nordique.

La pulka

L'autonomie avec le seul sac à dos ne peut guère dépasser une semaine. Pour les grands raids, le traîneau d'origine lapone peut rendre de grands services. Sur la neige, une charge est plus facile à traîner qu'à porter. La pulka d'aujourd'hui est une coque de polyester armé en fibre de verre qui peut supporter plusieurs dizaines de kilos. Les petits modèles mesurent un peu plus de 1 m et pèsent environ 4 kg. Un timon télescopique et un harnais permettent au skieur de s'atteler (selon le timon, on peut remplacer le skieur par un ou deux chiens). La pulka est très utilisée en pays nordique, car le terrain s'y prête.

Une pulka pour deux permet une rotation appréciée du skieur-tracteur.

Les fabricants ne sont pas nombreux, et les modèles de la marque norvégienne Fjellpulken sont les plus répandus : simple randonnée, expédition, compétition ou secours.

Fabricant : Rustadstuen Pulkfabrikk, N-2600 Lillehammer. Tél. : 61 25 08 63. Fax : 61 25 73 83.

Importateurs en France : EXPE S. A., Z. A., BP 5, 38680 Pont-en-Royans. Tél. : 04 76 36 02 67.

▼ Un raid en autonomie avec pulka, beaucoup plus engagé, dans le massif du Kebnekaise (Suède).

BIBLIOGRAPHIE

Guides d'itinéraires

La plupart des ouvrages traitent spécifiquement de la randonnée nordique, certains groupent les possibilités ski de fond et randonnée.

Vosges

MORLEY, Alain, *Randonnées à skis dans les Vosges, 220 circuits,* Éditions DNA, 1990.

Jura (France et Suisse)

BRUNSCHWIG, Pierre, *Les Traversées du Jura, 800 km de ski sans frontière,* Club alpin français, 1986.

JOUILLE, Pierre, *Randonnées à ski de fond, Jura Nord,* Éditions Franck Mercier, 1985.

Club alpin suisse, *Ski dans le Jura (Suisse).* Deux tomes et six cartes 1/50 000.

PUTALLAZ, Claude, *Guide Traversée du Jura (Suisse),* VTT et ski de fond, Éditions MPA Verlag, 1995.

Alpes

DUCROT, Pascal et GAY-PERRET, Pierre, *Randonnées à ski de fond, Haute-Savoie,* Éditions Franck Mercier,1985.

MENANT, Bernard et PELLICIER, Bruno, *Randonnées à ski de fond, Savoie,* Éditions Franck Mercier,1985.

RAYBAUD, Claude et SICART, Michel, *Ski de fond au Pays d'Azur,* Edisud, 1988.

Massif central

MOURARET, Annick et Serge, *Randonnées à ski nordique dans le Massif central, dix grandes traversées, 600 km hors piste,* Éd. Créer,1983. (En vente aux Éditions La Cadole.)

Pyrénées

MAILLY, Roger et CAZA, Henri, *Guide du ski de fond dans les Pyrénées,* Éditions Milan, 1989.

Étranger

MOURARET, Annick et Serge, *Pays nordiques, Norvège, Suède, Finlande. Ski de fond, grandes courses, randonnées nordiques,* Éditions La Cadole, 1994.

Ouvrages généraux

MOURARET, Annick et Serge, *Gîtes d'étape et Refuge, France et frontières,* Éditions La Cadole, 1996.

GUILLAUMONT, Dominique, *Topographie, Orientation,* Éditions du Fennec, 1987.

THÖNE, Karl et KAUFMANN, Edwin, *Boussole et Carte,* Éditions Payot.

Ski de fond de France, revue annuelle de l'ANCEF (vente en kiosque).

S'INFORMER

Les Comités départementaux du tourisme peuvent informer sur les contacts intéressants pour la randonnée nordique : associations ou professionnels.

ANCEF (Association nationale des centres-écoles de ski de fond), 10, avenue du Général-Champon, 38000 Grenoble. Tél. : 04 76 87 81 47.

Fédération française de ski, 50, rue des Marquisats, 74000 Annecy. Tél. : 04. 50. 51. 40. 34.

Il existe une formation randonnée sanctionnée par des brevets fédéraux.

Espace nordique jurassien, BP 132, 39304 Champagnole Cedex. Tél. : 03 84 52 58 10.

Étapes Jura, 39370 La Pesse. Tél. : 03 84 42 73 17.

Communauté romande pour le ski nordique, Loclat 1, CH-2013 Colombier. Tél. : 077 37 34 18.

Touring Club suédois : Svenska Turistföreningen, Kungsgatan 2, Box 25, S-10120 Stockholm. Tél. : 08 463 21 00. Fax : 08 678 19 58.

Association norvégienne du tourisme en montagne : Den Norske Turistförening, Storgata 3 (Boks 7 Sentrum), N-0101 Oslo. Tél. : 22 82 28 00. Fax : 22 82 28 01.

Association finlandaise du ski de fond : Suomen Latu, Fabianinkatu 7, FIN-00130 Helsinki. Tél. : 09 170 101.

LE SKI DE PENTES RAIDES

DÉFINITION

Sport pratiqué en haute montagne, en milieu naturel non aménagé, alliant les techniques de l'alpinisme et du ski. Il se pratique en solitaire, sans assurance.

C'est un sport paradoxal, puisqu'il s'agit de se contrôler à l'aide d'un instrument normalement conçu pour la glisse : contrairement à l'escalade de haute difficulté, l'équilibre en ski extrême n'est pas statique mais dynamique.

Ce sport combine un effort en endurance (appel aux endomorphines) avec une prise de risque importante (adrénaline).

On parle de *pente raide* lorsqu'elle comporte des passages à 45° ou une inclinaison moyenne supérieure à 40° sur des dénivellations importantes (plusieurs centaines de mètres). Sur neige dure, une chute ne peut déjà plus être enrayée.

On considère qu'on entre dans le *ski extrême* lorsqu'une pente comporte des passages obligatoires de l'ordre de 55° ou une inclinaison moyenne de 50° sur de grandes hauteurs. La chute ne peut être enrayée, quel que soit le type de neige (même poudreuse).

HISTOIRE

Depuis que le ski existe, certains alpinistes ont cherché à skier raide, comme d'autres se sont évertués à skier vite, d'autres enfin à sauter des obstacles de plus en plus hauts. Mais, à l'inverse de la vitesse et du saut, l'inclinaison n'a pas encore engendré de sport standardisé avec règlement et mesure objective (bien que des expériences de ce type soient en cours en Amérique du Nord depuis le début des années 1990).

En tout cas, il est certain que des pentes de 45° ont été skiées dès l'avant-guerre, y compris sur des sommets prestigieux. Ainsi, dans les Alpes orientales, la face Nord du Hochten (massif des Tauern, Tyrol) est descendue en 1935 ; plus à l'Ouest, dans les Alpes valaisannes, la face Ouest-Nord-Ouest de la dent d'Hérens voit des skieurs en 1941. La référence française de l'époque (1941 également) est d'un niveau légèrement inférieur : le glacier du Milieu à l'aiguille d'Argentière (40°).

L'étape suivante, celle du ski extrême, peut être assez symboliquement datée du printemps 1968. Elle s'exprime par un nombre et une lettre : « 55 », « D ». Jusque-là, prenant pour référence la cotation des difficultés de l'alpinisme, les skieurs n'avaient descendu que des itinéraires classés *assez difficiles* (AD) à l'ascension. Le ski extrême consiste désormais à descendre à skis des itinéraires que les alpinistes, équipés de crampons et de piolets, classent eux-mêmes comme *difficiles* (D), c'est-à-dire des couloirs de glace qui présentent une inclinaison de 55° au minimum.

La chasse aux premières commence simultanément aux deux bouts de la chaîne alpine : à la face Nord du Sonnblick, descendue dans les Hohe Tauern par les Salzbourgeois Lapuch et Oberegger le 25 mai 1968, répond le célèbre couloir Gervasutti (mont Blanc du Tacul) par le Valaisan Sylvain Saudan le 16 octobre de la même année.

Les descentes de Saudan, puissamment médiatisées, contribueront à la naissance de quelques vocations, mais les spécialistes vont rapidement rejeter les artifices auxquels il recourt : dépose par hélicoptère, guides pour tailler des marches, porteurs pour éviter la fatigue dans les pentes, etc. Très vite, la figure emblématique sera le Sud-Tyrolien Heini Holzer. Sans perdre de temps à communiquer, il

◀ L'amateur de neige vierge recherche de préférence une neige froide, légère et sans grande cohésion. À partir de quand la couche superficielle, visiblement peu stable, peut-elle partir en avalanche ? L'évaluation du risque n'est pas toujours chose aisée et même les meilleurs peuvent se laisser prendre....

collectionne en quelques années les plus grandes pentes de l'Est à l'Ouest et du Nord au Sud des Alpes. Sa trajectoire s'arrête le 4 juillet 1977 dans la face Nord du Piz Rosegg (Grisons) : après trois virages, sa concentration l'abandonne et il se précipite dans le vide.

Son message (« Je ne peux retenir comme sportivement valable le fait de se faire déposer au sommet par hélicoptère ») sera reçu, notamment par les figures de proue du ski extrême en France, Patrick Vallençant et Anselme Baud, qui, dans un texte publié par la revue du CAF, associent étroitement le ski aux règles de l'alpinisme. Baud et Vallençant feront rapidement des émules dans tous les massifs français et, en peu de temps, les grandes pentes seront descendues à skis (Mont-Blanc, Vanoise, Dauphiné, Alpes du Sud).

À partir des années 1980, des itinéraires plus complexes, à l'enneigement plus capricieux, plus exposés et exigeant parfois des rappels, sont ouverts : dans les Alpes de l'Ouest se signalent tout particulièrement le Piémontais Stefano De Benedetti et le Haut-Savoyard Pierre Tardivel.

La plus forte inclinaison sur la plus grande hauteur descendue à ce jour semble être la face Nord-Est de l'Eiger (52° de moyenne sur 1 500 m), dont la première a été réalisée par le Sud-Tyrolien Toni Valeruz en 1984.

Peu à peu, ce ski se diffuse également à haute altitude :

– à 6 000 m : les grandes pentes des Andes sont systématiquement skiées à partir de 1977, en particulier par les Français Patrick Vallençant et Christophe Gauthier ;

– à 7 000 m : les alpinistes soviétiques ont très tôt descendu à skis les grands sommets du Pamir, notamment la face Nord du pic Lénine et le pic du Communisme dont l'éperon Borodkine a aussi été repris par des Occidentaux ;

– à 8 000 m : plusieurs sommets himalayens ont déjà été descendus à skis. La réalisation la plus remarquable est à mettre à l'actif des Sud-Tyroliens Hans Kammerlander et Diego Wellig, sur la paroi Diamir du Nanga Parbat (Pakistan) en 1993, après ascension en autonomie totale.

ÉQUIPEMENT

Si l'on excepte les pentes situées à proximité des remontées mécaniques pour lesquelles un équipement de piste peut être utilisé, les grands itinéraires de haute montagne exigent l'emploi du matériel de ski de randonnée classique, un matériel qui doit réaliser un compromis entre la légèreté (les montées sont parfois longues, 2 000 m de dénivellation), la fiabilité et la technicité.

Les fixations peuvent être sans sécurité ou avec un réglage dur.

Les chaussures : comme ce sport est pratiqué par de bons skieurs et que les vitesses sont faibles, les chaussures de ski de randonnée ne sont pas contre-indiquées en dépit de leur faible tenue de pied par rapport à des chaussures de piste.

Le ski : C'est l'élément essentiel. Il doit être très rigide en torsion pour ne pas se déformer lors de la prise de carre sur pente raide et neige dure : c'est le cas des skis de slalom spécial, assez légers au demeurant. Il existe aussi des skis de randonnée assez larges, combinant une bonne rigidité en torsion avec une souplesse en flexion qui les rend tolérants dans les neiges irrégulières.

Outre la panoplie de ski, le skieur de pente raide est toujours équipé du **matériel de l'alpiniste.** Au minimum : crampons et piolet, et, dans certains cas, une corde et de quoi poser un rappel (piton, broche à glace, corps-mort). Pour les évolutions en zone glaciaire, le skieur de pente est équipé, comme tout skieur de montagne, d'un baudrier, d'anneaux de cordelette, etc. Même chose pour la trilogie Arva-pelle-sonde, car, si le risque d'avalanche est faible dans les pentes très raides (le trop-plein de neige s'évacue de lui-même par gravité), il peut être important lors des approches.

L'ÉVALUATION DE LA DIFFICULTÉ

Elle comporte des aspects objectifs (la pente) et subjectifs (le skieur). Mais comme le ski-alpinisme poussé à son plus haut degré de difficultés est un sport naturel, qu'il se pratique en solo, donc sans le droit à l'erreur, les aspects subjectifs se définissent essentiellement par la connaissance des facteurs objectifs qui sont :

– l'inclinaison de la pente ;

– la continuité et la longueur de l'inclinaison maximale ;

– la configuration du terrain ;

– la qualité de la neige ;

– la longueur de l'approche et de l'ascension ;

– l'altitude et l'orientation ;

– l'exposition à la chute et à d'éventuels projectiles ;

– l'engagement.

L'inclinaison est l'aspect le plus spectaculaire, le plus facilement quantifiable et donc celui sur lequel on a trop souvent tendance à tout focaliser. En matière d'inclinaison, ce qui est *extrême,* ce n'est pas tant la capacité du skieur à « faire des degrés » que celle de la pente à accepter de la neige. Comme la raideur donne souvent lieu à des estimations fantaisistes, il faut préciser les choses. Dans les Alpes, il existe peu de pentes de grande hauteur (plusieurs centaines de mètres de dénivelée) présentant une inclinaison moyenne supérieure à 55° qui aient été descendues à skis. Elles sont même rarissimes. Pour fixer les idées, voici quelques inclinaisons relevées sur la carte au 1/25 000 pour trois pentes voisines donnant sur le glacier d'Argentière dans le massif du mont Blanc.

– Pente raide, considérée comme porte d'entrée du ski extrême : les Courtes, face Nord-Est, ligne de plus grande pente : 48° de moyenne sur les 500 m les plus raides.

– Ski extrême classique, « génération 70 » : aiguille Verte, couloir Couturier, ligne de plus grande pente : 51,5° de moyenne sur les 500 m les plus raides.

– Ski extrême, pente exceptionnelle : les Courtes, face Nord rive droite, ligne de plus grande pente (secteur de la « voie des Autrichiens ») : 55° de moyenne sur les 500 m les plus raides.

La longueur et la continuité de la pente sont des facteurs tout aussi importants que la raideur intrinsèque. Ainsi, dans le massif des Écrins, la face Nord-Est de la Calotte des Agneaux présente une inclinaison moyenne de 51,5°, mais la pente dépasse à peine 200 m de dénivelée. Juste à côté, le couloir Piaget a une pente moyenne de 45° seulement : pourtant, c'est ce dernier, haut de 800 m et exposé au-dessus de rochers, qui est le plus difficile.

La qualité de la neige est sans doute la donnée essentielle : une pente de neige gelée à 40° est plus éprouvante à descendre qu'un couloir de poudreuse à 55°. Dans les pentes raides, on rencontre à peu près les mêmes neiges que partout ailleurs. Le crescendo de difficulté est le suivant :

– neige poudreuse ;

– neige transformée ;

– neige croûtée cassante ;

– neige pourrie ;

– neige dure froide dite de corniche ;

– neige dure et froide lissée par le vent ;

– neige glacée.

L'orientation et l'altitude déterminent la qualité de la neige. Au-dessus de 45°, les faces rocheuses s'enneigent plus facilement que les pentes glaciaires, et les sommets de basse et moyenne altitude (jusqu'à 3 200 m environ) ont une « espérance de skiabilité » en saison bien plus grande que les hauts sommets (enneigeables seulement par temps chaud, donc, le plus souvent, à partir du mois de juin).

Ces conditions générales sont compliquées par le vent et la température : en versant froid, quelques heures de bourrasque peuvent vitrifier un champ de poudreuse alors que, sur une belle face Sud, un seul petit nuage, isolé dans un ciel bleu, peut empêcher la transformation de la neige, laissant le couloir convoité en béton.

La configuration du terrain est presque aussi importante que la neige. Une pente uniforme et sans obstacles, où il est possible d'allonger le dérapage, de choisir le moment du virage, est évidemment plus facile à négocier qu'un petit boyau de 3 m rempli de cailloux. De même, un couloir réputé à 45° dans son axe peut rapidement passer à 50° sur ses contre-pentes, les seules skiables en présence de goulottes.

L'ascension et l'approche. À moins de tricher (hélicoptère, dépose préalable de matériel, porteurs...), le jeu du ski extrême consiste à épuiser l'organisme dans la montée (effort en endurance produisant des endomorphines) afin de s'assurer qu'il

▲ Dans la mesure du possible, il est préférable d'avoir repéré à la montée l'itinéraire de descente envisagé

possède suffisamment de ressources lorsque l'heure de l'adrénaline aura sonné.

L'exposition recouvre deux notions :

– La qualité de la réception en cas de chute. Un glacier suspendu ou des évolutions au-dessus de falaises sont considérés comme plus exposés qu'une pente sans obstacle se terminant sans rimaye sur un glacier tout plat, tout poudre.

– L'exposition, c'est aussi ce qui risque de vous tomber dessus : chutes de pierres ou de séracs, avalanches, chutes d'autres skieurs sur des itinéraires encombrés. Ces risques augmentent la difficulté technique, parce qu'il faut pouvoir garder sa lucidité et une certaine marge physique afin de pouvoir donner un coup d'accélérateur si le besoin s'en fait sentir.

L'importance de l'engagement enfin doit être sérieusement pesée avant de choisir un objectif. En cas de conditions douteuses (neige ou météo), s'il existe une voie normale skiable depuis le sommet, il est toujours possible de finir l'ascension. Dans le cas inverse, le dilemme est cruel : une retraite en terrain varié de haute montagne, en chaussures de ski et les skis sur le sac, est tout, sauf une plaisanterie.

REQUIS TECHNIQUES ET APPRENTISSAGE

« 20 % de technique, 20 % de condition physique, 60 % de préparation psychologique », telle est la recette donnée par Toni Valeruz.

En effet, si le niveau du skieur doit être bon (grande aisance dans toutes les neiges), il n'est pas nécessaire d'avoir pratiqué la compétition de ski alpin. Les qualités d'alpiniste et surtout la connaissance de la haute montagne sont encore plus importantes. Autant dire que l'apprentissage du ski extrême doit être graduel : si, pour ses premières sorties, l'apprenti « extrémiste » a intérêt à se faire accompagner par des spécialistes, il devra rapidement couper le cordon ombilical et faire l'expérience du solo intégral. C'est la seule façon d'acquérir l'autonomie de jugement indispensable dans la pratique de ce sport comportant un risque vital.

TENDANCES ACTUELLES

Diffusion

Certains grands itinéraires qui faisaient la « une » il y a moins de vingt ans sont aujourd'hui parcourus chaque saison par des dizaines, voire des centaines de skieurs. Le risque de surfréquentation est réel dans certains couloirs.

Premières

Les possibilités à skis sont presque infinies. L'important est de déterminer si une pente est réellement descendue « à skis » ou « avec les skis » : la proportion de rappels ou de passages désescaladés sur l'ensemble de la paroi devient un critère d'appréciation important.

Altitude

Tous les sommets de 8 000 m seront certainement descendus dans les prochaines années, par des voies normales ou par des parois raides. Le plus difficile ne sera pas la descente, mais l'ascension : sans oxygène ni assistance, il est déjà délicat de transporter sa carcasse, alors si l'on y ajoute le matériel de ski... L'éthique générale de l'alpinisme étant l'élégance et l'économie de moyens, on peut se demander si le ski est vraiment l'instrument adapté à l'Himalaya : la pauvreté des réalisations en ce domaine plaide jusqu'à aujourd'hui en faveur de cette thèse.

Enchaînements

Des « empilements » ont déjà été réalisés : ascension d'un couloir, descente, puis ascension d'un deuxième couloir et ainsi de suite. Il s'agit d'un exercice *quantitatif*. À notre connaissance, il n'y a pas encore eu de véritable enchaînement de ski extrême. C'est un exercice d'ordre *qualitatif* où le jeu consisterait à concevoir une boucle ou une traversée, au départ d'un village ou d'un refuge, avec l'ascension de plusieurs sommets suivie de descentes très raides, dans un ordre logique et, autant que possible, esthétique. Un tel trajet suppose que la

VIRER EN PENTE RAIDE

Les techniques varient selon la morphologie du skieur, sa formation et les qualités de neige. Parmi les précurseurs de la discipline, on pouvait déjà observer plusieurs attitudes.

Heini Holzer : pivotement simultané sur les deux pieds – c'est le tournant sauté classique accompagné quelquefois d'un double planté de bâton.

Sylvain Saudan : virage à deux pieds en position de recul accentué, dit virage essuie-glace.

Patrick Vallençant : allègement consécutif du ski intérieur au virage, puis du ski extérieur, virage appelé « pédalé-sauté ».

Bien qu'elle ne soit pas obligatoire, cette troisième technique peut être observée chez une majorité de pratiquants. Son avantage est double :

– elle permet de limiter dans le temps la perte de contact avec la pente ;

– elle permet une réception en deux temps : la reprise de contact avec le ski intérieur donne une première information sur la qualité de la neige ; il sera donc possible d'adapter le placement du ski extérieur sur lequel se fera l'essentiel de l'appui, une fois le virage terminé.

Il reste une constante impérative pour tous les skieurs de pente, l'anticipation : le buste doit toujours être face à la pente (et non au déplacement). Cette attitude offensive, associée à une position assez équilibrée sur le plan longitudinal, permet d'éviter le survirage. En effet, la difficulté principale en pente très raide ne réside pas dans le déclenchement du virage (la gravité joue le même rôle que la vitesse en facilitant l'allègement) mais dans le contrôle en phase de conduite.

◄ Les différentes techniques de virage en pentes raides (ici le classique « pédalé-sauté ») demandent un sérieux apprentissage.

pente à descendre n'a pas été remontée au préalable, ce qui augmente considérablement les risques, en particulier dans les massifs les plus sauvages et les plus difficiles d'accès.

Compétitions

Depuis quelques années, des concours de ski extrême sont disputés aux États-Unis, sur des terrains accessibles par remontées mécaniques ou hélicoptère. Les évolutions sont aléatoires et les chutes fréquentes. L'artificialisation étant, semble-t-il, à l'ordre du jour pour les sports issus de la montagne, on peut se demander si, à l'instar de l'escalade, il ne se trouvera pas prochainement des promoteurs privés ou des fédérations pour monter des exhibitions de ski extrême dans des palais des sports… Si telle devait être l'évolution, le niveau technique intrinsèque augmentera considérablement, comme on l'a vu en escalade. Et, après un certain temps, les meilleurs spécialistes exporteraient le nouveau savoir-faire en terrain naturel. Des parois rocheuses, entrecoupées de vires enneigées, seraient alors tentées sans rappels. L'humain skieur se rapprocherait de certaines espèces expertes en neige, comme le chamois, dont l'équilibre en glissement nous laisse encore pantois.

POUR EN SAVOIR PLUS

Il n'existe pas de manuel technique traitant spécifiquement du ski de pentes raides. Peut-être est-ce dû au fait que l'on apprend beaucoup plus sur le terrain que dans les livres.

En langue française, deux types d'ouvrages ont cependant abordé la question : des biographies avec récits de descentes et des livres-guides d'itinéraires avec conseils techniques. Tous semblent aujourd'hui épuisés. Cependant, on citera en particulier :

DREYFUS, Paul, *Sylvain Saudan, skieur de l'impossible,* Arthaud, 1970.

VALLENÇANT, Patrick et BALLERINI, Michel, *Ski extrême,* Flammarion, 1979.

Pour les guides abordant de façon assez complète le ski de pente, on relèvera pour les Alpes françaises :

Région de Briançon

CHANTRIAUX, Gérard, IZQUIERDO, Nicolas et PARET, Alain, *Des pentes raides au ski extrême,* édité par les auteurs, 1981.

Région de Chamonix

BAUD, Anselme, *Les Alpes du Nord à skis,* Denoël, 1983.

Région de Grenoble

SHAHSHAHANI, Volodia et BONFORT, Jean-Pierre, *Ski alpinisme,* Didier Richard éditeur, 1984.

Formations

Elles sont peu nombreuses, compte tenu de la spécificité de la discipline et des problèmes de sécurité. Quelques stages sont cependant proposés par des compagnies de guides ou par des clubs de la FFME ou du CAF, en particulier le Club alpin d'Île-de-France qui propose des cycles de formation avec encadrement professionnel.

LE SKI-ALPINISME DE COMPÉTITION

UN PEU D'HISTOIRE

Le ski-alpinisme de compétition depuis sa naissance, au début du siècle, sous la forme de course de patrouilles militaires a connu bien des péripéties. Présent aux jeux Olympiques d'hiver de 1924 à 1948, il cédera progressivement la place aux disciplines alpines plus faciles à organiser. Suit une période de repli au cours de laquelle il va subsister dans différents massifs européens selon des formules diverses liées aux particularités du terrain et aux traditions de pratique locales (courses de ski de fond d'altitude en Italie, rallyes des club alpins en Italie, Tchécoslovaquie et Bulgarie, Esqui de Muntanya en Catalogne, et ski de patrouille en Suisse).

Dans les années 1980, le retour en force du goût de l'effort et des courses populaires relance cette activité dans les pays où elle s'était perpétuée (Bulgarie, Catalogne, Italie, Suisse, Tchécoslovaquie). De nouvelles courses se créent (en particulier en France) : les compétiteurs, de plus en plus nombreux, n'hésitent pas à voyager pour découvrir d'autres massifs, de nouveaux parcours et rencontrer d'autres coureurs. Le désir de confrontation à un niveau international croît.

De ce regain d'activité naît, fin 1991, le CISAC (Comité international du ski-alpinisme de compétition) qui, en mettant sur pied la première Coupe d'Europe en 1992, rend la compétition internationale possible sur la base de quatre épreuves dans trois pays (France, Catalogne, Italie). Cette première édition, remportée par les Savoyards Bibollet et Bochet, devant le Valaisan Frossard et les Lombards Greco et Méraldi, voit la participation de plus de deux cents compétiteurs de dix nationalités différentes.

En 1993, les spécifications concernant le matériel et le profil des courses sont harmonisées, et le circuit étendu à cinq épreuves dans cinq pays. La victoire revient aux Slovaques Leitner et Trysna devant les Valaisans Taramarcaz et Frossard et le Savoyard Prin.

En 1994, l'Italien Méraldi, privé, à une étape de la fin, de son coéquipier habituel Greco blessé, l'emporte seul devant les Slovaques Madaj et Trysna. En 1995, Méraldi toujours, associé cette fois à Pédrini, devance la même équipe slovaque.

Face à ce renouveau, les structures nationales se mobilisent afin d'aider les meilleures équipes à concourir sur le circuit de la Coupe d'Europe qui, avec quatre épreuves en 1992 et 1995, cinq en 1993, sept en 1994 dans cinq pays différents, confirme le retour du ski-alpinisme de compétition sur le devant de la scène internationale.

Le modèle Coupe d'Europe fait des émules, et, dès 1995, un championnat suisse ainsi qu'une coupe du Club alpin français, tous deux sur cinq épreuves, voient le jour.

Ce sport, resté amateur jusqu'à présent, pourrait bien évoluer vers le professionnalisme avec l'arrivée des sponsors, des médias et des grandes stations de ski. Cependant, l'amateurisme, fortement ancré dans le milieu de la montagne, sera sans doute favorable au maintien d'une pratique amateur de la compétition dans le respect du milieu naturel, conformément aux recommandations émises par l'UIAA à l'issue de la saison 1994.

LES COMPÉTITIONS

Elles se courent le plus souvent par équipe de deux. En Suisse la tradition du ski de patrouille à trois coéquipiers se perpétue. Dans tous les pays, quelques courses promotionnelles se courent en individuel.

Plus de surenchère d'effort. Les parcours convergent vers un dénivelé moyen de 2 500 m par jour de course. À ce titre, le Ski-Marathon de Zermatt fait figure d'exception avec ses 4 700 m de dénivelé. Cette épreuve individuelle, dont l'organisation alterne tous les deux ans avec la Patrouille des glaciers (la plus grande course suisse), se déroule sur site protégé et correspond plutôt à une version « alpi-piste » de la compétition. La différence d'engouement pour ces deux manifestations est d'ailleurs significative (régulièrement douze cents compétiteurs – inscriptions limitées – à la Patrouille des glaciers contre cent soixante inscrits au départ pour le Ski-Marathon de Zermatt lors de la plus forte participation).

Le chronomètre seul s'impose (comme en ski de fond ou en course à pied). Ainsi les épreuves complexes (avec coefficient montée, coefficient descente, spéciales...) et artificielles (utilisation de remontées mécaniques) organisées à grand renfort de sponsors et sans réelle valeur sportive mais plutôt destinées au divertissement de quelques privilégiés tendent à disparaître.

Les caractéristiques techniques des parcours sont variables selon la configuration des massifs. On assiste cependant, de manière générale, à une augmentation de la variété et de la technicité des tracés qui se déroulent le plus souvent en haute montagne (sauf en cas de repli pour raisons de conditions défavorables).

À la montée, alternance de portions raides faisant appel à une bonne pratique de la conversion, de plats pour la glisse, de remontées de couloirs et de parcours d'arêtes pour la maîtrise du terrain varié.

À la descente, plus d'augmentation de la raideur des pentes qui ne dépassent pas 45°. En effet, dans bien des cas, le passage répété des skieurs dans les sections raides ou étroites rend le parcours plus délicat pour les derniers concurrents, dont la maîtrise technique est souvent moins bonne que celle des premiers. La tendance est également à la réduction de l'exposition qui n'apporte rien et va à l'encontre du souci de sécurité des organisateurs. Les courses recherchent plutôt la difficulté dans la variété des descentes (orientation des pentes, cheminement complexe et accidenté, sections de glisse...). Enfin, pour des raisons de sécurité, certaines épreuves, afin de limiter la vitesse à la descente, envisagent de modifier leur tracé en faisant coïncider sécurité et efficacité.

Les organisateurs privilégient également de plus en plus la logique et l'esthétique des parcours en intégrant dans leur tracé des courses classiques locales (pic de l'Aneto pour la course du Tuc de Molières, la Tournette pour le rallye du même nom, les Agneaux pour la Serre-Che Glaciers...), en empruntant l'itinéraire de grandes traversées (Zermatt-Verbier pour la Patrouille des glaciers), en traçant des boucles plutôt que des « allers et retours », voire des « trilogies » comme celle du troisième jour de compétition de la Pierra Menta où le Grand Mont d'Arêches est gravi trois fois par trois itinéraires différents, à la grande satisfaction du public présent au sommet.

À la montée, le parcours est tracé (parfois même en double pour faciliter les dépassements) afin de placer tous les concurrents sur un pied d'égalité. Pas de recherche d'itinéraire donc, domaine où la course d'orientation en terrain non enneigé semble beaucoup plus adaptée.

En général, les compétiteurs sont autonomes au niveau de l'alimentation, du matériel de progression (skis, crampons, peaux de rechange...), de sécurité (Arva, pelle à neige, couverture de survie...) et de l'habillement (combinaison de course, fourrure polaire, deuxième ou troisième épaisseur haut et bas, gants, bonnet, lunettes...).

Enfin, les organisateurs, comme les structures nationales et internationales, souhaitent que le ski-alpinisme de compétition reste un sport « open » où les amateurs puissent se frotter à l'élite sur le même parcours. Ainsi, des compétitions gagnant en expérience et en connaissance du terrain ouvrent leur portes à des compétiteurs de plus en plus nombreux. C'est le cas du Trophée du Muveran qui, au cours de ses quarante premières années d'existence (sans jamais avoir été annulé), a ouvert progressivement ses portes jusqu'à accepter régulièrement sept cent cinquante participants depuis près de dix ans.

Ces dernières années, le nombre des courses a sensiblement augmenté. En France désormais, de janvier à mai, une quinzaine de courses se partagent les week-ends du calendrier. La participation varie entre cent et deux cent cinquante compétiteurs.

LE MATÉRIEL

À la fin des années 1980, l'apparition des premières fixations de moins de 700 g, associées aux chaussures les plus légères du marché, suivies, un an plus tard, par les premiers skis de moins de 2,5 kg spécialement conçus pour la compétition, le tout testé au banc d'essai des coureurs, a constitué une petite révolution dans le domaine du ski-alpinisme.

Ils sont aujourd'hui cinq fabricants à proposer des **skis** ultra-légers de moins de 2,5 kg, parmi lesquels de grands noms de l'industrie du ski qui ont ainsi prouvé que l'on peut faire léger, solide et performant pour le ski-alpinisme. Ce sont des skis proches des skis de slalom spécial, fins au patin (de 60 à 65 mm), vifs et accrocheurs, mais plus larges en spatule et au talon (pour un meilleur comportement en neige profonde). Les skis sont de la taille du skieur, voire à la taille plus 10 cm.

S'il semble aujourd'hui difficile d'alléger les fixations de compétition de façon significative, il n'en est pas de même des **chaussures.** En effet, les plus légères pèsent aussi lourd que l'ensemble ski-fixation. La plupart des compétiteurs modifient leurs chaussures et arrivent à un gain de poids de plusieurs centaines de grammes. Les chaussons thermoformés qui ont fait leur apparition ces deux dernières années permettent également des gains de poids appréciables, un meilleur confort mais une moindre tenue de pied.

Les peaux de phoque. Sur les parcours très alpins, les coureurs choisissent la largeur de leurs peaux inférieure de 2 à 3 mm (largeur des carres) à celle de leurs skis au patin (sous le pied) de façon à obtenir une adhérence maximale. Ils n'ont ainsi plus recours aux couteaux qui perturbent la glisse. Sur des profils plus plats, ils utilisent des modèles plus étroits afin de trouver le meilleur compromis retenue-glisse. Actuellement, les peaux en mohair (bonne glisse, légères mais un peu fragiles) avec traitement hydrophobe (qui limite le risque de bottage) sont les plus utilisées par les compétiteurs. Elles sont accrochées aux skis par l'intermédiaire d'un tendeur qui permet de les ôter sans déchausser en haut des montées.

Les bâtons utilisés en compétition de ski-alpinisme sont comparables aux bâtons de ski de fond (dragonne, poignée, rondelle). Leur longueur est proche de celle des bâtons de ski alpin (5-10 cm plus longs).

La tenue de course. La majorité des coureurs a adopté la combinaison de ski de fond doublée sur le devant avec une fermeture Éclair sur la poitrine, ce qui permet de glisser facilement les peaux de phoque sous la combinaison afin qu'elles se réchauffent avant la montée suivante. Cette tenue est commode pour des courses de trois à six heures. Ne pas oublier que les parcours se déroulent en montagne et que, suivant les conditions, il faudra

La tenue du skieur-alpiniste de compétition. ▼

▲ La sortie du « Couloir gelé », lors de l'édition 94 du Grand Béal.

ajouter un sous-vêtement thermique haut et quelquefois bas (les articulations, les genoux en particulier, sont sensibles aux agressions du froid).

Pour des courses plus longues comme la Patrouille des glaciers (plus de dix heures de course pour la majorité des coureurs), des sous-vêtements thermiques haut et bas associés à une combinaison en Gore-Tex légère (une couche) semblent mieux adaptés. Cette tenue évite en particulier les refroidissements par convection dus au contact de la transpiration avec l'air extérieur.

Des crampons légers en aluminium (400 g la paire) sont actuellement disponibles sur le marché et parfaitement adaptés à la compétition. Le piolet tend à disparaître des listes de matériel requis lors des courses (il n'est, en effet, jamais utilisé et se révèle dangereux en cas de chute). Des modèles ultra-légers existent toutefois sur le marché (moins de 300 g). Cependant, ces modèles de crampons et de piolets ne sont pas adaptés à une pratique autonome du ski-alpinisme en montagne.

L'entretien du matériel permet d'accroître sa durée de vie et surtout de gagner en efficacité en compétition. Les skis doivent être fartés à chaud (farts à base de paraffine), puis raclés et brossés soigneusement avant chaque course. L'encollage des peaux doit être vérifié régulièrement. Quand la répartition de la colle n'est plus uniforme, il faut procéder à un réencollage complet.

LA PRATIQUE

La technique

Apprentissage de la technique de progression à ski. Comme le marathonien dont la foulée rasante vise à l'économie, adoptez un pas glissé qui vous donnera le meilleur rendement. Les bâtons, outre leur utilité dans la progression (poussée et équilibre), confèrent le rythme à la foulée, comme en ski de fond. Gardez les bras près du corps afin d'utiliser au mieux la poussée sur les bâtons.

De même que pour les cyclistes, pour lesquels le profil des routes de montagne est (en général) parfaitement adapté, le compétiteur connaît la trace qui lui permettra d'avoir la progression la meilleure. Ce n'est pas un adepte des traces raides, et il n'a presque jamais recours au système des cales de forte pente qui limite la foulée et perturbe l'équilibre. Veillez à ce que votre buste ne fasse pas de mouvement de balancier d'avant en arrière. Si c'est le cas, votre foulée est trop grande ou votre trace trop raide. Dans les deux cas, il y a gaspillage d'énergie et, à terme, risque de douleurs au niveau du dos.

Les conversions amont (utilisées à la montée) sont à travailler particulièrement. Si vous en maîtrisez bien la technique, vous gagnerez une énergie et un temps précieux. Pour cela, tournez le ski intérieur dans la direction à prendre. Transférez le poids du corps sur ce ski. Levez le ski extérieur, pliez légèrement la jambe, puis détendez-la pour donner un coup de talon sur le ski qui fera remonter la spatule avant de faire pivoter le ski et de le ramener parallèlement au premier. C'est la conversion amont dite claquée.

Les manœuvres permettant de passer de la position montée à la position descente, et inversement, doivent également être travaillées. Là encore, un gain de temps et d'énergie est à la clé. Anticipez chaque manœuvre. Choisissez un endroit aussi plat que possible où vous ne gênerez pas et ne serez pas gêné par les autres concurrents. Ne cédez pas à la précipitation. Restez concentré. Faites preuve de méthode. Un bon compétiteur passe de la montée à la descente en moins de trente secondes (décollage et pliage des peaux compris) et de la descente à la montée en moins d'une minute.

Il est intéressant de travailler sa technique de skating, certaines parties des itinéraires pouvant être assez plates.

À la descente, il faut encore privilégier l'efficacité. Selon la nature du terrain, on utilisera la technique permettant d'aller vite avec une dépense minimale d'énergie : dérapage dans les pentes, dérapage et grandes courbes dans les pentes moyennes. Il vous faudra donc renoncer au plaisir de la godille et au loisir de vous retourner pour l'admirer.

Existe-t-il un compétiteur type ?

La compétition de ski-alpinisme se pratique à tous les rythmes. Les moyennes horaires montée-descente varient entre 400 et 800 m/h (sur des étapes de 2 500 m de dénivelé). Elle compte ses vétérans, et certains anciens champions d'autres disciplines (ski alpin ou ski de fond), séduits par l'ambiance et la beauté de ce sport, font un retour à la compétition.

Ce type de compétition n'est pas non plus réservé aux habitants des régions de montagne. On voit même des compétiteurs résidant loin des sommets enneigés (plus de 500 km) et ayant pris conscience en compétition de certaines lacunes techniques s'inscrire à des stages d'alpinisme ou de pentes raides afin de se perfectionner.

Le ski-alpinisme de compétition correspond à des disciplines de type combiné (montée à ski, parcours alpin varié, descente alpine libre), avec la particularité d'être rassemblées en une seule épreuve selon un scénario propre à chaque course (outre le fait que l'on commence généralement par une montée et que l'on finisse par une descente). Des athlètes d'origines différentes – alpinisme, ski de fond, course à pied, ski de descente, triathlon, cyclisme – viennent aujourd'hui à ce sport. Cependant, le profil idéal du compétiteur de ski-alpinisme est d'abord celui d'un descendeur alpin (discipline techniquement la plus exigeante) doté de capacités de résistance, d'endurance et d'acclimatation à l'altitude, complétées par une solide technique d'évolution en terrain alpin. La maturité semble donc s'atteindre vers trente ans (compte tenu des critères évoqués : technique, endurance, expérience) et se prolonger dans certains cas jusqu'à quarante ans (voire plus, comme on l'observe aujourd'hui). Il n'est donc ni nécessaire ni souhaitable pour leur avenir sportif de faire participer trop tôt des jeunes à la compétition de haut niveau. Des parcours de moindre dénivelé (inférieur à 2 000 m) sont mieux adaptés à ceux qui souhaitent s'initier à la discipline. En ce qui concerne la morphologie et en particulier la taille, comme en alpinisme, il ne semble pas y avoir de règle.

Et les femmes ?

Le ski-alpinisme n'est pas un sport exclusivement masculin. Des compétitrices ont montré ces dernières années, grâce à leurs excellentes capacités d'endurance, qu'elles étaient capables de très bonnes performances sur les mêmes parcours que leurs homologues masculins. Elles sont particulièrement sensibles aux progrès réalisés dans le domaine de l'allégement du matériel. La catégorie mixte correspond à une réalité sociale et permet à beaucoup de femmes de prendre contact avec la compétition et d'évaluer leurs capacités.

L'entraînement

Longtemps tabou dans le milieu des compétiteurs, l'entraînement fait aujourd'hui l'objet de beaucoup d'intérêt, et la nouvelle génération de coureurs ne se cache plus qu'elle y a largement recours de façon spécifique. Face à la demande, des services de médecine du sport commencent à se pencher sur le problème et proposent des plans de préparation physique adaptés à partir de ceux existant dans le domaine du ski de fond.

Il existe peu de choses, en revanche, en ce qui concerne les aspects techniques de la discipline (descente, alpinisme) et leur intégration dans le travail de fond ; chaque compétiteur travaille en fonction de ses lacunes, de ses goûts et de ses disponibilités. L'alimentation est également le sujet d'un intérêt grandissant. La tradition des « pasta-parties » la veille des courses se généralise. Les régimes dissociés font leur apparition.

En course, l'élite, compte tenu de l'intensité et de la durée relativement courte de l'effort (3-4 h), ne s'alimente plus que par le biais de boissons isotoniques. Un tuyau d'alimentation, à portée de la bouche, relié à une gourde placée dans le sac, permet une hydratation régulière et rapide avec le minimum d'effort.

Techniques d'entraînement

Il faut privilégier l'entraînement en endurance et dans le mouvement. Traduction : les séances doivent être plutôt longues (2 h et plus) à faible intensité (vous devez toujours pouvoir parler pendant l'effort) et réalisées à skis de randonnée (avec le matériel que vous utiliserez en course).

Comme pour le marathon, il n'est pas nécessaire, à l'entraînement, d'effectuer le dénivelé d'une compétition au rythme d'une course. Il faut plutôt habituer progressivement l'organisme à des efforts s'en rapprochant.

Au cours de ces sorties, renoncez à la traditionnelle pause casse-croûte qui, aux mois de décembre, janvier et février, n'est de toute façon guère agréable. Remplacez-la par une halte dans un petit café de vallée autour d'une bière, boisson favorable à la récupération. Essayez de maintenir la continuité dans l'effort en ne vous arrêtant que pour enlever ou remettre les peaux de phoque. Habituez-vous à boire régulièrement à l'aide d'un tuyau en plastique relié à votre gourde avant même que la sensation de soif n'apparaisse. Alimentez-vous pendant l'effort si vous en ressentez le besoin à l'aide de glucides à assimilation rapide (pâtes de fruit…) facilement accessibles sans ôter le sac à dos.

En course comme à l'entraînement, le piège est de croire que l'on se bat contre les autres, alors que l'on ne se bat jamais que contre soi-même. Soyez donc à l'écoute de votre corps. Le but n'est pas de se faire du mal, mais, au contraire, de se sentir bien. Variez le plus possible vos parcours d'entraînement. C'est excellent pour la motivation, mais aussi pour optimiser le matériel (encollage des peaux, port des skis sur le sac, réglage des chaussures, des crampons, entretien des skis…) et pour travailler la technique (conversions, remontées de couloirs, parcours d'arêtes…).

Il existe deux autres types d'entraînement correspondant à des rythmes cardiaques plus élevés. Il s'agit de l'endurance maximale : sortie de 45 min à 1 h en skis de randonnée à la montée à un rythme soutenu (environ 80 % de la fréquence cardiaque maximale) ; et du travail par intervalles de 1 min 30 à 3 min, toujours à skis de randonnée et à une fréquence cardiaque proche de la fréquence maximale. Mais il n'est pas nécessaire d'y avoir recours, surtout lors de votre première saison.

Après chaque séance, étirez-vous afin de favoriser la récupération musculaire et de prévenir les problèmes tendineux. Les groupes musculaires les plus importants sont ceux des cuisses, des mollets et du dos.

Gérer sa course

Ne manquez pas la réunion d'information qui précède chaque jour de course afin de prendre connaissance du parcours exact, du matériel à emporter et des conditions météo.

Ne partez pas trop vite. Si les meilleurs partent en courant pour prendre la tête du peloton, vous avez toute la course pour vous placer. Les itinéraires étant de plus en plus tracés en double, les dépassements sont faciles.

La première partie du parcours doit se faire « en dedans ». N'allongez pas trop, mais moulinez pour ne pas solliciter inutilement les muscles. Si vous avez bien géré votre course, vous devez être capable d'allonger en fin de parcours pour creuser l'écart avec les coureurs qui évoluent à votre niveau.

Le ski-alpinisme est un sport d'équipe. Si l'assistance extérieure en course est en général prohibée, l'entraide entre équipiers est autorisée et même fortement conseillée – le temps de l'équipe étant celui du dernier qui franchit la ligne. Restez groupés. À la montée, le meilleur grimpeur se place en général derrière (pour ne pas imposer un rythme trop élevé à son coéquipier). À la descente, le tracé étant libre, c'est le plus fort qui passe devant pour permettre à son second d'anticiper plus facilement. Il peut être intéressant, dans certains cas, que le skieur le plus en forme prenne de l'avance à la fin de la montée pour anticiper une manœuvre (enlever les peaux, mettre les skis sur le sac, chausser les crampons...). Pensez éventuellement à installer deux paires de skis sur un même sac.

OÙ ALLER ?

Il existe aujourd'hui en Europe une cinquantaine de courses rassemblant, suivant les cas, de cinquante à dix-huit cents compétiteurs. La plus importante par le nombre des participants et la durée de l'effort est la Patrouille des glaciers. Elle se déroule sur le parcours de la Haute Route Zermatt-Verbier.

De nombreuses courses à la journée proposent plusieurs parcours (en général un parcours A avec un dénivelé moyen compris entre 2 000 et 2 500 m ; un parcours B avec un dénivelé moyen compris entre 1 000 et 1 500 m). Parmi les plus conviviales, on peut noter les épreuves de la Coupe CAF (avec sa référence, le rallye de la Tournette organisée par le CAF Faverges) dont la vocation de courses amateurs, populaires (ouvertes à tous) et respectueuses du milieu naturel est clairement affichée.

Enfin, la course des superlatifs, la plus longue, la plus technique, la plus dure, la plus belle, est sans doute la Pierra Menta.

Courir la Pierra Menta

Née en 1985, à l'époque où les épreuves d'endurance connaissaient un regain d'intérêt de la part du public (et en particulier la course à pied), la Pierra Menta-Tivoly s'est forgé en dix ans une solide réputation dans le milieu du ski-alpinisme de compétition. Organisée par la commune d'Arêches-Beaufort en Savoie avec le soutien de la Société Tivoly, cette course propose aux compétiteurs un parcours technique en quatre jours consécutifs (du jeudi au dimanche) avec un dénivelé total de 10 000 m. Des chiffres impressionnants qui confèrent aux coureurs de la Pierra Menta une certaine auréole dans le milieu du ski de randonnée. Bref, comme le marathon pour la course à pied, la Pierra Menta classe son homme. Le parallèle ne s'arrête pas là. En effet, ces deux objectifs se préparent plusieurs mois à l'avance et nécessitent un entraînement régulier mais non démesuré. Ainsi, si vous êtes un randonneur assidu (deux sorties par semaine de décembre à mai), un skieur « passe-partout », que vous n'avez pas la chance de chausser les skis en sortant de chez vous mais que vous disposez de vos week-ends pour

LES DOUZE SEMAINES QUI PRÉCÈDENT VOTRE PREMIÈRE PIERRA MENTA

	1re semaine	*5e semaine*	*9e semaine*
Samedi	800 m/3 h	1 400 m/4 h	2 000 m/5 h
Dimanche	800 m/3 h	1 000 m/3 h	1 500 m/4 h
Mercredi	30 min de footing	40 min de footing	45 min de footing
	2e semaine	*6e semaine*	*10e semaine*
Samedi	1 000 m/3 h	1 800 m/4 h 30	2 500 m/6 h
Dimanche	1 000 m/3 h	1 200 m/3 h	1 500 m/4 h
Mercredi	35 min de footing	40 min de footing	45 min de footing
	3e semaine	*7e semaine*	*11e semaine*
Samedi	1 000 m/3 h	1 800 m/4 h 30	2 500 m/6 h
Dimanche	1 000 m/3 h	1 200 m/3 h	2 000 m/5 h
Mercredi	35 min de footing	45 min de footing	45 min de footing
	4e semaine	*8e semaine*	*12e semaine*
Samedi	1 400 m/4 h	2 000 m/4 h	2 000 m/5 h
Dimanche	1 000 m/3 h	1 500 m/3 h30	1 000 m/2 h 30
Mercredi	40 min de footing	45 min de footing	Veille de la course.
Total des dénivelés	*1er mois*	*2e mois*	*3e mois*
	8 000 m	11 900 m	15 000 m

Les dénivelés sont donnés à titre indicatif pour une trace déjà faite, comme c'est le cas en compétition. Il faut les réviser à la baisse si celle-ci est à faire. Ce programme prévoit une augmentation régulière du dénivelé et donc de la durée des séances. Les horaires, eux aussi, sont donnés à titre indicatif. Dans les dernières semaines, l'allure est de 400 m de dénivelé à l'heure (montée et descente comprises) et correspond à celle des dernières équipes de la Pierra Menta. Il ne faudra donc pas aller moins vite en course pour être dans le coup. La séance la plus longue a lieu le samedi, jour où l'on est, normalement, le moins fatigué physiquement et qui présente l'avantage de pouvoir regagner son domicile avant les encombrements de fin de week-end. Une séance de footing (de préférence en terrain vallonné) est prévue en milieu de semaine afin de mieux répartir l'activité physique et d'habituer le corps à ce type d'effort, le parcours de la Pierra Menta présentant quelques passages à pied. La dernière semaine d'entraînement est moins chargée afin de bien permettre à l'organisme de se reposer. Ne rien expérimenter au cours de cette dernière semaine au niveau de l'alimentation et de l'effort physique. Si vous n'avez pas pu effectuer la séance de footing régulièrement, n'espérez pas rattraper le temps perdu en courant la veille ou l'avant-veille de la course.

Essayez d'arriver le plus tôt possible le mercredi après-midi qui précède le début de la course pour effectuer le contrôle de votre matériel et vous installer dans la chambre où vous serez hébergé pendant quatre jours.

▲ **La foule des grands jours au sommet du Grand Mont (Pierra Menta-Tivoly 94).**

vous entraîner, vous pouvez prétendre figurer honorablement au classement de la Pierra Menta.

Comment préparer votre première Pierra Menta ? Voici quelques conseils qui, sans prétendre constituer la recette miracle, pourront vous aider dans votre préparation.

Les compétiteurs raisonnent encore beaucoup en termes de nombre de mètres de dénivelé à peaux de phoque, et il est communément admis qu'il faut avoir environ 30 000 m de dénivelé pour s'aligner dans de bonnes conditions à la Pierra Menta. L'épreuve ayant lieu à la mi-mars, un cycle d'entraînement de trois mois qui commencerait en décembre semble bien adapté.

S'INFORMER

En France, les principales sources d'informations dans le domaine du ski-alpinisme de compétition sont :

– le CISAC (Comité international du ski-alpinisme de compétition) pour toute question relative à la Coupe d'Europe et au Championnat d'Europe ;

– la FFME (Fédération française de la montagne et de l'escalade), délégataire dans le domaine du ski-alpinisme de compétition, et responsable notamment de la publication du calendrier des épreuves françaises ;

– le CAF (Club alpin français), organisation de la Coupe CAF, de stages de formation au ski-alpinisme de compétition en particulier à l'intention des jeunes ;

– la presse spécialisée publie en général en début de saison le calendrier des compétitions avec les renseignements pour les inscriptions.

LE TÉLÉMARK

LE TÉLÉMARK DANS L'HISTOIRE DU SKI

Skier, c'est mettre un pied devant l'autre. Ainsi est née la première technique pour tourner, un pas avec les talons libres permettant de changer de direction de la façon la plus naturelle qui soit. Ce fut le télémark. Le nom vient d'une région de Norvège du Sud où Sondre Norheim, au milieu du XIXe siècle, étonnait les foules avec ses élégantes courbes. En 1868, il se rendit à Oslo, qui s'appelait alors Christiania, pour participer à la célèbre course qui portait le nom de la ville. Il la remporta après avoir fait à skis les 180 kilomètres du voyage.

C'est ainsi que les skieurs de télémark devinrent célèbres dans le monde entier. Certains, comme Norheim, émigrèrent outre-Atlantique comme l'avaient fait leurs ancêtres vikings, et c'est pourquoi le télémark se diffusa plus dans les pays anglo-saxons que dans les contrées alpines. Néanmoins, les longs skis norvégiens arrivèrent également les premiers dans les Alpes. À vrai dire, il s'agissait moins de télémark que de méthodes rudimentaires pour tourner, souvent fondées sur l'improvisation et l'intuition, en l'absence de toute méthode écrite. Le texte de référence était le livre dans lequel Nansen raconte sa traversée à skis du Groenland, mais il y est plus question de matériel que de technique.

En même temps que l'on pratiquait le télémark naissaient, dans les Alpes, les premières techniques « alternatives », mieux adaptées à des pentes raides. Le mérite en revient essentiellement à l'Autrichien Mathias Zdarsky de Lilienfeld, inventeur du virage avec appui, une sorte de chasse-neige effectué avec un seul bâton sur lequel on s'appuyait pour pivoter alternativement à gauche et à droite. Il poursuivit ses recherches avec son élève Giorgio Bilgeri, le père du *stemmbogen,* virage dans lequel les skis étaient resserrés en fin de courbe sans être soulevés de la neige. Pour rendre plus efficace la transmission de l'impulsion, les talons furent fixés de plus en plus solidement aux skis. Cela permit à Hannes Schneider de mettre au point la technique de l'Arlberg dont l'innovation essentielle était le virage *christiania,* skis parallèles avec rotation des hanches.

Le succès du christiania vint surtout du fait qu'il était plus facile que le télémark. Ce fut le point de départ du développement du ski de masse. C'est ainsi que, dans les années 1930, le télémark disparut presque complètement. En 1941, à en croire un spécialiste suisse, il n'était plus que le « mouvement de prédilection du skieur solitaire ». Un peu visionnaire, le même auteur se demandait cependant si « l'envie de retrouver de vastes champs de neige inviolés ne conduirait pas à [sa] réhabilitation ». Paroles prophétiques...

LE TÉLÉMARK MODERNE

Un siècle après Norheim, dans les années 1970, le télémark fut redécouvert au Colorado. C'était la réaction de jeunes Américains face à un ski devenant de plus en plus un sport de consommation, technique et contraignant. Ils furent rapidement imités en Norvège où le télémark n'avait jamais complètement disparu. Avec un décalage de dix ans, le télémark revint également dans les pays alpins, essentiellement grâce à quelques jeunes Norvégiens, parmi lesquels Morten Aass, qui joua dans les films *The Time Machine* et *Face to Face.* Tous deux tournés par le skieur extrême Stefano De Benedetti, ces films ont communiqué à de bons skieurs alpins l'envie d'essayer le télémark, nouvelle façon de skier, plus technique mais plus gratifiante que le classique « talons bloqués ».

C'est moins une évolution technique qu'une révolution dans l'univers mental du skieur, qui lui permet désormais de traverser d'immenses étendues enneigées, comme fit Nansen au Groenland, de gravir les plus hauts sommets, de dévaler des pentes vertigineuses, de pratiquer le saut à skis, voire de s'exprimer entre des piquets, tout cela avec le même équipement et la même technique.

« *By fair means* », avec des moyens loyaux, les télémarkeurs modernes skient sans économiser leurs muscles en utilisant au mieux le sens de l'équilibre, la connaissance de la neige, sans avoir besoin d'un équipement sophistiqué. Un parallèle s'impose avec l'escalade libre californienne des années 1970 (qui a ensuite dégénéré avec l'escalade sportive sur prises artificielles) : dans les deux cas, il y a la volonté de s'exprimer librement, pas seulement avec les jambes mais aussi avec la tête, il y a le plaisir de l'action qui donne à l'ensemble une signification plus large qu'une simple expérience sportive. Skier en télémark veut dire qu'on prend plus de plaisir mais non que c'est plus facile. C'est en effet un sport qui exige des qualités d'équilibre, de force et de coordination supérieures à celles requises pour le ski alpin. En montée, le gain de poids avec un matériel de télémark est minime par rapport aux nouveaux équipements de ski-alpinisme super-légers, mais la montée en télémark est plus naturelle et plus agréable parce que ce sont la semelle de la chaussure et l'articulation du pied qui fonctionnent et non une articulation mécanique. En revanche, en descente, guider un ski de 2 m avec les talons libres au lieu d'un ski court de 180 cm avec les talons bloqués implique, à niveau égal de skieur, plus d'effort et de temps, surtout si le terrain ou la neige sont difficiles.

Il faut aussi accepter ses limites en tant que skieur – la chute devient un fait normal qui n'est pas la sanction d'une incapacité. Il en résulte une attitude face à la neige différente de celles du ski de montagne moderne. Enfin, il ne faut pas oublier que le télémark, c'est avant tout un jeu avec les autres, un jeu avec la neige, un véritable retour aux origines.

L'ÉQUIPEMENT

Les skis, les chaussures et les fixations pour le télémark moderne sont bien différents de ceux de Norheim. Au cours de ces dernières années, ils ont subi de profondes modifications et ils se rapprochent de plus en plus de ceux du ski alpin. Ce constat concerne le télémark en tant qu'alternative au ski alpin (avec ou sans moyens de remontée) et non à la randonnée nordique, où les équipements sont conçus plus pour marcher que pour skier (chaussures basses et fixations légères). Ces indications valent pour le matériel adapté à des descentes de haut ou de très haut niveau.

▲ Les fixations et les chaussures de télémark (ici complétées par des surbottes d'altitude) ont un petit côté rétro.

Pour les skis, la tendance est aux modèles ayant des largeurs et des échancrures se rapprochant toujours plus du ski alpin. Cela va du classique et très imité « side cut » Tua modèle Cirque (spatule 80, milieu 60, talon 70) aux modèles plus larges des « powders » américains avec un profil analogue aux modèles de slalom pour ski alpin : 82-62-72 (Tua Montets) ou 88-68-78 (Black Diamond Vertige). Nombreux sont déjà ceux qui se servent des skis de slalom. On a pu également tester avec satisfaction une fixation de télémark sur un modèle spécial de randonnée comme l'Altiplume de Dynastar (poids : 1,10 kg par ski). Ce n'est qu'en compétition que l'on continue à utiliser des skis relativement étroits, car ils ne doivent pas dépasser 73 mm de largeur. Cette norme, qui ne permet pas de concevoir des skis suffisamment échancrés pour tourner facilement, se justifie d'abord par la volonté de maintenir une certaine spécificité de l'équipement de télémark.

Les chaussures sont devenues toujours plus hautes et plus rigides. On est passé, en quelques années, des lacets aux crochets et, en 1993, on a vu apparaître la première chaussure en plastique. Cela n'a pas manqué de perturber le sommeil de plus d'un télémarkeur, car rien ne vaut le naturel et la souplesse du cuir. La nouvelle chaussure en plastique (Terminator 1 et 2 de Scarpa) donne pourtant de bons résultats. Le plastique, plus solide et plus imperméable, transmet mieux les mouvements, ce qui explique que de plus en plus de pratiquants l'adoptent.

Au moins en apparence, la fixation reste la partie de l'équipement la plus « rétro ». Il s'agit d'une mâchoire de 75 mm dans laquelle se bloque la partie avant du pied, avec un système à trois pointes (dites « pins ») comme en fond, ou un système à câble qui prend le talon. Si tout cela semble simple, les nouvelles fixations sont pourtant le résultat de recherches approfondies et de petites améliorations permanentes. On a accordé peu d'importance au problème de la sécurité, car il s'agit d'une technique de ski peu dangereuse. C'est pourquoi il n'existe sur le marché qu'une seule fixation de sécurité. On est encore loin de la solution intégrée ski-fixation-chaussure vers laquelle tend le ski alpin. Elle rendra le télémark plus facile et plus performant, mais elle le rapprochera un peu plus du ski talons bloqués.

LA TECHNIQUE

Le télémark étant synonyme de liberté, on peut se demander si une progression rigide qui en norma-

À GENOUX ! LE VIRAGE DE BASE DU TÉLÉMARK

C'est un virage à faible vitesse qui peut se décomposer en quatre temps

1. Préparation du virage en traversée : trace large en position fléchie, le poids du corps sur le ski aval, préparation de planté du bâton aval. Si la neige s'y prête, ouverture du ski amont en stemm.
2. Déclenchement : planté du bâton aval avec extension, transfert du poids sur le ski externe que l'on pousse vers l'avant (fente), avec rotation du buste dans le sens du virage. En poudreuse, c'est à ce moment qu'il faut effectuer un pivotement du ski externe vers l'intérieur du virage.
3. Conduite : c'est le mouvement bien connu de génuflexion progressive, le buste restant face aux skis, bras dégagés pour bien assurer l'équilibre. Le ski avant fait fonction de gouvernail, le second, spatule appuyée au niveau de la chaussure avant, sert à maintenir l'équilibre. Convenablement mené, le virage doit être bien arrondi et dérapé.
4. Fin du virage : reprise de trace directe en traversée, en conservant d'abord la position fléchie-fendue, en restant attentif aux coups de frein provoqués par certains changements de neige, avant d'amorcer éventuellement un nouveau virage.

Erreurs à éviter :

– trop se pencher à l'intérieur du virage ;

– se diriger en prenant trop de carres (les skis doivent rester à plat sur la neige) ;

▲ **Luca Boniciolli en fin de virage sur le glacier de la Brenva.**

– ne pas se méfier lorsqu'il y a peu de neige (risque d'accrocher un caillou ou une souche avec le genou au contact de la neige…)

lise l'enseignement est nécessaire. Par ailleurs, on peut remarquer que le télémark moderne a emprunté au ski alpin la plupart des éléments de technique qui le définissent, de l'angulation à la conduite des skis, du concept de glissement actif à celui de charge en extension. Il est donc naturel qu'un apprentissage complet du télémark exige une connaissance de tous ces gestes techniques caractéristiques du ski avec talons bloqués. Cela explique qu'un très bon descendeur alpin soit avantagé et puisse rapidement atteindre un excellent niveau. Toutes les autres skieurs doivent, au contraire, et, sauf exception, surmonter des difficultés plus importantes dans la mesure où ils ne possèdent généralement que des rudiments de technique de descente.

Une descente en télémark étant conçue de façon différente par rapport à une descente classique, il semble cependant souhaitable d'avoir une approche didactique moins rigide. En Norvège, on enseigne le ski d'une façon différente, en accordant plus d'importance à des exercices d'équilibre sur les skis dans tous types de neige. On cherche à rendre le débutant sensible à la neige non damée, tout en intégrant dans l'enseignement des jeux qui permettent d'apprendre les mouvements sans difficulté en étant attentif aux sensations qui en résultent. L'un des résultats de cette pédagogie empirique est de rendre moins fastidieux l'apprentissage du ski. Le télémark se prête bien à cette façon d'enseigner. Ce n'est pas par hasard si les skieurs alpins de l'équipe nationale norvégienne, actuellement parmi les meilleurs du monde, s'entraînent également au télémark pour acquérir une plus grande sensibilité.

Il y a donc trop peu d'éléments techniques exclusivement liés au télémark pour justifier une méthode spécifique de progression. Le télémark exige, en revanche, une plus grande sensibilité, un meilleur équilibre sur la neige. Le professeur doit montrer d'une façon différente comment skier. Il doit posséder ce sens de la neige, que l'on apprend plus grâce à des expériences dans des neiges variées que par l'application de principes théoriques et rigides.

OÙ ALLER ?

Considéré à l'origine comme un ski surtout adapté à des reliefs nordiques, le télémark est plus qu'une simple alternative au ski de piste ou au hors-pistes. En fait, la plupart des itinéraires accessibles au skieur de montagne classique peuvent être parcourus par un bon spécialiste du télémark. Pour les pentes raides, c'est une autre histoire... Des sommets himalayens comme le Shisha Pangma ou le Mustagh Ata ont même été descendus.

L'AVENIR DU TÉLÉMARK

Aujourd'hui, le télémark reste nouveauté, créativité, envie de skier. Peut-être est-il encore un peu snob et raffiné, à l'image du ski alpin jadis. Comme ce dernier, il court le risque de se réduire à un simple sport, vidé de son âme, au lieu d'être un moyen de s'exprimer sur la neige de façon créative. Cette tendance existe déjà et il ne sera pas facile de l'arrêter. Avec le snowboard, le télémark est pourtant une forme de glisse alternative qui semble avoir de l'avenir. Si le snowboard attire beaucoup les jeunes par sa relative facilité, son esthétique et la pureté du geste, il n'en reste pas moins vrai que l'indépendance des deux jambes et la possibilité de gravir les montagnes (au lieu de se contenter de les descendre) font du télémark la glisse parfaite par excellence.

Pour garder son identité, le télémark ne doit pas suivre un modèle de développement qui le porterait fatalement à s'assimiler au ski alpin. Un excès de normalisation, une évolution de la technique, de l'équipement, de l'esprit de compétition dans une direction analogue à celle du ski alpin n'auraient pas d'autre résultat que de tuer l'âme de liberté du télémark, le réduisant à une simple mode, à une technique à réglementer, à une pratique compétitive répétitive et moins spectaculaire.

POUR EN SAVOIR PLUS

Il existe une association française de télémark, qui a passé une convention avec la Fédération française de ski. Elle organise des rencontres amicales et des compétitions entre télémarkeurs. Coordonnées au

1er janvier 1996 : président Dominique Pessey à La Clusaz ; trésorier Christian Bron BP 72, 74202 Thonon Cedex.

Il n'existe pas de manuel moderne de télémark, mais de nombreux articles ont été consacrés à cette discipline dans des revues de montagne. C'est la *Rivista della montagna* de Turin qui a, la première, remis ce sport au goût du jour avec un article paru dans le numéro spécial *Dimensione Sci* de 1984. Les diverses expéditions de Giorgio Daidola ont fait l'objet de comptes rendus dans cette revue.

Plusieurs films sur le télémark sont aujourd'hui disponibles. Citons, outre les films de Benedetti déjà mentionnés, deux courts-métrages réalisés par la RAI (télévision publique italienne).

L'École nationale de ski de fond de Prémanon propose une cassette vidéo pour l'enseignement de cette technique (ENSF 39220 Prémanon).

LES RAQUETTES

Raquettes… il suffit de prononcer ce nom pour que surgisse tout un cortège d'images de rêve et d'aventure : vertige des grands espaces nordiques, faits de plaines et de plateaux uniformément blancs et s'étendant à perte de vue, de forêts immenses et sombres, évocation un peu mythique de trappeurs et de leur vie rude mais simple dans des cabanes de bois… Il est vrai que les raquettes ont d'abord existé en tant qu'objets purement utilitaires, moyen de locomotion mis au point par les habitants des contrées enneigées. Aujourd'hui, elles ouvrent de nouvelles perspectives en rendant possibles ou plus faciles les déplacements à caractère de loisir sur la neige pour tous ceux qui, pour une raison ou une autre, n'utilisent pas de skis. En 1995, on estime qu'il y avait au moins 150 000 paires en circulation en France. C'est dire le fulgurant succès de ce moyen de locomotion. Mais que l'on ne s'y trompe pas. L'apparente facilité d'utilisation de la raquette ne doit pas faire oublier que l'on évolue parfois dans un milieu à risque.

LES RAQUETTES DANS L'HISTOIRE

L'écrivain et philosophe grec Xénophon (430-355 av. J.-C.), entraîné dans une expédition guerrière en Asie Mineure, fournit des informations intéressantes sur les mœurs des habitants du Caucase : dès 2000 av. J.-C., ceux-ci employaient des raquettes en peau pour circuler au cœur de l'hiver. Au Ve siècle avant notre ère, on sait que les Arméniens se servaient déjà de sortes de raquettes, faites de sacs de peau bourrées de laine pour leurs animaux de bât. Enfin, plus près de nous, le géographe grec Strabon (58 av. J.-C.-21 apr. J.-C.) évoque des « souliers pointus faits de peaux de bœuf crues et larges comme des tambours ».

◀ La technique de montée avec raquettes diffère sensiblement de celle du skieur. Mieux vaut affronter la pente de face de préférence à des traversées souvent fastidieuses et inconfortables.

Plus tard, la raquette trouvera son terrain de prédilection en Amérique du Nord et, notamment, au Canada. Parfaitement adaptées à ce milieu bien particulier, les longues raquettes de frêne et de peau symbolisent tout un mode de vie hivernal. Une armature de bois stabilisée et renforcée par des traverses en constitue la structure de base. Des lanières de cuir sont entrelacées pour former une sorte de tamis à larges mailles. L'aspect général peut être en « queue de castor » ou en « patte d'ours » ; la longueur atteint parfois 190 cm. Toutes ces raquettes sont évidemment équipées d'un système de lanières pour fixer les chaussures et, parfois, de crampons.

Dans un premier temps, l'aspect sportif et contemplatif ne semble pas avoir été la motivation essentielle des utilisateurs de raquettes. La notion de sport-loisir n'a émergé que tout récemment. Pourtant, il y a eu des pionniers. Ainsi Théodore Camus raconte dans ses *Œuvres alpines* un raid en raquettes effectué en février 1891. Il était parti avec un compagnon pour relier le Rivier d'Allemont (vallée de l'Eau d'Olle) à Saint-Étienne-de-Cuines (Maurienne) en passant par Grand-Maison et le col du Glandon. Les sensations qu'il évoque correspondent souvent à celles des montagnards d'aujourd'hui. Il se souvient de la montée, « effort long et continuel » marqué par le « bruit mat et régulier des raquettes tassant la neige », de la descente où il se lance dans de « grandes enjambées de raquettes », des difficultés éprouvées pour « délacer les raquettes et les mocassins de peaux fourrés », puis de l'arrivée dans la vallée « chaussons et raquettes attachés sur le sac ». Mais il semble s'agir là d'un précurseur isolé. Qu'est-ce qui s'opposait à une large utilisation des raquettes dans les massifs montagneux de type alpin ? Le profil et la nature même des matériaux des raquettes canadiennes rendaient l'entreprise assez difficile et limitaient les déplacements à des zones peu accidentées. L'apparition sur le marché de raquettes de conception moderne, de longueur réduite et en matériaux synthétiques évitant le bottage, a permis d'envisager des randonnées plus alpines. La montagne hivernale n'est plus réservée aux seuls skieurs-alpinistes ou aux amateurs de randonnée nordique ; elle devient désormais accessible aux montagnards non skieurs qui ne veulent pas limiter leur activité à la saison d'été.

LE MATÉRIEL

Plusieurs types de raquettes sont aujourd'hui proposés, avec divers modèles de fixations. Chacun correspond à un certain mode d'utilisation. Il est important de choisir judicieusement son matériel pour se sentir à l'aise dans le type d'activité que l'on veut pratiquer. S'il est inutile d'être suréquipé, il peut être dangereux de ne pas l'être suffisamment.

– Pour la balade en terrain plat ou peu accidenté, on peut s'équiper de raquettes dont la fixation est constituée par une sorte de chausson en caoutchouc qui emprisonne l'avant de la chaussure et la maintient en place grâce à une lanière à l'arrière. Le manque de rigidité de cette fixation en limite l'usage aux terrains faciles. Ainsi équipé, le randonneur va pouvoir redécouvrir les routes fermées l'hiver, les pistes forestières, les chemins d'alpage et les sommets vallonnés. Il évitera évidemment les pistes de fond entretenues que sa trace détériorerait.

– Pour aller haut, loin et marcher longtemps, il faut des raquettes de randonnée. Elles sont équipées de fixations rigides qui basculent librement vers l'avant afin de rendre la marche plus confortable. Elles utilisent ainsi l'effet de traîne, laissant au pied un mouvement naturel de marche. La chaussure, en cuir ou en plastique (de préférence), est rendue solidaire de la fixation par des sangles ou par un système automatique ressemblant à celui des crampons à chaussage rapide. On doit s'assurer que le système de fixation plaque fortement la chaussure dans son logement ; dans le cas contraire, on risque la formation d'accumulation de neige sous la chaussure, qui finit alors par sortir de la fixation. La situation est pénible et agaçante si elle se répète souvent au cours d'une randonnée. Si le pied ne se tord pas dans tous les sens, les appuis sont relativement fermes et précis.

Compte tenu du poids du sac et des différentes qualités de neige rencontrées, il est important d'avoir une bonne portance. Les personnes un peu lourdes ont donc intérêt à choisir plutôt des raquettes de grande taille.

Il est tout aussi important de choisir une raquette à tête relevée. Le confort du raquetteur à la descente en dépend étroitement. Un tel profil permet d'éviter de piquer et de trébucher dans la neige. La forme générale de la raquette a aussi son importance. La découpe doit limiter le recours à la marche en canard, fort éprouvante pour l'articulation de la hanche. Quand on traverse une pente soutenue, on appréciera une raquette à bord interne rectiligne qui offre une surface de pose et des appuis plus sûrs qu'une raquette avec un bord intérieur galbé. Ce détail, secondaire en terrain peu accidenté ou en montée face à la pente, devient primordial pour les raquetteurs pratiquant sur des terrains plus alpins. Traverser une pente raide constitue souvent l'épisode le plus délicat d'une randonnée en raquettes, et il est préférable de l'affronter dans des conditions de sécurité convenables avec un matériel adapté. Les raquettes s'accrochent bien dans les pentes un peu fortes, et des crampons métalliques répartis sous l'armature permettent de tenir sur des neiges croûtées ou gelées. Les crampons latéraux assurent une bonne tenue en montée et en traversée. Les crampons frontaux, solidaires de la fixation, sont utilisables comme les pointes avant des crampons classiques pour affronter directement une pente raide.

Cet équipement plus perfectionné permet alors d'envisager des itinéraires plus alpins, avec des pentes raides et des passages plus escarpés.

L'ÉQUIPEMENT

La paire de bâtons de ski n'est pas un simple gadget. C'est un accessoire indispensable pour équilibrer la marche, à la montée comme à la descente.

Inévitablement, le fait de marcher projette à chaque pas une certaine quantité de neige contre les mollets. Il vaut mieux porter des guêtres hautes si l'on ne veut pas se laisser gagner par une humidité glaçante peu agréable.

Ces deux accessoires sont utiles, que l'on entreprenne une randonnée un peu alpine ou que l'on se contente d'une simple balade en forêt.

Le contenu du sac est directement fonction du type de randonnée envisagée. Il doit être particulièrement étudié dans le cas d'une sortie en moyenne ou en haute montagne. La sécurité, le confort et, dans certains cas, la réussite de la course en dépendent. Il faut donc être autonome, être prêt à faire face aux imprévus météorologiques, savoir s'adapter aux différents types de terrain tout en gardant la forme physique durant toute la course. Pharmacie, nourriture, gourde, petit matériel de réparation, couverture de survie et parfois corde, piolet et crampons sont à prévoir.

Des vêtements chauds sont indispensables. Il est pratique de prévoir plusieurs couches, que l'on peut superposer à volonté en fonction de la température extérieure et de l'intensité de l'effort fourni. Une veste coupe-vent imperméable, un bonnet, des gants et des lunettes de soleil complèteront la tenue.

LA TECHNIQUE

On n'a pas besoin d'une technique très élaborée pour faire de la raquette. Un bon pas de montagnard, une paire de bâtons de ski pour équilibrer la marche et des raquettes bien choisies permettent d'aller partout… ou presque. Il est certain qu'en raison de leur longueur les raquettes obligent le randonneur à modifier quelque peu son rythme habituel de marche. Le pas devient plus lent et plus long pour éviter les chevauchements intempestifs des raquettes, les pertes d'équilibre et la fatigue inutile qui en résulte. Il ne faut pas oublier non plus qu'à chaque pas on soulève à la fois une raquette et une certaine quantité de neige. Mais c'est plus une habitude à acquérir qu'un réel geste très technique.

Un peu de technique sera, en revanche, nécessaire pour négocier correctement les traversées, le pied aval légèrement tourné dans le sens de la pente avec un appui bien net sur toute la surface de la raquette, tandis que le pied amont est dans la direction de la marche. Il faut aussi apprendre à monter en escalier sur les crampons avant sans poser l'intégralité de la raquette lorsque l'on progresse sur une pente soutenue. Enfin, il faut savoir négocier un virage lors d'un cheminement en zigzag combinant les deux techniques précédentes.

Au-delà d'une certaine pente et d'une certaine dureté de la neige, crampons et piolet remplaceront avantageusement les raquettes et les bâtons de ski.

LA SÉCURITÉ

Montagne en liberté ? D'accord, mais pas n'importe comment, et surtout pas dans l'insécurité. Si les raquettes ouvrent désormais aux non-skieurs l'accès à la montagne enneigée, elles ne les autorisent pas à ignorer les règles élémentaires de sécurité. Faire de la raquette, c'est une autre façon de marcher, mais on ne doit pas oublier la présence de la neige. L'avalanche ne fait pas le tri entre le skieur ou le randonneur à raquettes. La consultation de la météo et du bulletin neige-avalanches, le choix d'un itinéraire adapté en fonction de la saison et de l'orientation, un équipement complet et bien au point sont de rigueur en toutes circonstances. Le port de l'Arva doit être systématique et il est indispensable d'en connaître parfaitement le maniement.

◄ Même si les raquettes ne permettent guère de goûter aux joies de la glisse, elles peuvent offrir parfois des moments inoubliables à la descente.

Les raquettes ne revendiquent pas la perfection. Si elles sont légères et maniables à la montée, elles ne glissent guère à la descente. Sur un itinéraire donné, on sera généralement de retour plus tard qu'un skieur. Cette évidence est à prendre en considération dans le calcul des horaires si l'on ne veut pas se trouver à la mauvaise heure dans une pente de neige qui aura eu le temps de se transformer dangereusement. Enfin, il faut savoir ne pas s'entêter : il y a parfois des cas où il faut avoir le courage de faire demi-tour.

OÙ ALLER ?

De leurs origines, les raquettes ont gardé un certain penchant pour les vallons larges et ouverts et une certaine aversion pour les longues traversées de pentes raides qui sollicitent douloureusement genoux et chevilles. Il est donc conseillé d'éviter des balades au cours desquelles on ne peut négocier l'itinéraire que par une succession de traversées. C'est un réflexe à acquérir lorsque l'on étudie la carte. La meilleure façon d'aborder un passage, que ce soit à la montée ou à la descente, est toujours de le faire droit dans la pente, sans oublier qu'au-delà d'une certaine inclinaison il devient acrobatique d'évoluer raquettes aux pieds. Une petite traversée, une montée très raide mais courte sont toujours possibles dans les limites de la sécurité et au prix d'un certain effort. Généralement, mieux vaut éviter ce type de terrain, car les appuis-raquettes sont toujours moins sûrs que les appuis-chaussures.

Lorsque le terrain est peu enneigé (crêtes soufflées, parties basses des itinéraires en début ou en fin de saison), la paire de raquettes sait se faire discrète et légère. Sanglée sur le sac à dos, elle permet à chacun d'atteindre son but par des moyens plus traditionnels sans pour autant constituer une charge. Il ne faut pas croire cependant que cela nuise au côté sportif : 1 200 m de dénivelé en raquettes représentent un bel effort.

Un examen attentif de la carte permet de découvrir de multiples idées de randonnées dans les sites et les massifs les plus divers, tout en se pliant aux contraintes du matériel et en satisfaisant le désir d'évasion du montagnard qui ne se contente pas de randonnées classiques, spécialisées et balisées. Les montagnes regorgent d'endroits discrets, d'itinéraires insolites conduisant à des bergeries, à des refuges, des cols ou des sommets. L'hiver transforme heureusement certains endroits austères et ternes l'été. Il donne de la douceur à un pierrier éprouvant, surdimensionne la moyenne montagne et exacerbe le sentiment de solitude lorsqu'il n'y a aucune trace dans la neige. La redécouverte de certains parcours d'été peut ainsi se révéler riche de belles surprises. Quant aux itinéraires de randonnées à skis, tous ne sont pas accessibles aux raquettes : une pente raide, une marche à flanc délicate, un couloir en neige dure peuvent mettre plus d'un raquetteur dans l'embarras.

POUR EN SAVOIR PLUS

Se former est généralement possible au sein des clubs qui mettent sur pied des sorties et cycles d'initiation. Pour les cadres, des week-ends de formation et de recyclage « neige et sécurité » (niveau 2) option raquettes, analogues à ceux destinés aux skieurs de montagne, sont organisés notamment par le Club alpin français et la Fédération française de la montagne et de l'escalade.

Le syndicat national des accompagnateurs en moyenne montagne, qui a largement contribué au développement de cette activité, a publié un mémento technique.

On trouvera également de nombreux conseils dans *La Raquette à neige* de Jean-Marc Lamory (Éditions Didier Richard, 1995).

Quelques topo-guides. Le genre est en pleine expansion. Le même éditeur propose dans la collection « Nouvelles Traces » des guides couvrant tous les départements alpins. Comme tout topo-guide, ce genre de littérature doit être utilisé à bon escient et avec un certain sens critique. Quelles que soient les qualités et les compétences des auteurs, des erreurs ne sont pas exclues.

INDEX

crédits photographiques

Les photographies contenues dans cet ouvrage sont dues à Jean-Paul ZUANON
à l'exception des documents suivants :
Anena, 31. – C. Beaudevin, 79, 82, 83, 84. – F. Chevaillot, 157, 158, 163. –
G. Daidola, 164, 166, 167. – Y. Détry, 43. – C. Julien, 131. – B. Y. Leglatin, 79. –
Météo France/E. Pahaut, 13, 14, 15, 18. – A. et S. Mouraret, 74, 103, 104, 140, 143, 146. –
A.-M. Naud, 170. – V. Shahshahani, 152, 153, 154. – Vandystadt/D. Givois, 173. –
Vandystadt/A. Revel, 148. – Vandystadt/Zoom, 122. –

Pour les cartes des pages 88, 89, 90, 92, 93 et 99 :

Maquette et réalisation : PAO Éditions du Seuil
Photogravure : IGS Charente Photogravure, Angoulême

Achevé d'imprimer par Mame, Imprimeurs à Tours
D. L. janvier 1997, N° 20577 (38698)